四川大学"双一流"专项项目资助

"一带一路"倡议下四川企业境外投资安全的法律保障机制研究,四川省社科联(SC24E045)

|博士生导师学术文库|
A Library of Academics by
Ph.D. Supervisors

"一带一路"倡议与中国企业南亚投资法律风险防范

杨翠柏 张雪娇 著

光明日报出版社

图书在版编目（CIP）数据

"一带一路"倡议与中国企业南亚投资法律风险防范 / 杨翠柏，张雪娇著． --北京：光明日报出版社，2025．

1. -- ISBN 978-7-5194-8424-8

Ⅰ. D922.295.4

中国国家版本馆 CIP 数据核字第 2025F3L417 号

"一带一路"倡议与中国企业南亚投资法律风险防范
"YIDAI YILU" CHANGYI YU ZHONGGUO QIYE NANYA TOUZI FALÜ FENGXIAN FANGFAN

著　　者：	杨翠柏　张雪娇		
责任编辑：	李壬杰	责任校对：	李　倩　乔宇佳
封面设计：	一站出版网	责任印制：	曹　净

出版发行：光明日报出版社

地　　址：北京市西城区永安路 106 号，100050

电　　话：010-63169890（咨询），010-63131930（邮购）

传　　真：010-63131930

网　　址：http://book.gmw.cn

E - mail：gmrbcbs@gmw.cn

法律顾问：北京市兰台律师事务所龚柳方律师

印　　刷：三河市华东印刷有限公司

装　　订：三河市华东印刷有限公司

本书如有破损、缺页、装订错误，请与本社联系调换，电话：010-63131930

开　　本：170mm×240mm

字　　数：201 千字　　　　　　印　张：15

版　　次：2025 年 1 月第 1 版　　印　次：2025 年 1 月第 1 次印刷

书　　号：ISBN 978-7-5194-8424-8

定　　价：95.00 元

版权所有　　翻印必究

目 录
CONTENTS

绪 论 ·· 1
  第一节 "一带一路"倡议与中国对南亚投资 ············· 1
  第二节 中国对南亚投资法律风险防范研究思路与重难点 ····· 7

第一章 "一带一路"倡议下中国与南亚国家投资法律关系 ········· 12
  第一节 印度 ··· 12
  第二节 巴基斯坦 ··· 19
  第三节 孟加拉国 ··· 24
  第四节 斯里兰卡 ··· 27
  第五节 尼泊尔 ··· 31
  第六节 马尔代夫 ··· 34
  本章小结 ·· 39

第二章 南亚国家外商投资法律制度及风险防范 ················· 43
  第一节 印度 ··· 43
  第二节 巴基斯坦 ··· 54

  第三节 孟加拉国 ·· 59
  第四节 斯里兰卡 ·· 64
  第五节 尼泊尔 ··· 70
  第六节 马尔代夫 ·· 73
  本章小结 ··· 76

第三章 南亚国家环境、土地资源法律制度及风险防范 ············ 89
  第一节 印度 ··· 89
  第二节 巴基斯坦 ··· 101
  第三节 孟加拉国 ··· 112
  第四节 斯里兰卡 ··· 121
  第五节 尼泊尔 ·· 124
  第六节 马尔代夫 ··· 132
  本章小结 ·· 134

第四章 南亚国家劳工法律制度及风险防范 ························ 140
  第一节 印度 ·· 140
  第二节 巴基斯坦 ··· 143
  第三节 孟加拉国 ··· 145
  第四节 斯里兰卡 ··· 148
  第五节 尼泊尔 ·· 150
  第六节 马尔代夫 ··· 153
  本章小结 ·· 156

第五章 南亚国家知识产权法律制度及风险防范 ···················· 159
  第一节 印度 ·· 160

第二节 巴基斯坦 ………………………………………… 167
  第三节 孟加拉国 ………………………………………… 173
  第四节 斯里兰卡 ………………………………………… 177
  第五节 尼泊尔 …………………………………………… 183
  第六节 马尔代夫 ………………………………………… 187
  本章小结 ………………………………………………… 190

第六章 南亚国家争端解决制度及风险防范 …………………… 197
  第一节 印度 ……………………………………………… 197
  第二节 巴基斯坦 ………………………………………… 209
  第三节 孟加拉国 ………………………………………… 214
  第四节 斯里兰卡 ………………………………………… 218
  第五节 尼泊尔 …………………………………………… 221
  第六节 马尔代夫 ………………………………………… 225
  本章小结 ………………………………………………… 228

总　结 ……………………………………………………………… 231

绪　论

第一节　"一带一路"倡议与中国对南亚投资

"一带一路"倡议包括共建丝绸之路经济带重大倡议、共建 21 世纪海上丝绸之路重大倡议，中国推动"一带一路"的目标是沿着两条丝绸之路古道将东亚和欧洲的经济发达国家连接起来，打造一个延伸最广、规模最大的欧亚大陆经济合作平台。中国提出"一带一路"是为了与"欧亚各国经济联系更加紧密、相互合作更加深入、发展空间更加广阔"①。因此"一带一路"是建立在经济联系基础上的，其本质是合作共赢，最终构建人类命运共同体。南亚地区是中国"一带一路"倡议的交汇区和先行区，"一带一路"也是中国与南亚共同构建命运共同体的重要方式之一。截至 2023 年 1 月 6 日，中国已同 151 个国家和 32 个国际组织签署 200 余份共建"一带一路"合作文件，其中包括与巴基斯坦、斯里兰卡、孟加拉国、尼泊尔、马尔代夫五个南亚国家签署

---

① 习近平. 习近平在哈萨克斯坦纳扎尔巴耶夫大学发表重要演讲［EB/OL］. 人民网，2013-09-08.

的"一带一路"合作文件。① 近年来,"一带一路"倡议在南亚生根发芽,逐步形成了以中巴经济走廊,孟中印缅经济走廊,中尼跨喜马拉雅通道,中国与孟加拉国、斯里兰卡和马尔代夫的海上互联互通为四大载体,以港口、路桥、产业园区、政策沟通、民心相通为支撑的合作共建格局。②

2021年《中共中央关于党的百年奋斗重大成就和历史经验的决议》指出,我国坚持共商共建共享,推动共建"一带一路"高质量发展,推进一大批关系沿线国家经济发展、民生改善的合作项目,建设和平之路、繁荣之路、开放之路、绿色之路、创新之路、文明之路,使共建"一带一路"成为当今世界深受欢迎的国际公共产品和国际合作平台。③这既是对中国"一带一路"倡议成就的生动总结,也是中国下一步推进"一带一路"的标准和要求。高质量共建"一带一路",恪守共商、共建、共享基本原则,坚持开放、绿色和廉洁的理念,追求高标准、惠民生、可持续的目标,④ 进一步而言,必须以优质的项目工程为基础,确保"一带一路"真正成为绿色生态之路;坚持公开透明的市场原则,坚持和遵守国际通用规则和标准;完善知识产权保护和运用制度,促进创新发展;坚持以人民为中心的发展理念,聚焦沿线国家和地区人民的利益关切,注重给民众带来切实好处的可视性成果。⑤ 这些关于"一带一路"项目的基本理论和政策也成为区分"一带一路"项目和非"一

---

① 人民日报. 推动共建"一带一路"高质量发展 [EB/OL]. 人民网, 2021-11-21.
② 蓝建学, 宁胜男. "一带一路"倡议在南亚的机遇与风险 [R/OL]. 中国国际问题研究院, 2020-02-17.
③ 中国共产党第十九届中央委员会第六次全体会议. 中共中央关于党的百年奋斗重大成就和历史经验的决议(全文)[A/OL]. 中华人民共和国中央人民政府, 2021-11-16.
④ 人民日报. 推动共建"一带一路"高质量发展 [N/OL]. 人民日报, 2021-11-21.
⑤ 史志钦. 高质量共建"一带一路"是新时代的必然要求 [EB/OL]. 光明网, 2019-07-13.

带一路"项目的关键：投资包括金融类投资和非金融类直接投资（如对外承包工程、制造业投资），但并非所有在"一带一路"沿线国家投资的项目均属于"一带一路"项目范畴，判断"一带一路"项目的关键是"五通"的高标准项目，是结合中国产能、技术、设备优势的对外投资项目。因此房地产、酒店、影城、娱乐业、体育俱乐部以及在境外无具体实业项目的股权投资基金或投资平台［根据《境外投资敏感行业目录（2018年版）》限制企业境外投资的行业］，以及高污染、低产能等不符合国家对外投资政策的项目，不属于"一带一路"项目。这也决定了中国的"一带一路"倡议是将自身技术、资金、专业知识等方面的优势与"一带一路"沿线国家的发展需求相结合，优势互补、互利共赢，共同推动可持续、高质量发展。当前，"一带一路"机制如亚洲基础设施投资银行、"一带一路"国际合作高峰论坛等的运作取得了明显成效，"一带一路"倡议的推进和实施对改善沿线国家基础设施状况、促进沿线国家经济贸易发展具有重要意义。

但成果丰硕的同时，中国在南亚地区进行的"一带一路"投资也面临着各种风险和不确定性。如若从法律风险、政治风险、自然风险、商业风险等风险来源进行区分，中国企业在南亚地区投资的政治风险似乎更为突出——相关国家政局不稳、暴恐极端势力泛滥、国际政治干扰等挑战，为中国在南亚地区推进共建"一带一路"带来诸多不确定风险。[1] 如巴基斯坦俾路支省是巴基斯坦最贫穷的地区之一，社会长期处于动荡状态，2021年7月14日的达苏恐袭事件，造成9名中国公民死亡，28名中国公民受伤。[2] 又如，2015年由于斯里兰卡政府换届、国内冲突和对生态环境的担忧，斯里兰卡曾一度以"缺乏相关审批手续"

---

[1] 蓝建学."一带一路"倡议在南亚：进展、挑战及未来［J］.印度洋经济体研究，2017（04）：39-53.

[2] 光明网.外交部发言人就巴基斯坦政府公布达苏恐袭事件调查进展答记者问［EB/OL］.光明网，2021-08-13.

"重审环境评估"等为由单方面叫停科伦坡港口城项目。但由于政治风险难以被准确预见，且即便预见，投资者也难以控制政治风险的产生和发展，则仅关注政治风险往往导致国内投资者缺乏对危机的预见管控能力。相比而言，法律能在政治、自然、经济风险的管控中占据举足轻重的作用——一方面，不确定的政治风险往往潜藏在法律风险之中，或者通常借由法律手段加以合法化和正当化；另一方面，从法律的视角研究中国在南亚地区的风险防范，更具有可预见性、规范价值和现实可操作性。因此对中国在南亚投资的法律风险防范进行研究具有重要意义。

总体分析，我国企业在南亚地区投资面临的法律困境或风险主要包括：

1. 未能充分了解投资目的国的法律和政策

当前我国企业对外投资的合规意识较强，在开展对外投资前能主动调查并有意识地遵守投资目的国相关投资、环境、劳工、知识产权等方面的法律法规及政策。但囿于法律文化等因素的障碍，投资企业对投资目的国的基础性法律知识储备仍显不足，加之投资目的国的地方政府部门在法律、政策制定以及具体规定的落实上权限较大，对外投资企业不仅要了解中央层面的法律法规，还要吃透地方层面的具体政策。投资目的国的法律制度的国家性、地域性、本土化较强的特征，为对外投资企业防范法律风险提出了更高的要求。同时法律制度和政策变化具有较强的不确定性，增加了及时、全面了解南亚地区投资相关法律制度的难度，相应地也难以充分利用东道国法律维护自身合法权益。

2. 难以获取具体详尽、高质量的法律信息

现有对外投资的法律指引不明、针对性不强，不能很好地回应企业对外投资遇到的诸多实际问题。商务部发布的《对外投资合作国别（地区）指南》内容较为全面，对于我国企业投资"一带一路"沿线国家具有重要指引作用，但指南更多的是原则性介绍。例如，《对外投资合作国别（地区）指南（印度）》（2018）全篇关于印度对外国投资

合作的法规和政策介绍仅有不到 30 个篇幅，但内容涵盖主管部门、市场准入、税收、优惠政策、特殊经济区、劳动就业、土地、环保、知识产权等众多领域，其法律服务层面的实用性、可操作性并不算强，因此指南仅能为企业境外投资提供概括式指引，远无法解决企业遇到的实际法律问题。同样地，中国贸促会发布的《中国境外经贸合作区投资指南（2018）》也仅是对"一带一路"国家投资环境的简要概述，缺乏细致的适用性规范指导。此外，一些外国法查明中心主要依托高校资源和外国法专家提供外国法查明服务，对单个企业而言，这种法律查明方式成本较高、灵活性不足。整体来看，当前我国对外投资法律信息服务水平明显落后于现实需求，需要不断补充和加强。

3. 较为忽视我国与投资目的国之间签订的双边投资协定

我国与"一带一路"沿线国家签署的双边投资协定内容涵盖广泛，规定了投资与投资者保护范围、待遇标准（包括国民待遇、公平与公正待遇、最惠国待遇）、市场准入条件、征收与补偿问题、遭遇投资争端的解决途径等，是我国企业开展对外投资的重要法律保障。虽然不乏我国企业利用双边投资协定起诉东道国政府的案件，如北京城建集团诉也门政府案、平安集团诉比利时政府案、黑龙江国际经济技术合作公司等企业起诉蒙古国政府案等，但与我国对外投资体量并不匹配。根据联合国贸易和发展会议（UNCTAD）统计数据，截至 2020 年 1 月 1 日，国际上已知的利用双边投资协定解决争端的投资者与国家仲裁案件已超过 1000 件，其中我国作为索赔人母国的案件为 6 件，[1] 而美国则高达 144 件。因此整体来看，我国企业利用双边投资协定解决投资争端的情形较少。这也导致解决争端的经验匮乏和诉讼不利，例如，我国平安集团在诉比利时政府案中输在了管辖权阶段，这与平安集团缺乏对双边投

---

[1] UNCTAD. Investor-State Dispute Settlement Cases Pass the 1, 000 Mark: Cases and Outcomes in 2019 [J]. The IIA Lssues Note, 2020 (2): 1.

资协定的知识储备,选择了不当的诉讼策略不无关系。在南亚投资方面,企业对我国与南亚国家签订的与投资相关的协定的熟悉程度和适用情况的了解极不理想,这一现象有待改善。

4. 执法混乱、歧视与腐败障碍

南亚国家存在较为严重的行政与司法系统腐败问题,同时,执法不严、执法混乱的现象也十分常见,执法部门往往会朝有利执法的方向去解读法律政策,损害外国投资企业的利益。执法中的偏见问题较为突出,如受政治关系影响,印度执法部门对中国企业有着天生的不信任和偏见。印度政府有强大的情报机构,通过信息技术手段来识别及监视"高风险"企业,并对中国企业采取突击搜查行动,近年来中资企业遭遇了多起上门搜查并冻结银行账户的事件。搜查的理由包括企业被举报存在违规或违法行为,包括但不限于走私、从事非法业务(如非法金融),财务造假,瞒报收入,购买假发票做账,非法转移利润,进口报关存在故意高价低申报,故意不申报正确的品名、类别,借机偷税、漏税、偷逃税款等;或者是执法部门通过大数据分析、情报分析发现企业可能存在违法违规行为,依职权展开突击搜查。印度的突击执法经常给中资企业造成严重损失。

5. 争端解决机制难题

在争端解决方面,存在着法律适用以及传统的司法程序与替代性争端解决机制尤其是仲裁程序的选择适用难题。一方面,南亚各国司法体系普遍存在效率低下、缺乏对审理期限的具体规定、缺乏对审理程序严格界定、司法腐败现象较为突出等问题,因此企业在选择当地法院处理投资纠纷时往往面临诉讼程序严重拖延、合法权益难以得到有效保障等困境。另一方面,无论是东道国国内仲裁还是国际仲裁,仲裁费用远高于法院的诉讼程序,因此,高昂的仲裁成本亦成为有效解决投资争端的障碍;同时,对仲裁裁决的承认和执行也存在国别差异。此外,还存在东道国司法机关或行政机关阻止企业寻求仲裁解决投资争端的现象。

第二节　中国对南亚投资法律风险防范研究思路与重难点

南亚地区虽然在历史文化、风俗习惯、语言生活方面有诸多共通之处，但各国所发展的优先事项、面临的紧急问题存在较大差异，基础设施落后、关税和非关税壁垒高筑、国家间关系不睦等导致南亚地区国家间的内部分化明显。[①] 南亚是全球一体化程度最低的地区之一，地区内部货物贸易、人员流动和投资流量都非常有限，导致南亚国家间贸易的成本非常高。同时，南亚地区不同国家对待中国企业的法律政策存在明显不同。就推进"一带一路"投资项目分析，虽然经济的相互依存、基础建设发展的需求以及国家经济向海洋定位的方向为中国与南亚国家创造了大量合作互补的可能性，但小国所承担的地缘和外交压力和国内政治共识的缺乏，使它们很难对中国的倡议作出有效回应。如孟加拉国和斯里兰卡一直在努力寻求以一种务实平衡的方式加入丝绸之路倡议；[②] 而印度的态度则较为消极，尤其是近年来，其与中国之间的竞争关系似乎大于合作关系。

因而，南亚各国国情差异以及对"一带一路"的不同态度反映并决定了中国与南亚各国推进经贸合作过程中所面临的风险差异，需要采取不同的应对机制。本书主要以国别为主线，基于南亚不同国家的国情、立场、社会文化及由此形成的法律制度，结合中国"一带一路"投资项目的实施情况，识别中国投资者在南亚各国面临的投资法律风险，并提出相应的对策建议。同时基于对南亚各国投资的法律环境、投

[①] 张家栋，柯孜凝. 南亚地区"一带一路"建设进展如何 [EB/OL]. 复旦大学一带一路及全球治理研究院，2022-01-06.

[②] 拉赫曼，陈妙玲. 南亚国家对中国"一带一路"倡议的看法 [J]. 中国周边外交学刊，2016（01）：63-78.

资潜力、对中国"一带一路"态度等具体情况的综合考虑与评估，确定对南亚不同国家的研究内容分布。如虽然印度对中国"一带一路"倡议本身态度并不积极，但中印两国经贸投资关系仍十分密切，合作前景广阔，因此，本书仍将对印度法律制度的研究置于首要的地位。而考虑不丹与中国并未签订"一带一路"合作协议，以及不丹经济体量较小，投资关系并非两国关系主流，因此未单独对投资不丹的法律风险予以评估和介绍。本书的另一条主线是"一带一路"项目实施过程中来自不同法律部门的风险——从中国与南亚各国投资法律关系、南亚国家外商投资法律制度、环境与资源法律制度、劳工法律制度、知识产权法律制度、争端解决机制等方面，分析中国投资南亚国家的法律风险并提出应对建议。本书对中国和南亚国家具体情况加以考量，结合中国推进"一带一路"倡议的目标、方式，中国推行的"一带一路"恪守共商、共建、共享基本原则，坚持开放、绿色和廉洁的理念，追求"一带一路"高标准、惠民生、可持续的目标，绿色、创新、以人民为中心等要求。因此，除对与投资直接相关的投资法律制度、投资争端解决机制及其风险予以研究外，还需对南亚国家相关的环境与资源法律制度、劳工法律制度、知识产权法律制度等加以特别关注和研究。

第一，中国企业南亚投资的最主要法律依据是南亚各国外商投资法律制度。一国外商投资法律制度主要规定外国投资准入、外国投资待遇、外商投资保护等，外国投资准入是一国允许外国投资进入的程度，一般包括外资允许进入的条件、领域、形式或审批等具体内容；① 外国投资待遇主要指东道国对外国投资和外国投资者给予的法律上的待遇标准，如国民待遇标准；外商投资保护制度主要包括外商关切的知识产权保护、征收征用、收益汇出、技术合作等外商权益问题。研究南亚各国的外商投资法律制度及其风险，有助于我国企业更好地在南亚地区开展

---

① 陈安. 国际经济法学［M］. 北京：北京大学出版社，2020：280.

投资。特别是随着中国经济转型和产业升级加速，高端制造和高新技术产业成为中国企业的投资重点，中国企业对外投资面临的准入审查风险呈上升趋势。其主要是因为高新技术产业和高端制造行业本身容易遭受审查，且一些国家排外情绪和反全球化力量增长也使我国投资企业在投资南亚的投资法律风险上升。南亚国家外国投资法律政策的变化、对特定国家的支持或限制、对外国投资采取的措施等，均是境外投资企业需要重点防控的风险。

第二，以"可持续"目标所涉的环境法律制度为例，中国一直注重"一带一路"的可持续投资，2015年发布的《推动共建丝绸之路经济带和21世纪海上丝绸之路的愿景与行动》明确在投资贸易中突出生态文明理念，加强生态环境、生物多样性和应对气候变化合作，共建绿色丝绸之路。习近平主席强调，要着力深化环保合作，践行绿色发展理念，加大生态环境保护力度，携手打造"绿色丝绸之路"。2017年5月环境保护部等四部委联合发布《关于推进绿色"一带一路"建设的指导意见》，系统阐述了建设绿色"一带一路"的重要意义，要求以和平合作、开放包容、互学互鉴、互利共赢的"丝绸之路"精神为指引，牢固树立创新、协调、绿色、开放、共享发展理念，坚持各国共商、共建、共享，遵循平等、追求互利，全面推进"政策沟通""设施联通""贸易畅通""资金融通"和"民心相通"的绿色化进程。随后，环境保护部发布了《"一带一路"生态环境保护合作规划》，提出了"理念先行，绿色引领；共商共建，互利共赢；政府引导，多元参与；统筹推进，示范带动"的基本原则。2019年第二届"一带一路"国际合作高峰论坛上习近平主席也强调了"把绿色作为底色，推动绿色基础设施建设、绿色投资、绿色金融，保护好我们赖以生存的共同家园"的合作原则。绿色金融是推动"一带一路"绿色发展的重要路径之一，为此，我国主要金融机构通过贷款、股权、债权等多元化渠道支持"一带一路"绿色项目。统计显示，我国金融机构以股权投资形式在南亚、东南亚"一带一路"沿线国家参与了大量风电项目,在孟加拉国、巴基斯坦投资了相当数量的光伏项目;国家开发银行、中国进出口银行、丝路基金和国际金融公司共同为巴基斯坦卡洛特水电站提供了银团贷款;光大集团于2020年4月成立"一带一路"绿色股权投资基金,支持"一带一路"沿线绿色发展。[①]

中国企业投资能源和基础设施等领域,包括电站、道路、港口、工业区等,首先要面对和解决的就是土地资源问题。南亚国家普遍存在严重的人口与土地矛盾,土地资源匮乏,历史遗留问题众多,土地纠纷案件数量庞大。同时,在土地管理体制、土地权属及其变动等方面的法律规定各有其特点,如巴基斯坦的土地管理与税务机关直接关联;马尔代夫和斯里兰卡近年来放松了对外国投资者使用和获取土地的限制;尼泊尔试图通过土地改革解决无土地者的问题;孟加拉国则尝试将本属于民商事案件的土地纠纷作为刑事案件处理,将大量土地交易和使用中的违法行为界定为犯罪。外国投资者在取得土地所有权、使用权和交易等事项上有不同的实体和程序要求,投资者必须防范土地法律政策带来的各类法律纠纷。因此,我国企业在南亚投资过程中环境资源方面的法律风险是本书研究的重要内容。

第三,"一带一路"项目建设需要尊重投资目的国的劳工管理与权益保护规则,一国劳动法律制度往往对劳动合同的签订与接触、工作时间和休假、员工健康与安全、雇员福利、工会权利等作出规定,违反劳动法律制度不仅将面临赔偿、罚款等民事和行政责任,还可能面临刑事责任,如孟加拉国、尼泊尔等国的劳动法律制度均规定了监禁的刑事责任。同时,项目的实施既有投资目的国本地劳动者的参与,也有外籍员工的加入,南亚国家对外籍劳工的签证制度、本地劳工最低配额要求、

---

① 中国人民银行国际司课题组.以绿色金融合作支持"一带一路"建设[J].中国金融,2021(22):20-22.

外籍劳工雇用比例上限规定等,均是中国企业在南亚投资的潜在风险。

第四,知识产权法律制度。在知识产权与中国企业在南亚投资的关系上,一方面,南亚各国多被严重的社会经济问题所困扰,导致知识产权保护在南亚国家仍经常被忽视,知识产权保护意识普遍缺乏、知识产权保护法律制度不完善、知识产权执法不严等问题十分常见,知识产权侵权成为南亚地区的一个普遍现象。另一方面,知识产权在境外投资中可被作为一种"投资"资产,在境外投资法律保护方面,需要考虑该知识产权是否满足作为"投资"的条件,受到投资条约保护的范围和程度,以及是否属于投资仲裁庭管辖范围。当前国际仲裁庭已确定了评估投资的最重要标准,即"萨利尼测试"(Salini test),"萨利尼测试"主要关注东道国的贡献、期限、风险和经济发展。而具体确定一项知识产权投资是否受到投资条约保护或属于投资仲裁的管辖范围,仍取决于投资条约或东道国国内投资法律制度和知识产权法律制度的保护,只有那些受到国家制度"保护"的知识产权才可被视为投资。因此,知识产权保护制度,以及知识产权在投资关系中的法律地位,是投资者所面临的主要风险。

第五,争端解决机制。着重从司法和替代性争端解决机制视角,从宏观角度介绍南亚国家的法律体系(争议解决的法律适用)、司法制度及与"投资"相关的替代性争端解决机制。南亚国家法律制度和司法体系普遍受到殖民国家的影响,又融入当地历史文化、宗教民族等特色,争端解决机构往往缺乏独立性、易受政治影响、腐败严重、诉讼程序拖延,导致其公信力、权威性降低,并对外国投资者解决相关争议带来风险,因此,替代性争端解决制度成为外国投资者的首选。不过替代性争端解决本身受到相关投资、合作协议安排的影响,也受到由司法体系主导的国家利益、公共利益的限制,此外,在仲裁裁决的承认与执行等方面,也存在诸多不确定风险。

第一章

"一带一路"倡议下中国与南亚国家投资法律关系

第一节 印度

一、印度对"一带一路"倡议的态度

整体上,印度对"一带一路"持怀疑态度。印度并未积极参与中国"一带一路"倡议,甚至存在不合作态度和通过加强印度与邻国的经贸交通关系,以对冲中国"一带一路"倡议,防止中国主导南亚地区秩序,维护印度在南亚次大陆的中心地位。从印度时报、印度斯坦时报、印度教报和印度快报等印度主流媒体的报道来看,印度对中国倡议的主要担忧在于,通过巴基斯坦占领的克什米尔的中巴经济走廊项目和横跨印度洋的"海上丝绸之路"。印度担心中国经济扩张的战略影响,公开拒绝接受"一带一路"协议,称中国与邻国巴基斯坦的项目侵犯了印度的主权;中国对港口和基础设施的投资是"珍珠链"战略的一部分,对印度在南亚的防御形成威胁,中国将利用巴基斯坦的瓜达尔港、孟加拉国吉大港、缅甸皎漂港在印度洋控制印度。印度媒体普遍主张中国的"一带一路"超出了经济目标,涵盖了地缘政治、国际安全层面。印度的应对策略为积极加入亚投行,享受亚投行的权益;提出自己的互联互通和对外经济合作计划，与"一带一路"开展竞争和博弈；积极参加其他大国提出的互联互通计划和区域合作计划，以平衡对冲"一带一路"的影响；对周边国家参与"一带一路"进行干预，加强对"后院"国家的掌控。① 印度甚至被我国专家学者认为是"一带一路"在南亚推进的最大阻力。②

印度也在推行印度版本的相关投资合作计划。据报道，2021年印度与马尔代夫签署了国防合作（Defence Cooperation）协议，印度似乎是在给中国在马尔代夫的"一带一路"投资计划设置障碍。协议重申了对马尔代夫安全的承诺，旨在提高这个战略岛国的海上能力，开发、支持和维护位于乌图鲁—蒂拉—法胡环礁（Uthuru Thila Falhu）的马尔代夫国防部队海岸警卫队港口。双方强调，协议是根据马尔代夫政府于2013年4月提出的请求签署的，即印度政府通过支持与合作，协助马尔代夫政府加强国防能力，以对其专属经济区和岛屿行使管辖权并进行海上监督。该声明也是在印度宣布支持"大马累"联结项目（Greater Malé Connectivity-Malé to Thilafushi）六个月后宣布的，在"大马累"联结项目中，印度宣布了一项5亿美元的融资计划，为马尔代夫的"大马累"互联互通项目提供资金。③ 此外，孟加拉国、不丹、印度和尼泊尔也努力在水资源管理、电力连接、交通和基础设施发展等领域建立次区域合作平台，四国于2015年达成了南亚首个次区域跨境运输协议——《机动车协议》（Motor Vehicle Agreement，包括货运和客运），该协议反映了印度等国推动区域互联互通的决心。尽管不丹上议院以可持续和环境保护、公共利益等为由不予批准《机动车协议》，但印度、

---

① 梅冠群. 印度对"一带一路"的态度研究［J］. 亚太经济，2018（02）：78-86.
② 钱峰. 印度是"一带一路"在南亚推进的最大障碍［EB/OL］. 搜狐网，2019-03-27.
③ SHARMA A. India Puts Roadblocks Before China's BRI In Maldives With Another Defense Deal［EB/OL］. eurasiantimes，2021-02-22.

孟加拉国和尼泊尔三国仍在继续促成该协议，2018年年初，三国就客运车辆流动的操作程序达成了一致。2020年年初，孟加拉国、印度和尼泊尔三国举行会议并起草了一份谅解备忘录，以实施机动车协议。①

二、中印投资条约关系

中国和印度同属文明古国，自建交以来，在双方的共同努力下，中印经贸关系不断发展，并签署了一系列双边协定。1994年，两国为避免双重征税和防止偷税漏税签署了《中华人民共和国政府和印度共和国政府关于对所得避免双重征税和防止偷漏税的协定》（简称《中印税收协定》），该协定涉及税种范围、"人"的范围、一般定义、居民、常设机构、不动产所得、营业利润、海运和空运、股息、利息、特许使用费和技术服务费等28条内容。为进一步防止偷税漏税，维护税收安全，2018年中印两国签署了《关于修订1994年7月18日在新德里签署的〈中华人民共和国政府和印度共和国政府关于对所得避免双重征税和防止偷漏税的协定〉及议定书的议定书》（简称《议定书》），突出打击避税行为。新协定修改的主要内容如下：第一，序言增加了避税条款内容；第二，修改了双重居民实体的加比规则，除个人以外，同时构成缔约国双方居民的人，应将其视为缔约国一方居民适用税收协定的规则；第三，对营业利润进行了修改，规定如果缔约国一方企业通过设在缔约国另一方的常设机构进行营业，则缔约国另一方仅可对归属于该常设机构的利润征税；第四，关于利息条款，规定应在首先提及的缔约国一方免税；第五，对于享受协定优惠的资格判定问题，2018年《议定书》要求，申请协定优惠的主体如果以获取协定优惠待遇为目的而安

---

① U. S. Department of State. 2021 Investment Climate Statements：Nepal ［R/OL］. U. S. Department of State，2022-05-04.

排或交易,则不得享受协定优惠待遇;第六,关于常设机构条款,删除了关于"连同其他此类工地、工程或活动"的表述。① 《议定书》于2019年6月5日生效。

2006年中印间签署的《中华人民共和国政府和印度共和国政府关于促进和保护投资的协定》(简称《中印投资协定》)②,主要规定了投资的定义、协定的范围、促进和保护投资、国民待遇和最惠国待遇、征收、损失赔偿、投资及收益的汇回、投资者和缔约一方间争议解决、缔约方间争议解决等16条内容。根据《中印投资协定》的终止条款,印度于2018年10月3日单方面终止了该协定。《中印投资协定》终止的背景是,印度所面临的国际投资仲裁压力直接迫使印度政府迅速采取行动,尤其是2014年莫迪政府上台后着手推行投资条约和投资仲裁改革计划。其中,以印度2016年《印度双边投资协定示范文本》(简称《2016年投资范本》)为标志,印度在国际投资条约和投资仲裁方面的态度发生了根本转变。除推出《2016年投资范本》外,印度政府还采取了更为激进的投资条约框架改革措施,大规模终止和废除印度签署的双边投资协定,自2016年起印度计划对所有到期的双边投资协定进行重新谈判,以代替到期协定,③ 随后印度开启了大规模终止双边投资协定的行动,并主张投资伙伴国在《2016年投资范本》基础上与印度重新进行双边投资协定的谈判。同时,印度向多国提议通过联合解释声明(Joint Interpretative Statement)的形式,参照《2016年投资范本》对双

---

① 国家税务总局. 关于修订《中华人民共和国政府和印度共和国政府关于对所得避免双重征税和防止偷漏税的协定》的议定书生效执行的公告[A/OL]. 中华人民共和国国家税务总局,2019-07-09.
② 根据《中印投资协定》第16条第1款,协议有效期为10年,期满后除非一方通知另一方终止本协议,协议有效期自动延长10年,并以此顺延。
③ 驻印度经商参处. 印度计划重新谈判所有双边投资协定[EB/OL]. 中华人民共和国商务部,2016-7-26.

方现行有效的投资协定进行澄清、补充和修改。①

《2016年投资范本》是印度在对外投资政策上走向保护主义的重要表现。如在投资争端解决机制上，印度通过阻止或拖延投资者提起国家投资仲裁来维护其国家利益。《2016年投资范本》第14.3条规定了"用尽当地救济措施"的原则，根据该规定，投资争端发生后，投资者在知道或者应当知道起一年内，向东道国有关国内法院或行政机构提出索赔，以寻求国内救济措施，只有在用尽东道国国内司法和行政救济措施而仍未达成令投资者满意的方案后，或者投资者努力寻求国内补救措施后确定继续寻求国内补救措施仍是无效时，投资者才能寻求投资者—国家争端解决程序的救济。值得一提的是，印度与巴西于2021年1月签署的双边投资协定将国家利益保护推向了新的层级，该双边投资协定抛弃了主流双边和多边投资协定中广泛适用的投资者——国家仲裁机制，将投资争议推回到传统的争端解决模式，即通过国家间的仲裁机制、双方建立的索赔委员会或者外交途径解决。② 尽管该投资协定不完全代表印度双边投资协定改革初衷和方向，但此次印度和巴西双边投资协定的签署也反映出印度等发展中国家充分维护东道国管制权和国家利益、反对国际投资仲裁的基本政策走向。

同时，《2016年投资范本》还体现了对国家利益的极度保护倾向，其表现在《2016年投资范本》对"投资"的狭窄定义和对"国家安全""公共利益"的宽泛界定上。根据印度的立场，《2016年投资范本》作为印度与他国进行双边投资协定谈判的依据，其目的是"为在

---

① 如2017年印度与孟加拉国签署了一份联合解释声明（Joint Interpretive Notes on the Agreement between the Government of the Republic of India and the Government of the People's Republic of Bangladesh for the Promotion and Protection of Investment），双方在保留2009年双边投资协定的前提下，对该协定的内容加以调整和澄清。

② RANJAN P. India-Brazil Bilateral Investment Treaty – A New Template for India [EB/OL]. Kluwer Arbitration Blog, 2020-03-19.

印度的外国投资者和在外国的印度投资者提供适当的保护,平衡投资者权利和政府义务"。但事实上,《2016年投资范本》的大部分关键性条款并未能协调对投资者的保护和东道国监管权之间的冲突,而是侧重于加强印度对其领土内投资者和投资的管制权,以维护印度国家利益,这集中体现在《2016年投资范本》对"投资"的定义和例外条款上。《2016年投资范本》将"投资"定义为"位于东道国,按照东道国法律成立、组织和经营,并由投资者善意拥有或控制的企业",但对"投资"的定义还采用了投资者与资产相结合的界定方式,规定投资者和投资必须满足第9、10、11、12条规定的"投资"的具体特征和要求,包括遵守反腐败、披露、税收、东道国法律等义务,且要求投资者努力通过其管理政策和做法为东道国的发展目标作出贡献。也就是说,一旦投资者未满足前述要求,则该"投资"将被排除在投资协定的保护范围之外,无法享有投资条约中的投资者权利或据此提出投资条约仲裁。在例外条款的规定上,《2016年投资范本》第16条规定了宽泛的"一般例外"情形,包括为维护公共道德或公共秩序、确保金融稳定、平衡国家收支、维护公共卫生和安全、保护环境、保护个人隐私等目的,东道国在认为"必要"时可采取普遍适用的行动或措施。根据第17条"国家安全例外"规定,东道国采取的与可裂变和可聚变材料或产生这些材料有关的行动,在战争或其他国内或国际关系紧急情况下的行动,有关武器、弹药和战争工具的贩运等的行动,以及为保护重要的公共基础设施免受破坏的行动等具有合法性和正当性,不属于违反投资条约的行为。《2016年投资范本》中"附件一"还规定了"国家安全例外"的不可裁决性,凡缔约方因"国际安全例外"违反投资条约义务的,国际投资仲裁庭均不具有管辖权。由于《2016年投资范本》并没有对"一般例外"的"必要"作出说明和限定,"国内或国际关系紧急情况"等情形也具有很强的不确定性和模糊性,因此,东道国根据第16、

17条例外条款的规定,享有广泛的自由裁量权和灵活的政策空间,极易导致对"国家安全""公共利益"的扩大解释和滥用以及投资问题的"政治化"。此外,由于对"公平和公正待遇"条款的狭义规定,以及排除了"最惠国待遇"和税收措施规定,《2016年投资范本》并未能平衡外国投资者的利益与东道国的监管权,其背后目的似乎是助力印度政府在未来免受双边投资条约索赔和投资仲裁裁决对印度财务造成的影响。① 也因此,《2016年投资范本》本质上已与印度所主张的立法意图相悖,带有强烈的保护主义特征,倾向性地维护了印度国家利益,而对外国投资者权利的关注不足。同时,印度试图以联合解释声明等方式修订和澄清已有的投资条约、终止并重新谈判大部分双边投资条约的最终目标,均是力图在新的投资保护规则中维护和实现印度国家利益。在《区域全面经济伙伴关系协定》(RCEP)问题上,印度的审慎、拒绝态度也充分彰显其保护主义与保守主义,如在谈判中印度主张在RCEP中纳入以保护国家基本安全利益为由的数据本地化措施条款,② 并最终基于经济安全与中印关系拒绝加入RCEP。③ 双边投资保护协定的终止,印度未能加入RCEP,以及印度外商投资政策的转向,导致中印间在投资者保护上缺乏基本的国际投资保护法律框架,中国投资者在印投资也陷入投资条约保护缺失的窘境;印度政府制定的对中国投资者不利的法律制度和采取的歧视性、专断性行为将难以直接在印度国内法和国际法层面加以评判。

---

① RANJAN P, ANAND P. The 2016 Model Indian Bilateral Investment Treaty: A Critical Deconstruction [J]. Northwestern Journal of International Law & Business, 2017, 38 (1): 52.
② SUNEJA K, NARAYANAN D. India Wants Data Localisation in RCEP for Security Interests [EB/OL]. Economictimes, 2019-10-12.
③ SHARMA S. India Has Good Reason to Reject the RCEP [EB/OL]. Asia Times, 2020-11-15.

<<< 第一章 "一带一路"倡议下中国与南亚国家投资法律关系

第二节 巴基斯坦

一、"一带一路"倡议下中巴主要合作项目

中国与巴基斯坦是全天候战略合作伙伴关系，一直以来两国之间政治关系十分密切，但经贸投资领域的合作相对较弱。"一带一路"倡议为两国加强经贸合作提供了历史契机。2013年5月，为了加强中巴之间在交通、能源等领域的合作，李克强总理在访问巴基斯坦时提出了建设"中巴经济走廊"的提议，成为"一带一路"倡议的重要补充内容。时任巴基斯坦总理谢里夫对推动"中巴经济走廊"建设十分积极。双方同意以"中巴经济走廊"为引领，以瓜达尔港、能源、交通基础设施和产业合作为重点，形成"1+4"经济合作布局。在对南亚投资中，巴基斯坦的地位十分重要，是"一带一路"的重要枢纽，"中巴经济走廊"等项目的建设也对巴基斯坦十分有利，可以缓解地缘上与印度的矛盾、减少恐怖主义的滋生、提高地区安全性、解决巴基斯坦能源危机、打通巴基斯坦与中国的道路交通、促进巴基斯坦经济的发展。[①]2015年习近平主席出访巴基斯坦时提出："双方要以中巴经济走廊建设为中心，以瓜达尔港、能源、交通基础设施、产业合作4个领域为重点，为两国务实合作搭建战略框架。"巴方回应："巴中经济走廊将是本地区发展的重要里程碑，巴方愿同中方共同努力，扎实推进有关项目

[①] 杨翠柏，胡柳映，刘成琼. 列国志：巴基斯坦 [M]. 2版. 北京：社会科学文献出版社，2018：848-849.

建设。"① 在此次访问中，双方签署了51项合作协议和备忘录，其中超过30项涉及中巴经济走廊。② 2015年4月巴基斯坦与中国正式签署了中巴经济走廊经济合作协议。随着中巴经济走廊的迅速推进，两国经贸关系得到深入发展。2022年，习近平主席在会见巴基斯坦总理伊姆兰·汗时表示："愿同巴方对接发展战略，推进中巴经济走廊建设向深入发展，确保重大项目顺利实施，拓展科技、农业、社会民生等领域合作，建设绿色、健康、数字走廊，支持巴方推进工业化进程，以提升可持续发展能力。"总理伊姆兰·汗也表示："巴中是全天候朋友，任何时候巴方都将同中方坚定站在一起。巴方愿积极推进中巴经济走廊第二阶段建设，同中方加强工业、农业、信息技术等领域合作，助力巴提高经济发展水平。"③

"中巴经济走廊"（CPEC）是"一带一路"的旗舰项目，是贯通南北丝路的关键枢纽，也是一条包括公路、铁路、油气管道和光缆覆盖的"四位一体"通道和贸易走廊，中巴经济走廊涵盖的主要项目包括中巴跨境光缆、喀喇昆仑公路升级改造项目、苏吉吉纳里水电站、卡洛特水电站、拉合尔轨道交通橙线项目、萨希瓦尔燃煤电站项目、巴哈瓦尔布尔900兆瓦光伏地面电站、PKM高速公路项目、瓜达尔港项目等。④ 2017年年底中巴两国共同推动发布了《中巴经济走廊远景规划（2017—2030年）》（简称《规划》），将中国"一带一路"倡议和巴基斯坦"2025发展愿景"深入对接，指导规划走廊建设，推动两国协同发展。《规划》共分为前言、走廊界定和建设条件、规划愿景和发展

---

① 习近平在巴演讲：中巴要守望相助 希望同"一带一路"沿线国家加强合作，共同打造开放合作平台［N］．新京报，2015-04-22（5）．
② 澎湃网．中国和巴基斯坦51项协议全部清单：15家中国公司参与签约［EB/OL］．澎湃网，2015-04-21．
③ 新华网．习近平会见巴基斯坦总理伊姆兰·汗［EB/OL］．新华网，2022-02-06．
④ 澎湃网．中巴经济走廊项目地图和项目概览［EB/OL］．澎湃网，2021-07-15．

目标、指导思想和基本原则、重点合作领域、投融资机制和保障措施六部分。其中，重点合作领域包括互联互通、能源领域、经贸及产业园区领域、农业开发与扶贫、旅游、民生领域合作和民间交流、金融领域合作。[1]"一带一路"倡议在巴基斯坦的推进，极大帮助巴基斯坦解决了电力等能源短缺、交通和通信系统落后、商业中心缺乏等问题，其中瓜达尔港正成为巴基斯坦最重要的港口和经济特区。

二、中巴投资条约关系

中国与巴基斯坦自1951年建交以来交往密切，两国是"全天候战略合作伙伴关系"。随着"一带一路"倡议的提出和"中巴经济走廊"建设的推进，两国在经贸领域的关系进一步加深。截至2020年，中巴两国在经济领域一共签署了13份协定，其中税收领域共签署5份协定，投资贸易领域共签署17份协定。1989年2月，中巴双方签署了《中华人民共和国政府和巴基斯坦伊斯兰共和国政府关于相互鼓励和投资保护协定》（简称《中巴投资保护协定》），[2] 该协定具体规定了投资定义、范围和覆盖领域、透明度、机密信息的披露、国内规制、承认、垄断和专营服务提供者、商业惯例等共25条内容。由于该协定签署时间较早，内容很不完善，无法适应双方经贸发展。2006年11月，中巴双方签署了《中华人民共和国政府和巴基斯坦伊斯兰共和国政府自由贸易协定》（简称《中巴自由贸易协定》），该协定包括货物贸易和投资合作，这使中巴经贸合作更上新台阶。该协定共12章83条，具体规定了货物的国民待遇和市场准入、原产地规则、贸易救济、卫生和植物措施、技术

---

[1] 中国经济网. 推动两国协同发展 中巴经济走廊远景规划发布 [EB/OL]. 中国经济网，2017-12-20.

[2] 中华人民共和国政府和巴基斯坦伊斯兰共和国政府关于相互鼓励和投资保护协定 [A/OL]. 中华人民共和国-条约数据库，1989-02-12.

性贸易壁垒、透明度、投资、争端解决等内容。该协定第9章为与投资相关的内容，具体规定了缔约一方要对缔约另一方的投资予以促进和保护并且平等地对待缔约另一方的投资者。除为了公共利益依照国内法律程序平等给予补偿外，不得对缔约另一方的投资者在其领土内的投资采取征收、国有化或其他类似措施。对于中方企业在巴基斯坦的投资由于战争、全国紧急状态、起义、内乱、暴乱或其他类似事件而遭受损失的，可要求巴基斯坦政府给予本国或第三国平等待遇。巴方应该按照其法律和法规，保证中方投资者转移在其领土内的投资和收益。巴方还应该保护中方投资者的代位求偿权。中方投资者与巴基斯坦之间就巴基斯坦领土内产生的与投资有关的任何法律争议，应尽可能通过协商解决。如果6个月内无法解决，中方投资者应将争议提交巴基斯坦有管辖权的法院；或者中方投资者在用尽巴基斯坦法律和法规所规定的国内行政复议程序后，仍认为其受损害的利益没有得到有效救济的，可将争议提交ICSID仲裁。对于上述两种救济途径，中方投资者只能选择一种，并且裁决具有终局性，对争议双方具有拘束力，缔约双方应该承担执行裁决的义务。[1] 中国与巴基斯坦的自由贸易协定涉及7550个税目，而对关税的最大优惠只覆盖了其中35.5%，但目前，相比中国与其他国家的自由贸易协定，《中巴自由贸易协定》的关税减免力度远远不够。[2] 在签署《中巴自由贸易协定》的同时，双方还宣布启动服务贸易协定谈判。此后，两国按照全面均衡、互利共赢的谈判原则，历经两年五轮谈判，最终于2008年12月圆满结束谈判，并于2009年2月签署了《中国—巴基斯坦自由贸易区服务贸易协定》，《中国—巴基斯坦自由贸易区服务贸易协定》是中巴两国在WTO承诺基础上，相互进一步开放服务市

---

[1] 中华人民共和国政府和巴基斯坦伊斯兰共和国政府自由贸易协定 [A/OL]. 中华人民共和国-条约数据库，2006-11-24.
[2] 刘夷. 巴基斯坦驻华大使：中巴FTA优惠应加强 [J]. 经济，2014（9）：72-74.

场、促进服务业交流和合作、处理服务贸易相关问题的法律文件,将使两国建成一个涵盖货物贸易、服务贸易和投资等内容全面的自贸区。①

2013年,中国提出建设中巴经济走廊设想,2014年中巴两国签署《中巴经济走廊能源项目合作协议》,该协议共15条,涉及火电、风电及光伏项目。第1条具体列举了优先实施项目和积极推进项目,第2条规定了中巴经济走廊能源项目的准备和实施工作,以及"积极推进"和"优先实施"的区别。第3条规定了双方通过谈判修改中巴避免双重征税协定,对中国工商银行和其他中国商业银行为本协议所列项目提供贷款取得的利息,在巴基斯坦免于征收所得税。第4条规定了巴方给予中方投资者最优惠的税收、自然人和法人的地位条件以及保证给予中方投资者的待遇不低于给予任何其他第三国的相关优惠。第5条是关于电费支付方式的规定,第6条为外汇兑换的规定,第7条为保护获得土地的条款,第8条为项目执行标准,第9条为项目设计和建设标准,第10条、第11条为巴方对项目以及中方人员的保护和支持,第12条是中方的承诺,第13条规定了协议的执行、协调和监督机构。② 总体而言,该协议明确了中方对巴方投资的能源项目,为中国企业在巴基斯坦进行能源投资提供了基本依据。但是该协议也存在一些问题,如关于项目执行的规定较为宽泛,导致项目执行效率不能达到预期目标;争端解决方式单一,该协议对争端的解决只规定了外交途径;对项目的保护和中方人员的保护并没有详细规定,对中方人员的安全和项目安全保护不足,中巴经济走廊沿线部分地区的安全形势仍不容乐观;对有效规避政治风险没有明确规定,虽然中巴友谊深厚,全巴各党派会议已经就中巴经济

---

① 中华人民共和国商务部. 商务部就中国—巴基斯坦自贸区服务贸易协定答问[EB/OL]. 中华人民共和国商务部, 2009-02-23.
② 中巴关于中巴经济走廊能源项目的合作协议[A/OL]. 中华人民共和国-条约数据库, 2014-11-08.

走廊达成一致,但是巴基斯坦反对派在投资条约和协议的实际执行中仍有诸多阻挠,几乎每个投资项目都受到反对派牵制,几乎每个项目都面临反对派杯葛。① 因此,《中巴经济走廊能源项目合作协议》只规定了在土地租赁期内,出租方不得以任何理由收回已出租的土地,而对其他可能造成项目停滞的政治行为没有任何规定。

第三节 孟加拉国

一、"一带一路"倡议下中孟主要合作项目

孟加拉国方面积极回应并主动进行战略对接,中孟在贸易投资、工业园建设、产能转移、港口桥梁建设等方面达成诸多合作协议。《中华人民共和国政府与孟加拉国政府关于开展"一带一路"倡议下合作的谅解备忘录》,成为中国与南亚地区签署的首个政府间共建"一带一路"合作文件,对中国与南亚区域合作具有标志性意义。2016年10月,习近平主席访问孟加拉国期间,中孟双方就实施各种政府间和企业间项目达成了谅解。中国总共承诺在孟加拉国投资约400亿美元,其中244.5亿美元用于基础设施项目的双边援助,136亿美元用于合资企业。此外,还承诺了200亿美元的贷款协议。2016年,孟加拉国和中国签署了8个项目,中国出资超过94.5亿美元。其中包括价值33亿美元的帕德玛大桥、价值19亿美元的佩拉发电厂项目、价值10亿美元的数字连接项目以及价值13.2亿美元电网网络加强项目。作为孟加拉国政府建立特殊经济区倡议的一部分,中国经济和工业区(Chinese Economic

---

① 刘宗义. 中巴经济走廊建设:进展与挑战 [J]. 国际问题研究,2016 (3):130.

and Industrial Zone）正在吉大港地区开发。① 孟加拉国也成为中国在南亚的第三大贸易伙伴和第三大工程承包市场，中国企业广泛进入其交通、电力、能源、通信等行业。特别是中国为孟建设了沙迦拉化肥厂和邦戈班杜国际会议中心，还积极推进建设帕德玛大桥、帕亚拉燃煤电站、卡纳普里河底隧道、达舍尔甘地污水处理厂、油轮和散货船采购、第四代国家数据中心等重点项目。②

孟加拉国位于南亚和东南亚之间重要的战略位置，是跨地区一体化中非常重要的参与者。孟中印缅经济走廊（BCIM Economic Corridor）是"一带一路"的六条走廊之一，孟加拉国位于孟中印缅经济走廊的中心位置，对于孟加拉国而言是一个巨大的机会。但孟加拉国参与共建"一带一路"的挑战在于，第一，孟加拉国没有一个运转良好的金融体系来吸收如此大量的投资，大规模贷款可能不利于宏观经济的稳定，腐败、政策赤字和缺乏透明度也是孟加拉国在参与"一带一路"中面临的主要挑战。第二，鉴于印度在南亚的影响力，来自印度的压力可能危及孟加拉国参与"一带一路"的前景。如孟中印缅经济走廊建设的联合工作组第三次会议迟迟没有举行，四国的联合研究报告和四国政府间合作机制的建立仍然被悬置，主要的阻力还是来自印度。莫迪政府除了顾虑经济走廊可能对印度东北部形势的影响外，最大的问题来自其所谓的"政治正确"。印度坚持要将孟中印缅经济走廊视作独立的合作倡议，而不是隶属于"一带一路"框架，强调四国共同拥有孟中印缅经济走廊倡议的所有权，而不应该是中国"一带一路"的部分。③ 第三，

---

① KHATUN F. How Can Bangladesh Benefit from the Belt and Road Initiative [EB/OL]. Center for Policy Dialogue, 2020-11-19.
② 林民旺. "一带一路"建设在南亚：定位、进展及前景 [J]. 当代世界与社会主义, 2017（04）：154-162.
③ 林民旺. "一带一路"建设在南亚：定位、进展及前景 [J]. 当代世界与社会主义, 2017（04）：154-162.

孟加拉国和缅甸之间的罗兴亚难民问题是另一个需要解决的难题，[①] 孟加拉国面临着较为严重的人道主义危机，特别是缅甸罗兴亚人问题使得孟加拉国成为世界上难民人数最多的国家之一。

二、中孟投资条约关系

自1975年中国与孟加拉国建交以来两国签署的条约较少，但两国经济合作非常紧密，双边贸易额增长迅速。继2016年10月习近平主席访问孟加拉国后，中国对孟加拉国的投资也更活跃。2017年，中国投资者在医药、医疗设备和电力等不同行业共投资6000万美元，投资方式主要包括设立新公司或收购多数股权接管现有企业。同时很大部分资金流向新能源部门，新能源领域正成为双方未来进一步深化合作的纽带。[②] 为了进一步促进中国的投资，孟加拉国政府还专门为中国投资者设立了一个经济特区。1996年9月12日，中国与孟加拉国签署了《中华人民共和国政府和孟加拉人民共和国政府关于鼓励和相互保护投资协定》（简称《中孟投资协定》），该协定共13条，为中孟两国的相互投资提供了框架性规定。第1条界定了"投资""投资者"和"收益"概念，第2条是关于便利投资的原则性规定，第3条为公平保护条款，第4条为征收条款，第5条为政治风险条款，第6条为汇回条款，第7条为代收条款，第8条为缔约双方争端解决条款，第9条为投资者—国家争议解决条款，第10条为优惠条款。该投资协定内容简略，已不能满足投资企业的现实需求。同年，中国与孟加拉国签署了《中华人民共

[①] Sarker P C. One Belt One Road Project is a Driving Force for Holistic Development of Eurasian Region: Challenges to Bangladesh. In: Islam M (eds). Silk Road to Belt Road [M]. Singapore: Springer, 2019: 289.

[②] 刘旭. 互利共赢合作持续深化 发展战略愿景全面对接 沿着一带一路，走进"金色孟加拉" [EB/OL]. 中国商务新闻网, 2022-08-15.

和国政府和孟加拉人民共和国政府关于对所得避免双重征税和防止偷漏税的协定》，该协定包含人的范围、税种范围、居民、常设机构、不动产所得、营业利润、联署企业、股息、无差别待遇等 29 条内容。总体而言该协定规定得较为详细。

第四节　斯里兰卡

一、"一带一路"倡议下中斯主要合作项目

2011 年以前，斯里兰卡在吸引外商直接投资方面一直表现不佳，2011 年外国投资流量不到 10 亿美元。2011 年后，尤其是在中国、印度和新加坡等亚洲国家强劲投资的推动下，斯里兰卡的外商直接投资流量大幅增加，制造业、IT、旅游业和基础设施的增长率最高。中国在斯里兰卡的投资主要在物流、运输和房地产领域。同时，中国通过有息与无息贷款、捐赠等方式为斯里兰卡提供了大量发展援助资金，以支持斯里兰卡的各种发展需求。中国在斯里兰卡的投资项目主要包括科伦坡港口城项目、科伦坡港贾亚集装箱码头扩建项目、汉班托塔港项目。两国在"21 世纪海上丝绸之路"框架内合作，高度契合两国共同利益，并在基础设施建设、产业合作、自贸区建设、旅游、人文交流等方面的合作迅速发展。但中斯"一带一路"框架下的合作仍遇到诸多挑战，如地区大国的介入、负面舆论导向、法律和政策因素等。

斯里兰卡参与共建"一带一路"的主要困境还包括以下五方面，一是斯里兰卡的印度洋中心战略位置使其陷入主要大国的权力竞争之中。二是斯里兰卡的自治和独立问题，尽管与"一带一路"无直接联系，但斯里兰卡日益增长的债务负担和对主权丧失的担忧仍导致"一

带一路"项目面临一定阻力。三是斯里兰卡债务危机,中国在斯里兰卡基础设施建设等方面为斯里兰卡提供了大量资金和贷款支持,斯里兰卡政府难以偿还部分债务,不得不与中国政府签署债务重组协议或请求中国政府予以贷款减免。四是透明度和腐败问题,鉴于有限的监督以及所涉及的行业,实施"一带一路"基础设施项目的企业可能存在贿赂问题。五是环境和可持续发展问题,目前,"一带一路"方案的重点迅速扩大至对贸易有帮助的关键基础设施建设与投资,包括港口、工业区、道路等,但对这些基础设施项目的长期环境影响评估有限。

需要指出的是,中国在斯里兰卡的投资经常被一些国家及其媒体恶意描述为"债务陷阱外交",但现有情况充分表明,科伦坡港口城项目是斯里兰卡与中方之间自愿、平等谈判的结果;且斯里兰卡没有陷入所谓的"中国债务陷阱",其存在的债务问题是普遍性的,斯里兰卡对国际金融市场和世界银行等多边贷款机构的债务远高于对中国的债务。事实是,自2009年斯里兰卡内战结束后,斯里兰卡政府启动了一系列发展项目,主要侧重于基础设施建设,以重振斯里兰卡经济。然而,为避免来自国际货币基金组织和世界银行等全球金融机构的压力(以满足西方在政治和经济改革方面的问责和附带条件的规范要求为前提提供金融支持),斯里兰卡寻求一种替代的无条件软贷款,而中国承诺投入数十亿美元用于基础设施建设的"一带一路"倡议为斯里兰卡社会与经济发展提供了机遇。由于中国在斯里兰卡的投资项目越来越多,导致相当多的批评者将中国的"一带一路"称为"债务陷阱",尤其视斯里兰卡为"中国债务外交"的范例。但是,相当多知名机构的研究报告(如查塔姆研究所的研究报告)及斯里兰卡的债务动态数据均表明,中国的投资并未将斯里兰卡卷入债务陷阱。[①]

[①] Daily FT. Perceptions of China's Belt & Road Initiative and investments in Sri Lanka [EB/OL]. Daily FT, 2021-04-06.

科伦坡港口城项目（或科伦坡国际金融城项目，Colombo International Financial City）是中斯共建'一带一路'的典范，项目占地面积269公顷，精准对接斯里兰卡"大西部省"国家发展战略，将促进斯里兰卡国家经济发展，为民众创造就业机会。①该项目是斯里兰卡迄今为止最大的外商直接投资项目，预计将创造8万多个就业岗位。2015年斯里兰卡政府更迭后，科伦坡港口城项目建设被暂停一年多，政府政策上的变化可能为项目投资带来极大的不确定性。② 2021年5月27日《科伦坡港口城经济委员会法》（Colombo Port City Economic Commission Act）生效，该法基于中斯之间14亿美元的科伦坡港口项目协议，规定建立一个科伦坡港口城市经济特区，意味着将相关土地从斯里兰卡移交给中国国有实体使用，为中国投资者提供了更多保障。

二、中斯投资条约关系

中国与斯里兰卡友谊源远流长。近年来，中国是斯里兰卡最大的投资国之一，第二大贸易伙伴国。20世纪中国与斯里兰卡签署了许多贸易投资方面的条约，1984年双方签署了《中华人民共和国政府和斯里兰卡民主社会主义共和国政府关于成立经济、贸易合作联合委员会的协定》，该协定共5条，其目的是进一步加强和发展两国间的友好合作关系和在平等互利的基础上促进两国间的经济、贸易合作。③ 1986年双方签署了中华人民共和国政府和斯里兰卡民主社会主义共和国政府关于相互促进和保护投资协定（简称《中斯投资保护协定》），该协定涉及促

---

① 苑基荣. 科伦坡港口城项目创造了技术奇迹 [EB/OL]. 人民日报，2019-01-18.
② WIJAYASIRI J, SENARATNE N. China's Belt and Road Initiative and Sri Lanka [R/OL]. Archiveos, 2022-04-27.
③ 中华人民共和国政府和斯里兰卡民主社会主义共和国政府关于成立经济、贸易合作联合委员会的协定 [A/OL]. 中华人民共和国-条约数据库，1984-05-22.

进和保护投资、最惠国待遇条款、征收、损失补偿、汇出、代位、投资争议等16条内容。如果中方投资者在斯里兰卡领土内发生投资争议，根据《中斯投资保护协定》第13条的规定，双方应首先通过友好协商解决，如果在6个月的协商期内仍无法解决争议的，可以将争议提交斯里兰卡有管辖权的法院。但是关于征收引发的补偿款额争议，如果在6个月的协商期内仍无法解决的，可将争议提交双方组成的国际仲裁庭。国际仲裁庭由双方各任命一名仲裁员和由两名仲裁员共同任命的第三名主席仲裁员组成。如果双方未能在规定的期限内任命仲裁员且无其他约定时，争议的任何一方均可请求瑞典斯德哥尔摩商会仲裁院主席作出任命。① 进入21世纪以后，为进一步推动和巩固务实机制以发展双边经贸合作关系，中国与斯里兰卡于2005年签署《中华人民共和国政府和斯里兰卡民主社会主义共和国政府关于进一步深化双边经贸合作关系的协议》。② 斯里兰卡积极响应"一带一路"倡议，明确表示愿意积极参与"21世纪海上丝绸之路"建设。当前，中国与斯里兰卡一系列公路、铁路、水利等项目正在稳步实施。2017年1月16日至19日，中国—斯里兰卡自贸区第五轮谈判在斯里兰卡首都科伦坡举行。本轮谈判涵盖服务贸易、货物贸易、经济技术合作、投资、原产地规则以及贸易救济等问题，并取得了积极进展。③

---

① 中华人民共和国政府和斯里兰卡民主社会主义共和国政府关于相互促进和保护投资协定 [A/OL]. 中华人民共和国-条约数据库，1986-03-13.
② 中华人民共和国政府和斯里兰卡民主社会主义共和国政府关于进一步深化双边经贸合作关系的协议 [A/OL]. 中华人民共和国-条约数据库，2005-04-08.
③ 商务部新闻办公室. 中国—斯里兰卡自贸区举行第五轮谈判 [EB/OL]. 中华人民共和国商务部，2017-01-19.

第五节　尼泊尔

一、"一带一路"倡议下中尼主要合作项目

"1955年中尼建立外交关系以来,两国始终相互尊重、相互信任、相互支持,成为邻国间平等相待、友好合作、互利共赢的典范。"[1] 尼泊尔是中国在南亚建设"一带一路"的重要合作伙伴。两国自2017年签署《中华人民共和国政府与尼泊尔政府关于在"一带一路"倡议下开展合作的谅解备忘录》以来,在互联互通、经贸投资、基础设施、人文交流等各领域合作均取得积极进展,为尼经济与社会发展作出了重要贡献。中尼两国除在公路、机场、电力、水利等基础设施建设方面进行卓有成效的合作外,中国还在尼泊尔援建了一批学校和医院,为提高尼泊尔百姓的生活水平、推动尼社会进步作出了重要贡献。[2]2019年,习近平主席首次对尼泊尔进行国事访问;2021年5月,习近平主席在同尼泊尔总统班达里通电话中强调,"中方高度重视中尼关系发展,愿同尼方分享中国发展机遇,加快共建'一带一路',稳步推进跨喜马拉雅立体互联互通网络建设,推动两国面向发展与繁荣的世代友好的战略合作伙伴关系不断迈上新台阶"[3]。2022年3月26日,国务委员兼外长王毅在加德满都同尼泊尔外长卡德加举行会谈,王毅阐述了中方对尼泊

---

[1] 人民网-人民日报. 习近平在尼泊尔媒体发表署名文章:将跨越喜马拉雅的友谊推向新高度 [EB/OL]. 人民网, 2019-10-12.
[2] 澎湃新闻. 中尼关系:大小邻国间相处的典范——侯艳琪大使接受《大国外交》节目专访 [EB/OL]. 澎湃新闻, 2022-05-03.
[3] 新华网. 习近平同尼泊尔总统班达里通电话 [EB/OL]. 新华网, 2021-05-26.

尔的三个支持，其中包括支持尼泊尔更加深入参与"一带一路"建设。过去几年来，两国共建"一带一路"取得可喜进展，有力支持尼泊尔国家建设。中方愿加快推进双方重点合作项目，确保两国陆路口岸畅通，探讨开展跨境电力合作，丰富拓宽两国经济人文往来通道，建设跨喜马拉雅立体互联互通网络，使喜马拉雅山成为两国友好合作的纽带。中方愿助力尼泊尔发挥自身人力资源、地理位置和自然生态三大优势，分享中国机遇，加快自身发展振兴。① "一带一路"倡议下的主要项目包括中尼印经济走廊项目、尼中跨境铁路项目、尼中友谊（阿尼哥）公路项目、加德满都内环路改造一期、塔托帕尼边检站等一系列道路基础设施项目。与此同时，中国政府帮助尼泊尔建设了博克拉国际机场，中国企业还先后承建了特里布文国际机场跑道与平滑道改建项目以及佛祖国际机场升级改造项目，这些合作均帮助尼泊尔实现从"陆锁国"向"陆联国"的转变。②

二、中尼投资条约关系

我国与尼泊尔是世代友好的邻居，双边经贸往来，尤其是边境贸易一直很活跃。我国对尼泊尔投资的企业主要为国有企业，投资领域主要为基础设施建设。2001年签署的《中华人民共和国政府和尼泊尔王国政府关于对所得避免双重征税和防止偷漏税的协定》主要涉及税种范围、一般定义、居民、常设机构、不动产所得、营业利润、联属企业、消除双重征税方法、无差别待遇等29条。③ 2002年中尼双方签署《中

---

① 外交部. 王毅谈中国对尼泊尔的三个支持 [EB/OL]. 中华人民共和国外交部，2022-03-26.
② 澎湃新闻. 中尼关系：大小邻国间相处的典范——侯艳琪大使接受《大国外交》节目专访 [EB/OL]. 澎湃新闻，2022-05-03.
③ 中华人民共和国政府和尼泊尔王国政府关于对所得避免双重征税和防止偷漏税的协定 [A/OL]. 中华人民共和国-条约数据库，2001-05-14.

华人民共和国政府和尼泊尔国王陛下政府关于中国西藏自治区和尼泊尔之间的通商和其他有关问题的协定》，该协定共 9 条，主要目的为进一步发展两国友好睦邻关系，促进边境贸易。① 2014 年，两国签署了《中华人民共和国政府和尼泊尔国王陛下政府经济技术合作协定》。2016 年 3 月中尼两国同意对接彼此的发展规划，制定适当的双边合作计划，在"一带一路"倡议框架下实施重大项目，并签署了《中华人民共和国政府和尼泊尔政府过境运输协定》，通过连接尼泊尔东部山区和特莱平原的柯西走廊（Koshi Corridor），可以进一步连接中国和印度的卡里甘达吉走廊（Kaligandaki Corridor）和尼泊尔远西部的卡纳里走廊（Karnali Corridor）三大南北走廊。2017 年 5 月，中尼两国签署了《关于在"一带一路"倡议下开展合作的谅解备忘录》。2017 年 5 月 14 日至 15 日，尼政府派代表赴京参加第一届"一带一路"国际合作高峰论坛。2017 年 8 月，中尼签署了《中华人民共和国政府和尼泊尔政府关于促进投资与经济合作框架协议》，协议确定了双边投资合作的原则、领域、方式、便利化和保障措施、执行机构和工作机制等，规定了如何确定和支持优先项目。该协议的签署有助于进一步加强两国政府、企业和其他机构间的交流，推动中尼投资合作健康稳定发展，促进"一带一路"建设，保障在尼中国企业权益。② 2019 年，尼泊尔总统比迪亚·德维·班达里访问中国，出席第二届"一带一路"国际合作高峰论坛。尼泊尔驻华使馆公使表示，尼泊尔非常重视"一带一路"合作，因为它可以促进该国经济增长和社会发展，帮助尼泊尔实现高质量发展和繁荣的目

---

① 中华人民共和国政府和尼泊尔国王陛下政府关于中国西藏自治区和尼泊尔之间的通商和其他有关问题的协定［A/OL］. 中华人民共和国-条约数据库，2002-07-10.
② 中华人民共和国商务部. 中尼签署《中华人民共和国政府和尼泊尔政府关于促进投资与经济合作框架协议》［EB/OL］. 中华人民共和国商务部，2017-08-17.

标。① 中国—尼泊尔跨喜马拉雅立体互联互通网络和中尼跨境铁路是两国"一带一路"合作的典范，2020年10月，两国主要政党成立中尼跨喜马拉雅立体互联互通网络政党共商机制，尼泊尔各政党全力支持两国"一带一路"框架下各领域合作，积极发挥政党作用，助力尼中友好合作事业不断向前发展，会后，与会各党一致同意通过《中尼政党支持高质量共建"一带一路"倡议》。② 中尼跨境铁路项目得益于双方领导人的擘画，承载着两国人民的美好期待，致力于实现两国老一辈领导人把铁路修到加德满都的夙愿，使喜马拉雅山脉成为两国团结合作的纽带和世代友好的象征。③

第六节　马尔代夫

一、"一带一路"倡议下中马主要合作项目

马尔代夫是古代海上丝绸之路的重要驿站，也是中国"21世纪海上丝绸之路"的关键节点。中马签署了《中华人民共和国政府和马尔代夫共和国政府关于共同推进"21世纪海上丝绸之路"建设的谅解备忘录》，在港口机场建设、改善马尔代夫岛屿间交通等方面达成重要合作项目，并就推动建设中马自贸区达成一致。马尔代夫的经济非常依赖旅游业，旅游业占GDP的比重接近三分之一。流入该国的外汇有60%

---

① 中国一带一路网. 尼泊尔驻华公使：期待"一带一路"为中尼高质量合作架起桥梁[EB/OL]. 中国一带一路网，2020-09-27.
② 汤琪. 中尼跨喜马拉雅立体互联互通网络政党共商机制宣告成立[EB/OL]. 澎湃网，2020-10-21.
③ 鞠峰. 喜马拉雅"拦路"又遇新冠疫情，中尼加快把铁路修到加德满都[EB/OL]. 澎湃网，2022-03-28.

以上是通过旅游业流入的，政府税收收入的主要部分来自旅游相关税收。渔业是马尔代夫的第二大经济部门，国家收入的很大一部分是通过出口鲜鱼和其他鱼类/海产品产生的。由于可耕地有限，农业在马尔代夫经济中只发挥次要作用。

2017年，马尔代夫共和国第六任总统阿卜杜拉·亚明·阿卜杜勒·加尧姆（Abdullah Yameen Abdul Gayoom）对中国进行国事访问期间，中马双方共同发表了《中华人民共和国和马尔代夫共和国联合新闻公报》，马方重申积极支持和参与中方提出的21世纪海上丝绸之路倡议。双方将在共建"一带一路"框架下深化务实合作，加强互联互通。中马友谊大桥、马累国际机场改扩建项目是马尔代夫政府最重要的两大旗舰项目，马方感谢中国政府提供的援助和支持，双方同意确保上述项目按期保质完成。访问期间，双方签署了关于"一带一路"、自由贸易、经济技术合作、人力资源开发、海水淡化、固废资源化利用、卫生、气象、金融等领域合作协议。①

2021年7月16日，习近平主席同马尔代夫总统萨利赫通电话。习近平主席强调："希望马方关心在马中方人员的安全和健康。中方愿同马方继续推进共建'一带一路'合作，为两国人民带来更多福祉。双方应加强在多边场合相互支持，维护国际公平正义和发展中国家共同利益，推动构建人类命运共同体。"萨利赫总统对中方在世界卫生组织等多边事务中坚定维护多边主义，呼吁并身体力行，加强国际团结与合作的做法高度赞赏，并感谢中方为马尔代夫经济社会发展长期提供有力支持，愿以两国建交50周年为契机，密切马中双边友好合作，积极共建"一带一路"，密切多边协调配合。②

---

① 新华社. 中华人民共和国和马尔代夫共和国联合新闻公报（全文）[A/OL]. 中华人民共和国中央人民政府网站，2017-12-08.
② 新华网. 习近平同马尔代夫总统萨利赫通电话[EB/OL]. 新华网，2021-07-21.

中马友谊桥项目（China-Maldives Friendship Bridge）是中国与马尔代夫两国领导人共同商定，由中国援建的连接马尔代夫首都马累岛、机场岛和胡鲁马累岛之间的跨海大桥。该项目是马尔代夫最重要的岛屿连接项目，是21世纪海上丝绸之路的重大标志性项目，也是"一带一路"倡议率先实施并已取得重大成果的大型基础设施项目。该桥建成后，将成为马首座大桥，结束该国没有桥梁的历史，实现首都马累岛、机场岛和胡鲁马累岛的陆路连接，极大改善居民出行环境，有效疏解首都人口压力，进一步带动大马累区域的经济发展。因此，其不仅是科技之桥、创新之桥，还是一座友谊之桥，其成果惠及中马两国人民，为中马关系发展注入了新的活力。①

当地时间2022年1月8日，国务委员兼外长王毅在马累同马尔代夫外长莎德希共同会见记者，王毅强调，维拉纳国际机场改扩建工程，让马尔代夫人民能够拥有一个现代化的国际空港；建成中马友谊大桥，解决了马尔代夫人民多年来出行的困扰，迄今通行流量已达1亿多人次；我们为马方建设1万多套住宅，帮助成千上万的马尔代夫家庭改善居住条件；我们在G20框架内积极减缓马方债务，占国际上对马缓债总额四分之三。② 马尔代夫总统萨利赫表示，感谢中方为马经济社会发展作出巨大贡献，为马方推进疫苗全民接种提供大力支持，并在G20框架内减缓马方债务。马方坚定奉行一个中国政策，马中良好关系和牢固互信根植于双方悠久的传统友谊和对主权平等、相互尊重等原则的坚守。马方对马中关系的未来充满信心，愿以两国建交50周年为契机，

---

① 中国交通建设集团有限公司. 马尔代夫中马友谊大桥全桥合龙贯通 由中国交建承建[EB/OL]. 国务院国有资产管理委员会网站，2018-07-09.
② 中华人民共和国外交部. 王毅同马尔代夫外长沙希德共同会见记者[EB/OL]. 中华人民共和国外交部网站，2022-01-09.

深化相互理解和互利合作，推动马中关系实现更加强劲的发展。①

二、中马投资条约关系

中国与马尔代夫经贸往来源远流长，双方经贸交流范围不断扩大。自 1972 年我国与马尔代夫建交以来，签署了诸多条约。进入 21 世纪，中马经贸关系进一步向前推进，2014 年 9 月，国家主席习近平对马尔代夫进行正式国事访问期间，双方达成一系列共识，从此中马关系进入新时代。在经贸投资领域，中马两国间签署的重要协定包括 2005 年《中华人民共和国政府和马尔代夫共和国政府自由贸易协定》、2014 年《中华人民共和国政府和马尔代夫共和国政府贸易和经济合作协定》（简称《中马贸易和经济合作协定》）和 2017 年《中华人民共和国政府与马尔代夫共和国政府自由贸易协定》（简称《中马自贸协定》），这些协定均规定了与投资相关的事宜。《中马贸易和经济合作协定》共 16 条，该协定规定了缔约双方在有关两国的关税和其他捐税方面应相互给予最惠国待遇，缔约双方应当在国内税费和其他有关法律规定方面给予来自缔约另一方的产品以不低于本国同类产品的待遇等内容。② 此协定大大加强和扩大了两国间贸易和经济合作。《中马贸易和经济合作协定》规定了建立联合委员会以检查缔约双方在经济贸易合作领域已签署的所有协议的执行情况，研究解决执行过程中产生的问题，探讨缔约双方在经贸领域内扩大和深化合作的建议，并提出旨在加强和促进这种合作的可能性。③ 该协定进一步发展了缔约双方的友好关系，并为落

---

① 中华人民共和国外交部. 马尔代夫总统萨利赫会见王毅 [EB/OL]. 中华人民共和国外交部网站，2022-01-09.
② 中华人民共和国政府和马尔代夫共和国政府贸易和经济合作协定 [A/OL]. 中华人民共和国-条约数据库，2005-03-28.
③ 中华人民共和国政府和马尔代夫共和国政府关于成立经济贸易合作联合委员会的协定 [A/OL]. 中华人民共和国-条约数据库，2014-09-15.

实双方贸易和经济合作协定提供了具体执行手段。

《中马自贸协定》是我国商签的第 16 个自由贸易协定，也是马尔代夫对外签署的首个双边自由贸易协定。① 该协定除序言外共有 15 章，分别是总则、一般适用的定义、货物贸易、原产地规则与实施程序、海关程序与贸易便利化、技术性贸易壁垒、卫生与植物卫生措施、贸易救济、服务贸易、投资、经济技术合作、透明度、管理与机构条款、争端解决、例外、最终条款，并包含货物贸易关税减让表、产品特定原产地规则等 9 个附件。该协定在货物贸易领域实现了高水平关税减让，双方承诺的零关税产品税目数以及贸易额比例均超过 95%。在投资章节中，该协定对投资保护、公平竞争及争端解决等作了广泛规定，平衡了投资者合法权益与东道国政府的管理权。为给予对方投资者高水平投资保护，协定纳入了征收补偿、最低待遇标准、转移等条款以及准入后阶段的国民待遇和最惠国待遇。此外，为保护政府管理外资的政策空间，协定还设置了金融审慎措施、根本安全、保密信息等例外条款；为给双方投资者提供充分的权利保障和救济途径，协定详细全面地规定了投资者与国家间争端解决机制。②

我国作为第一个与马尔代夫签署 FTA 的国家，《中马自贸协定》实施后将对我国企业产生显著的影响，我国企业可能会获得比其他国家更优惠的市场准入待遇。但马尔代夫是小岛屿国家，整体市场规模小而分散，国家经济实力有限，想要短期内经济大幅增长几乎没有可能。且马尔代夫政府推出一系列大型开发项目，背负了沉重的债务。我国投资企业与马开展经贸合作，一定要充分考虑马政府的还债能力和由此带来的

---

① 中华人民共和国商务部. 中国与马尔代夫签署自由贸易协定 [EB/OL]. 中华人民共和国商务部网站，2017-12-07.
② 商务部新闻办公室. 商务部国际司负责人解读中国—马尔代夫自由贸易协定 [EB/OL]. 中华人民共和国商务部网站，2017-12-08.

风险。除此之外,马政府办事效率较为低下,存在行政行为不规范的可能。① 因此,中国企业须在警惕规避风险的情况下抓住马尔代夫这个市场。

本章小结

借助"一带一路"倡议及项目投资,中国与南亚国家间的经贸投资关系日益紧密。但面对复杂的国际形势,中国与南亚国家仍应加强政府间对话、增进战略互信,推进双边和多边投资合作法律机制建设,积极应对、妥善处理中国企业在南亚投资面临的各项风险。正如《中华人民共和国国民经济和社会发展第十四个五年规划和2035年远景目标纲要》(以下称《"十四五"规划》)第十二篇中指出,"十四五"时期,我国将"实行高水平对外开放,开拓合作共赢新局面",并明确提出要"优化国际市场布局……支持企业融入全球产业链供应链,提高跨国经营能力和水平。引导企业加强合规管理,防范化解境外政治、经济、安全等各类风险。推进多双边投资合作机制建设,健全促进和保障境外投资政策和服务体系,推动境外投资立法"。因此,可以从国家层面探索解决当前我国投资者在南亚投资所面临的困境,坚持底线思维,在较长时间内做好应对外部环境变化的思想准备和工作准备。

第一,构建以统一的"境外投资法"为基础的境外投资管理和投资者保护法律体系,为我国企业在南亚的投资提供坚实的制度保障。我国规范境外直接投资行为的主要规定为国家发展和改革委员会出台的

---

① 中华人民共和国商务部.对外投资合作国别(地区)指南(2021年版):马尔代夫[R/OL].中华人民共和国商务部网站,2022-03-29.

《企业境外投资管理办法》等部门规章，部门规章不仅效力不足，且难以协调各部委间的权力关系。《"十四五"规划》明确提出要"推动境外投资立法"的任务。对此，我国应尽快探索制定统一的"境外投资法"，切实维护境外投资者的合法权益。具体而言，要进一步完善企业境外投资审批和监管工作，细化相关操作流程和标准。如当前我国对企业境外投资的施行核准、备案制度，其中核准制中对敏感类项目的分类并不完善，建议参照一些机构的投资目的国风险评级制度，对敏感国家和地区实施多梯度分类机制，增加对特定国家敏感类行业的分类，做好境外投资企业的前期"把关"工作。加强智库建设，加大对南亚各国投资法律风险的研究，发布并实时更新更为细化的、更具操作性的投资指南，鼓励科研成果向实际运用转化，构建定期风险评估"常态报告"与特殊时期"紧急预警"相结合的投资风险警示机制。加强对企业和个人投资的监督管理工作，制定投资目的国风险等级目录，并据此分类、分级施行对外投资报批、审批手续，以行政手段协助投资者管控境外投资风险。

第二，中国与南亚各国应加强对话沟通、增进战略互信，积极探索和协调推进双边或多边投资条约的构建，维护各国投资者合法权益。一是，当前，即便与南亚国家存在投资条约关系，但大部分条约及其条款措辞的模糊性、文本的简约性、投资保护模式的陈旧性等特点已然弱化了其协调东道国与投资者利益的功能，无法满足中国在南亚的投资者的需求，随着国际投资协定和国际投资争端解决机制的新一轮改革，我国应及时评估与南亚各国签署新的投资保护条约的可能性与必要性，力图在新的投资协定中平衡国家利益和投资者利益，限制和明确"国家安全""公共利益"等条款的适用范围和具体适用条件，细化投资者待遇和保护条款。各国应该清醒认识到，投资关系"合则两利，斗则俱伤"，寻找利益共同点和交汇点，共同致力于减少投资壁垒，加强投资审查机制的透明度和可预测性，杜绝投资问题"政治化"，才是各方的合作共赢之道。同时，针对南亚一些国家近年来本国货币兑美元大幅贬值、人民币币值趋稳的现状，中国可充分利用已签署的中巴货币互换协议或推动签署新的货币互换协议，积极推动人民币结算，降低企业投资中的汇率风险和损失。

如随着2006年《中印投资协定》的终止和国际投资协定、国际投资争端解决机制的新一轮改革，我国应及时评估与印度签署新的投资保护条约的可能性与必要性，并力图在新的投资协定中平衡国家利益和投资者权益，明确和限定"国家安全""公共利益"等例外条款的适用范围和具体适用条件，促进投资审查机制的公开、公正。在协商签署新的投资保护条约之外，两国还可通过谅解备忘录等"软法"形式，加强发展战略对接，达成投资领域合作的基本共识，避免投资问题政治化，促进投资自由化、便利化。加强沟通，努力发展经济关系，求同存异、搁置争议，仍是中印间实现互利共赢的必由之路。当然，对我国在印投资者及其投资的保护不能妥协，即便国际投资保护机制缺位，我国仍可考虑采用保护境外投资者的传统手段，在投资损害实际发生后，通过外交协商、谈判等途径维护中国投资者合法权益。同时，针对印度违反国际法律和基本原则，对中国投资者制定的歧视性规则和采取的专断性措施的行为，我国可在必要时采取反制措施。

第三，南亚投资企业应做好风险评估和管控工作，未雨绸缪，提前研判并规避南亚投资法律风险。当前，国际投资中投资者母国的引导和外交保护作用已较为弱化，中国投资者也必须脱离国家"父爱主义"的思维模式，积极应对投资难题，妥善管控投资风险。中国投资者必须做好投资前准备工作，熟悉投资目的地的相关法律和政策，寻求可靠的第三方中介机构的协助，注重投资全流程尽职调查。尤为重要的是，中国投资者必须保持对中国与南亚各国关系和各国投资政策变化的敏感性、警惕性，适时调整投资策略和布局，提前研判风险，制订应急性与替代性方案。要提高投资合同谈判能力，善于利用投资合同的保护功能，如通过在合同中设置"稳定条款"或"冻结条款"等，使东道国的法律变动不影响投资合同的效力，或者东道国法律作为准据法将在一段特定时期内保持不变。建议企业在开展对外投资合作过程中使用担保机构提供的包括政治风险、商业风险在内的信用风险保障产品和商业担保服务。

第二章

南亚国家外商投资法律制度及风险防范

一国外商投资法律制度是规定外国投资准入、外国投资待遇、外商投资保护等的制度规范。外国投资准入是一国允许外国投资进入的程度,一般包括外资允许进入的条件、领域、形式或审批等具体内容;[①]外国投资待遇主要指东道国对外国投资和外国投资者给予的法律上的待遇标准,如国民待遇标准;外商投资保护制度主要包括外商关切的知识产权保护、征收征用、收益汇出、技术合作等外商权益问题。研究南亚各国的外商投资法律制度及其风险,有助于我国企业更好地在南亚地区开展投资,尤其是随着中国经济转型和产业升级加速,高端制造业和高新技术产业成了中国企业的投资重点,中国企业对外投资面临的准入审查风险呈上升趋势。本章主要关注南亚国家的外国投资准入制度和投资待遇问题。

第一节 印度

印度自1991年起实行经济改革,逐步减少对外商直接投资领域的限制,促成了印度经济的快速增长。印度吸引外商直接投资的优势主要包括:具有较为稳定的社会、政治环境;拥有发达的行政体系和独立的

---

① 陈安. 国际经济法 [M]. 北京:北京大学出版社,2013:280.

司法系统，整体上行政效率较高；广阔的地理环境使国家资源丰富，拥有大量受过教育的、技术熟练的劳动力，以及不断增长的消费群体。这些优势使印度成为世界上最大的制成品和服务市场之一。印度政府在特定行业（如电子）和地区给予税收和非税投资激励，同时，还鼓励制造业公司在经济特区、国家投资和制造区以及出口导向型区域设立企业。此外，印度每个邦政府都有自己的政策，为企业提供额外的投资激励，包括有补贴的土地价格、有吸引力的贷款利率、较低的水电费、税收优惠等。不过，印度在吸引外资方面也存在诸多劣势：如基础设施缺乏减缓了国家的发展，联邦层面烦琐而缓慢的行政程序使经济改革难以进行，自然灾害频发，腐败问题较为严重，此外，印度劳工法规相当严格，是世界上拥有最复杂劳工法规的国家之一。

一、印度外商投资法律制度

印度为联邦制，在法律与秩序、土地征用等关键事项上，权力均高度下放给各个邦，印度外商投资法律制度既需要考虑印度联邦法律，也需要考虑各邦的法律制度。印度国内中央层面的外商投资立法以印度1999年《外汇管理法》（Foreign Exchange Management Act）及相关规则为基础框架，包括2002年《竞争法》（Competition Act）等反垄断立法和1951年《工业（发展和管制）法》[Industries (Development & Regulation) Act]等特定行业立法。在外商投资主管机构和权力划分上，根据1999年《外汇管理法》规定，印度中央政府所属部门负责制定外商投资制度，印度储备银行（Reserve Bank of Indian，RBI）制定有关证券发行或转让、外汇管制规则，这导致两部门在规则制定和外商投资监管上长期存在权力重叠、权限不清和冲突的现象（印度储备银行的外汇管制规则往往涉及外商投资制度）。2015年，印度修改了《金融法》（Finance Act），其第143、144条对1999年《外汇管理法》第6条"资本账户交易"、第 46 条"中央政府制定规则的权力"、第 47 条"印度储备银行制定规则的权力"作出调整,弥合了外商投资规则制定权和监管权的划分漏洞。根据新规定,印度储备银行负责债务工具类(Debt Instruments,包括政府和公司债券、贷款等)外商投资监管和规则制定;而印度政府负责非债务工具类(Non-debt Instruments,如公司股权投资、不动产交易等)监管和规则制定,且债务和非债务工具的区分由印度中央政府与印度储备银行协商后决定,这实际上扩大了印度中央政府的外商投资管理权限。据此,2019 年 10 月,印度财政部、印度储备银行分别发布了《外汇管理(非债务工具)规则》①和《外汇管理(债务工具)条例》②。此外,具体的、综合性的外商投资制度主要由印度工业和国内贸易促进部(Department for Promotion of Industry and Internal Trade,DPIIT)制定。2020 年 10 月,印度工业和国内贸易促进部根据前述规则和条例,更新了其 2017 年《综合外商直接投资政策》,新政策于 2020 年 10 月 15 日生效。2020 年 11 月,印度工业和国内贸易促进部又发布了修订后的《处理 FDI 申请的标准操作程序》[Standard Operating Procedure(SOP)for Processing FDI Proposals,简称《标准操作程序》]③,进一步明确了投资审判流程。

印度对外国投资准入的限制包括特定行业限制和敏感国家限制。在

---

① India Ministry of Finance. Foreign Exchange Management (Non-debt Instruments) Rules, 2019 [EB/OL]. Government of India, 2020-10-17.
② Reserve Bank of Indian. Foreign Exchange Management (Debt Instruments) Regulations, 2019 [EB/OL]. Government of India, 2019-10-17. 新的规则取代了此前的《印度境外居民外汇管理(转让或发行证券)规定》[Foreign Exchange Management (Transfer or Issue of Security by a Person Resident outside India) Regulations, 2017]、《外汇管理(印度不动产的收购和转让)条例》[Foreign Exchange Management (Acquisition and Transfer of Immovable Property in India) Regulations, 2018] 等制度。
③ DPIIT. Standard Operating Procedure (SOP) for Processing FDI Proposals [EB/OL]. India Foreign Investment Facilitation Portal, 2020-11-9.

行业方面，印度主要通过外资准入条件、禁止性和限制性投资领域、敏感行业和敏感地区或国家限制等方式规范和限制外国投资者的行为，以维护印度"国家安全"和"公共利益"。根据《1999年外汇管理法》等规定，外国投资者可以通过"自动路径"（Automatic Route）或"政府/审批路径"（Government/Approval Route，简称"政府路径"）进入印度投资，①并针对敏感行业设置了安全审查程序。当前，印度仍然禁止外国投资者投资彩票、烟草、赌博等业务，且除获得豁免外，禁止私人投资原子能和铁路运营等战略部门（这些部门由政府拥有和控制）。在行业限制方面，根据2020年《外商直接投资综合政策》，广播、电信、卫星（建设和运营）、私人保安机构、国防、民用航空器以及含钛矿物、钛矿石的开采和选矿等特殊监管行业，除须获得直接主管部门的批准外，还应通过印度内政部（Ministry Of Home Affairs）的安全审查并取得安全许可证（security clearance）。其中，《外商直接投资综合政策》特别强调了广播和国防领域外商投资的"国家安全"审查，其规定在广播领域实行"开放"的许可制度，安全许可方有权从"国家安全"角度限制被许可方在任何敏感地区开展经营活动，印度信息和广播部有权基于"国家安全"或"公共利益"考量，暂停许可证持有者或被批准者的活动，被许可或被批准方应立即遵守印度信息和广播部发出的行政命令。同时，被许可方不得进口或使用任何被认定为非法或对网络安全产生不利影响的设备，并确保其所提供的广播服务设备不会构成任何安全隐患，不违反任何有效规定和公共政策。此外，为"国家

---

① 印度允许外商直接投资进入的途径包括"自动路径"与"政府路径"。其中，自动路径意味着更少的限制与更自由化的监管，在自动路径下，外商直接投资无须得到印度储备银行或印度政府的事先批准。批准机构会根据外商直接投资的部门/活动以及投资性质而定。例如，矿业部门需要矿业部的批准，公共部门或私营部门银行需要金融服务部的批准。而"政府路径"则需要事先获得印度储备银行或印度政府的批准。

安全""公共利益"或者合理提供广播服务目的,印度相关部门保留修改许可条件或加入必要新条件的权力。在国防领域,① 2020 年《外商直接投资综合政策》规定,国防部门的安全许可证由印度内政部根据印度国防部的指导方针授予,同时印度政府保留审查国防部门中影响或可能影响"国家安全"的任何外国投资的权力。

在敏感国家方面,2020 年 4 月,印度工业和国内贸易促进部发布了 2020 年第 3 号文件,修订了 2017 年《外商直接投资综合政策》② 第 3.1.1 条③的规定(该文件内容已被纳入 2020 年《外商直接投资综合政策》中),其目的是遏制 COVID-19 大流行期间外国投资者对印度公司进行的机会主义收购,④ 针对性地提高了来自中国等与印度接壤的国家投资者在印度投资的门槛。按照新规定,凡与印度接壤国家的实体或投

---

① 2020 年《外商直接投资综合政策》将"自动路径"下的投资限额从此前的 49%放宽至 74%,"政府路径"下可实现外商 100%控股。
② Ministry of Commerce & Industry. Department for Promotion of Industry and Internal Trade FDI Policy Section. Review of Foreign Direct Investment (FDI) policy for curbing opportunistic takeovers/acquisitions of Indian companies due to the current COVID-19 pandemic. (2020 Series) [EB/OL]. Government of India, 2020-4-17.
③ 原 3.1.1 条款规定,除被禁止投资的部门/活动外,非居民实体根据印度直接投资政策在印度进行投资。但孟加拉国和巴基斯坦公民以及在孟加拉国和巴基斯坦设立的实体只能通过"政府路径"才能在印投资。同时,禁止巴基斯坦公民或在巴基斯坦成立的实体投资国防、航天和原子能等领域。而修订后第 3.1.1(a)条将国家范围由孟加拉国和巴基斯坦扩大到所有与印度接壤的国家,且将"投资者"范围界定为与印度接壤国家的实体,或投资的实际受益人位于该接壤国家或属于该类国家公民。同时,修订后第 3.1.1 条增加了第(b)款,根据这一条款规定,如果直接或间接地转让印度境内某一实体的任何现有或将来的外商直接投资所有权,导致实际所有权人属于第 3.1.1(a)条的限制范围,则该实际所有权的变更也需得到政府批准。
④ Ministry of Commerce & Industry. Government Amends the Extant FDI Policy for Curbing Opportunistic Takeovers/acquisitions of Indian Companies Due to the Current Covid-19 Pandemic [EB/OL]. Ministry of Commerce & Industry, 2020-04-18.

资的实际受益人（the beneficial owner）①位于该接壤国家或属于该类国家公民的，其投资只能通过"政府路径"进行，而此前只有巴基斯坦和孟加拉国两国受此"政府路径"的限制。同时，新投资法律制度加强了对权益所有权（the beneficial ownership）取得的限制，如果直接或间接地转让印度境内某一实体任何现有或将来的投资权益，导致实际受益人属于第3.1.1（a）条限制范围内，则该实际所有权变更也需得到政府批准。

印度政府没有为外商投资制定专门的优惠政策。外商在印度投资设立的企业与印度本国企业享有相同待遇，外商投资企业必须遵守印度的产业政策，且与印度本土企业一样，外资企业享受优惠政策的前提只能是投资于政府鼓励发展的产业领域或区域。印度2020年《公司（修正）法》［Companies（Amendment）Act］对2013年《公司法》（Companies Act）进行了修改，共修改了14条，主要包括将缺乏欺诈成分或没有重大公共利益危害的行为非刑事化，并减少、修改或删除了对这些相关罪行的罚款/处罚；如果中央政府根据商标注册所有人的申请，认为公司名称与现有商标相同或过于相似的，则有权责令该公司更名，更名期限原为自中央政府就此发出指示之日起6个月内，修正案将这一时

---

① 文件修订内容尚未对"所有权""权益所有权人"等概念进行界定，有印度学者指出具体概念可参考其他文件的定义内容，例如，对"所有权"的定义可以参考《主方向——印度境内的外国投资》（the Master Direction-Foreign Investment in India）中的规定，即印度公司的所有权指占该公司资本总计50%以上的实际持有。对"权益所有权人"的界定可以参考印度2013年《公司法》（the Companies Act）第90条、2018年《公司（重要实际所有权人）规则》［the Companies（Significant Beneficial Owners）Rules］以及2002年《防洗钱法》（Prevention of Money Laundering Act）的相关规定，即最终拥有或控制某一实体或者代表某一实体进行交易的人（包括对法人行使最终有效控制的人）。参见：KUMAR J, NATHAN P S. Review of Foreign Direct Investment (FDI) Policy of India for Curbing Opportunistic Takeovers/ Acquisitions of Indian Companies Due to The Current COVID-19 Pandemic ［EB/OL］. Ksandk, 2020-4-18.

间范围缩短至 3 个月。此外,如果公司不遵守更名指示,中央政府现有权为公司分配一个新名称(方式待定),并且注册官员有权在公司登记册中输入该新名称以代替旧名称并以新名称签发新的公司注册证书,公司此后必须使用该新名称。但是,上述变更指令均不限制公司随后更改名称。修正案授权中央政府要求特定类别的非上市公众公司(尚未明确规定)定期编制财务业绩,此类定期财务结果是根据该法规定编制年度财务结果的补充,除提交定期财务结果外,还需要由董事会批准并经法定的审计师审计(或接受有限审查)。在社会责任方面,原《公司法》第 135 条规定在特定限制范围内的公司组建企业社会责任委员会(Corporate Social Responsibility Committee),根据修正案,为履行社会责任,支出超过法律规定要求的公司(至少为公司在前三个财政年度平均净利润的 2%)被允许抵销中央政府规定的后续财政年度的超额金额。如果公司根据第 135 条要求支出的金额不超过 500 万卢比,则公司无须成立企业社会责任委员会,该委员会的职能将由董事会履行。重要的是,修正案旨在为国家公司法上诉法庭(National Company Law Appellate Tribunal)设立一批新的法庭,以提高主管当局的效率,根据规定,这些法庭通常应设在新德里或其他必要的地方。[①]

二、印度外商投资法律制度中的风险识别

整体而言,印度外商投资法律制度规定的投资方式明确、限制措施清晰,整体倾向于鼓励外商投资。但印度外商投资法律制度也存在诸多问题,这首先源于立法本身,印度外商投资法律纷繁复杂、政出多门。印度没有统一的外资政策或外资法律,而是散落在各个法律法规之中,

---

[①] Faceless Compliance. Know 13 Highlights of Company Amendment Act 2020 [EB/OL]. Faceless Compliance,2021-01-23.

印度外商投资法的主要渊源为外汇管理法律和政府政策。但是，作为框架性法律的《外汇管理法》，多为指导性规定，许多条款授权印度储备银行制定具体规则，据此，印度储备银行通过"新闻通报"形式发布外资政策作为《外汇管理法》的补充，包括《外汇管理（外国人转让或发行股票）条例》《外汇管理（保险）条例》以及《外汇管理（在印度建立分公司、办事处或者其他经营机构）条例》等。此外，印度外资管理制度还包括管理规范公司组织运作的《公司法》，对外国公司和投资者知识产权进行保护的《专利法》《著作权法》和《商标法》，印度政府独立后制定的《1948年工业政策决议》《1956年工业政策决议》以及1973、1977、1980和1991年的《工业政策陈述》等。这些均增加了法律解释和适用的难度。其中，《1956年工业政策决议》是在《1948年工业政策决议》基础上修改制定的，该决议为印度经济发展的基本战略。① 工业政策的方向和原则是由决议确定的，但是根据政府五年计划制定的决议更为具体，政府政策从概括到具体大致分三个层次，即工业政策决议、工业政策陈述、具体外资政策（新闻公告）。

其次，印度外资审查标准并不统一明确，审批流程较为烦琐，印度外资审查是根据所管辖行业的要求制定标准，随时进行修订补充。在政府审批路径下，印度经济事务部（Department of Economic Affairs）下属的投资部门（Investment Division）负责审查和批准自动路径外的外商直接投资申请。但是实际上，外商投资申请还需经行业主管部门、相关行业部门、安全部门等多个部门联合审批。一般说来，每一项申请需要十多个部门的批准。除此之外，外商投资必须在外国投资便利化门户网站进行在线备案。在自动审批路径下，印度储备银行根据1999年《外汇管理法》审查该项投资是否符合行业限制和投资比例限制。印度内阁

---

① 王宏军. 论印度外资法的体系及其对我国的启示 [J]. 经济问题探索，2009（02）：160-166.

委员会（Cabinet Committee）①审核超过一定金额的投资申请。另外，印度国家安全委员会要求所有外国投资者报批项目，在报送其他所需文件的同时报送一份关于"不会纵容任何损害印度国家安全的行为"的声明。②通过政府批准路径或满足特定条件通过自动路径的特定行业投资企业也需要接受特别审查，比如，国防、多品牌零售贸易等行业。如果投资申请被拒绝，则申请人可以向主管部门提出请求，重新考虑该申请，主管当局可自行决定是否批准。

再次，印度对外商投资的安全审查缺乏明确的法律依据且不透明。印度的国家安全审查采取的是混合立法模式，没有专门针对国家安全审查的立法，而是采取一事一议，在其他各个法规中渗透国家安全审查的理念，其国家安全审查多集中于一直未能颁布出台的1980年《国家安全法》（National Security Act）和"三个触发点审查"。"三个触发点"分别指敏感行业、敏感地区和敏感投资者。③无论外资是通过自动批准还是政府审批路径进入，其过程都渗入了国家安全审查，且跨境并购的审查也包含国家安全审查。印度对外国投资进行国家安全审查的主要部门是印度工业和国内贸易促进部（Department for Promotion of Industry

---

① 印度内阁委员会不是依据印度《宪法》设立的政府机构（本质上是违宪的），而是印度政府根据《商业交易规则》（Transaction of Business Rules）、由印度总理根据紧急情况和商业规则建立，内阁委员会的数量、命名和组成随时可能发生变化。内阁委员会的职能包括：确定需要在一定时间内实施的关键项目；确定有关部门就其管理项目进行核准或许可的时限；检讨各部门签发或拒绝批准及放行的程序；检讨超过规定时限的工程项目的实施情况，包括导致延误签发许可证/批准的问题；要求法定机关在规定期限内履行有关法律/规定的职能和权力，促进投资和经济增长等。参见：Journals of India. Cabinet Committee on Investment and Growth [EB/OL]. Journals of India, 2020-08-12.
② 中国国际电子商务中心. 国外外资安全审查机制初探 [EB/OL]. 中华人民共和国商务部, 2015-06-24.
③ 邢政君, 陈波. 印度外国投资国家安全审查制度及其影响 [J]. 亚太经济, 2019(4): 71-72.

51

and Internal Trade）和印度内政部（Ministry of Home Affairs）。如在国防、广播和电信等特定领域的拟议投资需通过印度内政部的额外安全审查。此外，所有来自与印度接壤国家的投资都要接受印度工业和国内贸易促进部的审查，印度主管部门的审查标准很广泛，每一份投资申请的所有方面都可作为被审查的对象，包括外国投资者的声誉、拥有和经营类似投资的历史、印度国家安全以及拟议投资对国家利益的总体影响等，且印度政府在批准或拒绝批准外商投资项目方面有广泛的自由裁量权，没有义务向当事各方提供任何拒绝申请的理由。印度政府没有制定投资评估的具体标准的原因似乎主要关注的是国家安全，随着审查的加强，中国投资者的直接投资和大量有中国投资者间接参与的交易，因印度不透明、缺乏具体标准的审查程序而被搁置。①

最后，印度借国家安全为由，制定了一些特殊政策。如 2020 年 4 月印度工业和国内贸易促进部发布的 2020 年第 3 号文件，将所有与印度接壤的国家列为"敏感国家"并实施限制措施和特殊审查，根据新的《标准操作程序》，来自"敏感国家"的投资者和投资除按照"政府路径"取得投资项目主管部门政府审批手续外，必须接受印度内政部的强制性安全审查并取得安全许可。又如 2020 年 7 月 23 日，印度政府修订了《2017 年财政通则》（the General Financial Rules）②，修订后的通则允许所有政府机构以国防和与国防直接或间接相关的事项（包括国家安全）为由，对来自与印度接壤国家的投标者施加限制。根据新的规则，只有当投标人在印度工业和国内贸易促进部设立的登记委员会处注册登记后，与印度相接壤国家的投标人才有资格投标货物、服务、

---

① MAITY S. Foreign Direct Investment Reviews 2021: India [EB/OL]. Whitecase，2021-09-20.

② Ministry of Finance. Restrictions on Public Procurement from Certain Countries [EB/OL]. Ministry of Finance，2020-7-23..

工程等政府公共采购项目。该命令的采购人涵盖了从政府处获得财政支持的所有公共部门、自治机构等。在采购的责任主体上,印度中央政府认为,尽管各邦政府采购由各邦主管当局负责,但各邦有义务维护国家政治与安全,考虑各邦政府在印度国家安全和国防中的关键作用,印度中央政府援引印度《宪法》第 257 条第 1 款①之规定,要求邦政府和相关单位在政府采购中执行新规定。②

此外,印度投资法律制度的变革也切准了与投资相关的科技、数据、互联网等非传统安全领域。如当前数据处理业务和商业化出售等使得数据成为数据密集型潜在投资者寻求收购的关键资产之一,数据引起的互联网和数据安全、个人数据保护等难题也成为印度投资法律制度所关注的重点,2019 年 12 月,印度电子和信息技术部向印度议会提交了 2019 年《个人数据保护法草案》(Personal Data Protection Bill)③,标志着继 2000 年《信息技术法》(Information Technology Act)和 2011 年《信息技术规则》后,印度进一步巩固和完善数据立法。值得一提的是,2017 年 3 月,印度修订并通过了新的《敌产法》[Enemy Property (Amendment And Validation) Act],根据其规定,如两国之间发生战争或武装冲突,印度政府有权对他国企业和国民在印财产采取监管甚至没收措施。④

---

① 印度《宪法》第 257 条为"在特定事项上联邦对邦的管理",其第 1 款具体规定为:各邦行政权的行使不应妨碍或者损害联邦的行政权的行使,联邦的行政权包括在印度政府认为必要的情形下向邦发布命令的权力。参见《世界各国宪法》编辑委员会编译. 世界各国宪法·亚洲卷 [M]. 北京:中国检察出版社,2012:824.
② 在一些有限的情形下,印度政府也采取了灵活的处理方式,如放宽为遏制 COVID-19 疫情的医疗用品采购的限制,免除了印度政府提供额度或发展援助国家投标者的事先登记要求。
③ 2019 年《个人数据保护法草案》涵盖了个人数据保护机制,对数据本地化和商业化、"数据受托人"模式、尽职调查和收购、数据跨境转移等方面作了规制。
④ 杨翠柏,张雪娇. 印度《敌产法》的修订及对中国在印投资的影响 [J]. 南亚研究季刊,2018(2):77.

第二节 巴基斯坦

巴基斯坦地处全球主要地区的十字路口，是一个人口众多、资源丰富、贸易潜力巨大的地区市场中心，具有重要的战略禀赋和发展潜力，中巴经济走廊的实施也进一步改善了巴基斯坦基础设施状况，促进了巴基斯坦经济发展。为鼓励外商投资，巴基斯坦政府设立了出口加工区，为区域投资者提供以下优惠措施：对出口产品免征联邦、省和市的所有税收，免征设备、机械和材料的所有税收和关税，以及享受出口加工区管理局的"一个窗口"服务。政府还为出口导向型企业提供了激励措施，出口导向型企业是独立的工业企业，可以在国内任何地方经营，但必须将生产的产品100%出口。巴基斯坦政府规定了某些战略部门（如农业）和某些社会部门的最高限额，以及出于国家安全等原因，一些行业禁止外商投资。除放射性物质、高强度炸药和武器、饮用酒类生产、证券印制和造币外，其他制造业也不需要政府批准；非制造业都不需要政府批准，但有些需要从有关机构取得相应的证书；非制造业对最低投资金额有要求，而制造业对最低投资金额没有要求。此外，不管是制造业还是非制造业，资本、利润、红利都允许汇回。①

一、巴基斯坦外商投资法律制度

巴基斯坦拥有较为完善和健全的外商投资法律规范体系，其采取的是制定统一的外国投资法律的立法模式。1976年《外国私人投资（促

---

① 中华人民共和国商务部．对外投资合作国别（地区）指南：巴基斯坦（2021）[EB/OL]．中华人民共和国商务部网站，2020-11-26．

进和保护）法》［Foreign Private Investment（Promotion and Protection）Act］和1992年《促进和保护经济改革法》（Furtherance and Protection of Economic Reforms Act）是巴基斯坦外商投资的基本法律规定。1976年《外国私人投资（促进和保护）法》是继巴基斯坦《宪法》后的重要立法，努力为巴基斯坦经济状况的自由化铺平道路。整体来看，巴基斯坦有一个宽松的外商投资制度，除非基于国家安全和公共安全原因的特别禁止或限制，其他所有经济部门都对外国投资开放。禁止外商投资的部门包括武器和弹药、消耗性酒精、货币和薄荷、烈性炸药、放射性物质和防伪印刷；且对外国人投资报纸（需经批准，最高可达25%）、广播媒体（49%）和航空公司（49%）设有上限规定。巴基斯坦对任何行业的外商股权投资金额都没有最低要求，外国投资不需要获得当局的任何批准。

1976年《外国私人投资（促进和保护）法》允许联邦政府为外国投资设置新类别，允许外国投资者开立外汇账户，以购买任何用于生产、分配、提供服务和开采矿产资源的资产；外国投资者有权自行决定汇出原始投资、利润和资产的增值；外商投资交易的雇员或关联公司可以为其家属自由汇款；且为了便利外国投资者，实行了优惠的所得税和避免双重征税的规定。该法要求对外国和国内私人投资给予平等待遇，确立了外国投资者的"国民待遇原则"，规定外国投资者在其投资的设立、扩张、管理、运营和保护方面有权享受"不低于本国投资者"的待遇，外国投资不会比巴基斯坦公民的类似投资缴纳更高的所得税。1992年《经济改革促进和保护法》向外国投资者提供了财政奖励，并解除对其在该国投资的管制，促进外国投资者通过尽可能简单的程序要求，以最低限度的限制和责任制使外国资本流入或资产回流。1992年立法为外国投资者提供了在不宣布资金来源的情况下开立外汇账户的自由，这些外汇账户受到保护，由银行强制保密，且巴基斯坦政府不能以任何理由接管或收购为购买私有化企业而进行的外国投资。

外国公司需要获得巴基斯坦投资委员会（BOI）的批准才能在巴基斯坦设立分支机构或联络办事处。其中外国银行在巴基斯坦设立分支机构，将需要获得其中央银行即巴基斯坦国家银行（State Bank of Pakistan）的批准。在安全审查方面，巴基斯坦公司的外国股东和董事必须获得巴基斯坦内政部（Ministry of Interior）的安全许可。在巴基斯坦内政部审批期间，外国发起人可办理公司注册手续，外国董事也可就职。在安全许可被拒绝的情况下，外国股东或董事必须根据具体情况立即采取步骤转让公司股份或辞职。① 巴基斯坦对外国投资采取持续筛选机制，由巴基斯坦投资委员会负责，如果持续审查程序确定外国投资会对巴基斯坦的国家安全造成负面影响，该项投资将会被阻止。巴基斯坦投资委员会对外国公司申请设立联络处或分支机构的决定，以及投资委员会对外国股东或董事安全许可的申请的决定，投资者不得申诉或上诉，但是此类决定可在巴基斯坦任何高等法院，根据对行政行为的司法审查程序受到法院的审查。

在一些特定行业，巴基斯坦公民/企业和外国人/外资企业的投资都须取得相应的许可证，并遵守竞争法等法律要求。航空、银行、电力、金融、保险、石油和天然气以及制药等行业都受到具体行业法律法规的规制，在这些行业从事投资活动之前需取得相应的许可证；以及根据投资的性质和条款，投资者按照2010年《竞争法》（Competition Act）的规定，获得巴基斯坦竞争委员会的批准。如投资项目应当取得批准而没有在获得批准的情况下投资，巴基斯坦竞争委员会可处以罚款，并根据情况撤销交易。对巴基斯坦竞争委员会命令不服的，可在命令发出后30天内向委员会上诉审裁处（Appellate Bench of the Commission）提起

---

① GILLETTE R B. Pakistan: Law and Practice [EB/OL]. Practiceguides, 2021-07-13.

上诉。针对由两名或两名以上成员组成的委员会作出的委员会命令和委员会上诉审裁处的命令的上诉，投资者可在命令发布后60天内向竞争上诉法庭（Competition Appellate Tribunal）提出，对竞争上诉法庭命令的上诉，可在60天内向巴基斯坦最高法院提出。

巴基斯坦2001年《投资委员会条例》（Board of Investment Ordinance）为外国投资者的投资交易提供了单一窗口操作服务，投资委员会负责保存投资数据，与私营部门联系以促进私营部门积极参与，将影响外国投资的行政、财务和管理决策的信息传达给外国投资者，使投资者了解最新情况。委员会还负责在省级投资委员会的协助下确定投资机会并启动投资类别，审查投资项目并向内阁投资委员会（Cabinet Committee on Investment）提交特殊奖励或放宽建议，投资委员会必须与相关部委、机构和部门协调制定投资政策以确保透明度。

在外汇管理方面，1947年《外汇管理法》（Foreign Exchange Regulation Act）产生于第二次世界大战时，是根据1939年的《印度防卫规则》（Defence of India Rules）制定的，彼时印度通过外汇管制制度保护和利用该国的有限外汇维护公共利益。因此，1947年《外汇管理法》的基本目标是通过对外汇交易施加限制，保存外汇存款和控制存款外流。印巴分治后，巴基斯坦沿用1947年《外汇管理法》，该法成为巴基斯坦外汇管制的法律基础，但由于1947年《外汇管理法》的目的不是促进巴基斯坦的对外贸易和支付，也不是促进巴基斯坦外汇市场的维护和有序发展，其阻碍了全球化和数字化时代巴基斯坦的经贸发展，因此，巴基斯坦需要改革其外汇法，使巴基斯坦的外汇管制从控制机制转向自由化制度。[①]

[①] DAUDPOTA F. Defective Fundamentals of Pakistan's Foreign Exchange Law – Need to Switch from Controls to Liberalization in Order to Achieve Prosperity in the Era of Digital Trade [EB/OL]. SSRN, 2020-09-25.

在巴投资企业还需遵守巴基斯坦的公司法律制度。巴基斯坦独立后一直沿用 1913 年《公司法》，1913 年《公司法》持续适用至 1984 年《公司条例》（Companies Ordinance）的颁布，1984 年《公司条例》是改善巴基斯坦商业环境方面的重大突破，其有效适用超过 30 年。2017 年巴基斯坦通过了新的《公司法》（Companies Act），2017 年《公司法》取代了 1984 年的《公司条例》，再次对适用于巴基斯坦的公司法律制度进行了重大改革，2020 年，巴基斯坦进一步颁布了《公司（修正）条例》［Companies（Amendment）Ordinance］，以进一步改善巴基斯坦营商环境。新《公司法》的颁布实施是巴基斯坦迄今最重要的法律制度改革之一，也是巴基斯坦议会通过的篇幅最长、内容最丰富的法律文本，包含 515 个条文。新法为公司提供便利的营商手续，为投资者提供更强的保护力度，还将加强公司的电子化管理，增强管理的透明度，大幅提高政府的管理水平。但是，新《公司法》要求外资并购要获得巴基斯坦证券交易委员会及巴基斯坦投资委员会、高等法院、私有化委员会等机构的批准。

二、巴基斯坦外商投资法律制度中的风险识别

巴基斯坦外商投资法律制度中的风险主要在于法律的实施与执行机制。第一，巴基斯坦外资准入审查效率低。虽然巴基斯坦的外资准入较为宽松，但由于政府运转效率低下，行政审批和相关手续繁杂，针对外国投资企业的优惠政策难以落到实处。不仅联邦政府和地方政府存在冲突，同级政府对相同的法律政策也存在不同的理解，不同地区对法律政策实际执行的具体尺度不一样，许多政策的落实需要经过层层沟通，这增加了外资进入巴基斯坦的难度和时间。

第二，巴基斯坦法治环境并不理想。巴基斯坦被列入金融特别工作组（Financial Task Force）灰名单，加上税收制度不健全、严格的税收和利率政策，恶化了其外商投资环境。如《2020年营商环境报告》指出，巴基斯坦要求各国预缴税款，并要求各国缴纳34种不同的税款，而其他南亚国家平均要求缴纳26.8种税款。且巴基斯坦没有为投资者提供税收延期和补贴贷款等投资激励措施，这进一步阻碍了外国公司在巴基斯坦寻求投资机会。整体上，严格的法规、冗长的争议解决程序和"繁文缛节"都会削弱投资者的信任。①

第三节 孟加拉国

孟加拉国人口数量居全世界第八位，市场广阔，劳动力充足，宏观经济持续稳定增长。孟加拉国积极寻求外国投资，专门出台了一系列外资优惠政策。外国投资较为活跃的行业包括农业综合企业、服装和纺织、皮革和皮革制品、轻工制造、电子、轻工工程、能源和电力、信息和通信技术、塑料、医疗保健、医疗设备、制药、造船和基础设施等。武器弹药和其他国防装备机械、森林保留区范围内的造林和机械化开采、核能的生产、防伪印刷（如货币、签证纸和印花税票等）属于政府保留的投资行业。

一、孟加拉国外商投资法律制度

孟加拉国在对待外国和本国私人投资者上几乎没有正式的区别。1980年，孟加拉国通过《外国私人投资法》（Foreign Private Investment Act），保护外国投资不被任意地国有化和没收，并保障外国投资者汇出

---

① MALIK S. Pakistan's Investment Climate: The FDI Problem [EB/OL]. Southasianvoices, 2021-04-02.

其资本和利润。作为1980年《外国私人投资法》的补充，孟加拉国政府制定了外商直接投资政策（Foreign Direct Investment Policy），提倡在孟加拉国建立简单而有效的外国投资机制。该政策放宽了设立企业的条件，包括简化租赁和购买私人土地、成立实体的程序、允许7年的企业免税期（电力行业为15年）以及在某些情形下对外国雇员免征3年所得税。此外，根据1947年《外汇管理法》（Foreign Exchange Regulation Act），孟加拉国实行外汇管制，所有汇入和汇出的款项都由孟加拉国中央银行管理。孟加拉国2020年《公司（修正）法》［Companies (Amendment) Act］对1994年《公司法》（Companies Act）进行了修改，主要修改内容为公司印章、公司授权行为方式等。《公司（修正）法》保留了成立一人公司的规定（只有一个自然人股东），尽管该法没有对外国人组建一人公司设置任何限制，但在规定形式的备忘录中要求股东提供孟加拉国身份证，而外国人无法获得该身份证明，因此外国人无法成立一人公司。

孟加拉国投资发展局（Bangladesh Investment Development Authority）是负责促进和监管私人投资的主要机构。2016年的《孟加拉国投资发展局法》（Bangladesh Investment Development Authority Act）将投资委员会和私有化委员会合并。此外，孟加拉国出口加工区管理局（Bangladesh Export Processing Zones Authority）负责出口加工区的投资，孟加拉国经济区管理局（Bangladesh Economic Zones Authority）主要负责孟加拉国经济区的投资，孟加拉国高科技园区管理局（Bangladesh Hi-Tech Park Authority）负责吸引和促进孟加拉国正在全国各地建立的高科技园区的投资。[1]

在投资审批方面，工业或建筑项目的外商直接投资必须在孟加拉国

---

[1] U. S. Department of State. 2021 Investment Climate Statements: Bangladesh [EB/OL]. U. S. Department of State，2020-12-14.

投资发展局（Bangladesh Investment Development Authority）进行注册，孟加拉国投资发展局的前身为孟加拉国投资委员会（Bangladesh Investment Board），该委员会是根据2016年《孟加拉国投资发展局法》（Bangladesh Investment Development Authority Act）成立的，旨在处理与外商直接投资相关的问题并促进外商对孟加拉国的投资。主要目的是鼓励国内外投资，提高孟加拉国的国际竞争力，投资发展局还为外资在孟加拉国建立工业提供必要的设施和帮助。在投资程序方面，外商投资路径的确定通常取决于具体行业和政府对孟加拉国外商投资采取的外商直接投资政策。①

整体来看，孟加拉国外商投资领域的政策非常开放。国内外的私营实体可以在大多数类型的商业企业中建立、拥有、经营和处置利益。孟加拉国允许私人投资于发电和天然气勘探，但允许外国充分参与石油营销和天然气分销的努力已陷入停滞。在孟加拉国，武器弹药和其他防御设备与机械、保留林范围内的人工林和机械化采伐、核能生产和货币印刷、矿业等属于政府保留范围，不允许国内和国外私营部门投资者投资。2016年《工业政策法》（Industrial Policy Act）取代了2010年的产业政策，其为"绿色"、高科技或"变革性"行业提供激励措施。投资100万美元或将200万美元转移到认可金融机构的外国投资者可以申请孟加拉国公民身份。孟加拉国政府将为重点行业（创造大规模就业和获得大量出口收入的行业）和创意（建筑、艺术和古董、时装设计、电影和视频、交互式激光软件、软件以及计算机和媒体编程）行业提供财政和政策支持，将特别重视农业和食品加工、RMG、ICT和软件、药品、皮革和皮革制品以及黄麻和黄麻制品。孟加拉国外资准入审查较少但腐败严重，法律较为完备，对外资准入基本不设限制。除了1994

---

① RAHMAN T. Procedure of Foreign Investment in Bangladesh [EB/OL]. Tahmidurrahman, 2020-01-17.

年《公司法》对公司并购略有提及外，孟加拉国尚未制定针对外资并购安全审查、国有企业投资并购、反垄断等方面的专门法律法规。如果上市企业要对孟加拉国企业进行并购，须由并购企业提出计划与当地法院共同讨论，并购方案须75%有投票权的股东投票通过方为有效。孟加拉国央行制定了银行或金融机构并购重组指导意见来规范银行或金融机构并购重组的办理流程。

二、孟加拉国外商投资法律制度中的风险识别

第一，在孟加拉国，有关公共服务方面的法规常常不明确甚至相互冲突，各类注册登记或许可程序烦琐。孟加拉国政府官员和法官往往掌握着重大的自由裁量权，注册登记或监管程序经常被作为寻租机会，外国投资者在获取公共服务过程中存在很高的贿赂风险。[1] 1972年孟加拉国《宪法》纳入了监察员的规定（第77条），并于1980年通过了《监察员法》（Ombudsman Act），但孟加拉国没有设立专门的监察员办公室。2005年，迫于捐助机构和世界银行压力，孟加拉国通过了2005年《税务监察员法》（Tax Ombudsman Act），并设立了税务监察员办公室，使大量与税务相关的不当行为投诉获得解决途径。但孟加拉国政府于2011年取消了监察员办公室，其理由是2005年《税务监察员法》与现有税法之间存在冲突以及裁决程序成本昂贵，因此相对于印度、巴基斯坦和斯里兰卡等邻国设立的监察员办公室，孟加拉国在监察制度方面较为落后。[2] 此外，为了履行《联合国反腐败公约》，孟加拉国制定了《反腐败委员会法》，为独立的反腐败委员会提供了组织设立和运行的

---

[1] Bangladesh risk Report [EB/OL]. Ganintegrity, 2020-11-04.

[2] MOHAMMAD S, KARIM T. The Ombudsman Act 1980: Redressing Administrative Grievances in Bangladesh [J]. International Journal of Law and Management, 2018, 60 (1): 172-184.

法律依据,确保了公共部门的透明度。但相关法律仍存在执行力度不足的问题。

第二,孟加拉国有非常严格的外汇管制法律。虽然孟加拉国货币塔卡可以自由兑换,但外汇交易受到严格管制,企业只有在特殊情况下才允许向孟加拉国境外汇款,并需要提供适当的文件作为支撑依据。与巴基斯坦相同,1947年《外汇管理法》(Foreign Exchange Regulation Act)是孟加拉国外汇管理的基本法律规范,在孟加拉国注册的外国企业可以在孟加拉国银行开设外汇账户,用于进出口结算、利润汇回、技术转让费或专利费支付等,并为规制某些支付、外汇和证券交易提供了法律依据。根据孟加拉国央行规定,外国机构和个人在孟加拉国金融机构可开设"可兑换"和"不可兑换"两种账户,其中需兑换为本地货币的外汇只能存入"可兑换账户"内,且该账户不得与本人或他人的"不可兑换账户"相互支付。企业日常汇出外汇需逐笔申报,部分企业面临在孟加拉国的经营收入无法及时汇出的困难。孟加拉国的中央银行为孟加拉国银行(Bangladesh Bank),负责管理孟加拉国的外汇交易,孟加拉国银行不时发布有关外汇交易的指令,主要指令的摘要由孟加拉国银行发布,并命名为外汇交易指南(Guideline for Foreign Exchange Transactions),所有外汇交易均应按照指南和1947年《外汇管理法》进行,否则可能会受到刑事指控。[1]

第三,虽然孟加拉国对外国投资者的歧视并不普遍,但政府更偏向于当地产业,并存在一些歧视性政策和法规。例如,孟加拉国政府严格控制与国内制造的药品相竞争的进口药品的审批,并要求新的航运和保险公司在当地拥有多数股权,尽管根据总理指令对现有的外资公司给予豁免;实际上,外国投资者经常发现有必要拥有当地合作伙伴,即使这

---

[1] Ogrlegal. Foreign Exchange Laws [EB/OL]. Ogrlegal, 2022-05-16

一要求可能没有法律的明确规定。① 孟加拉国缺乏专业人员和特定部门的人员，不同的政府机构之间缺乏行政协调，如投资委员会、警察委员会、国家税收委员会、环境管理局等相关政府机构之间往往缺少合作，政府更迭也带来了外商投资的差别化待遇。②

第四节　斯里兰卡

斯里兰卡于1977年开始实施经济自由化方案，以开放的经济政策欢迎外国投资者及外国资本；在斯里兰卡于2009年结束国内冲突后，政局开始稳定，进入了和平发展时期，经济复兴和发展被列为国家议程的首要任务，外国投资的重要性得到强调。为减轻战争对国内投资环境造成的破坏，规避与战争有关的风险和不确定因素，斯里兰卡境内形成了较为有利的商业和投资的法律环境。近年来，斯里兰卡的外商直接投资主要集中在旅游业、房地产、混合开发项目、港口和电信等领域。中国与斯里兰卡之间的友好关系历史悠久，随着斯里兰卡对外商的吸引力不断增强，中国对斯里兰卡的投资也不断扩大。

一、斯里兰卡外商投资法律制度

整体而言，斯里兰卡外资准入的法律规范较为完善。斯里兰卡直接或间接地管理外商投资的主要法律为斯里兰卡《宪法》，该法以基本法

---

① Icricinternational. Bangladesh-Openness to and Restriction on Foreign Investment [EB/OL]. Icricinternational，2022-06-02.
② NADIRA S A，KADIR T A，CHEN X. Foreign Investment Law and Policy in Bangladesh：Challenges and Recommendations [J]. European Academic Research，2017，5（8）：3899-3900.

的形式保障了外国投资者的平等待遇，并规定私人和外国投资不容侵犯。斯里兰卡《宪法》第157条规定：(1) 保护外国投资不被国有化；(2) 必要时可对外国投资实施国有化，但将给予及时和足额的赔偿；(3) 确保投资和利润的自由汇出；(4) 可通过国际投资争端解决中心（ICSID）处理争端。[1] 斯里兰卡现行其他涉及外国投资的法律主要包括2017年《外汇法》（Foreign Exchange Act）和2017年《外汇（授权交易商进行的外汇资本交易类别）条例》[Foreign Exchange (Classes of Capital Transactions in Foreign Exchange Carried on by Authorised Dealers) Regulations]、2007年《公司法》（Companies Act）、1978年《投资委员会法》（Board of Investment Law）、2008年《战略发展项目法》（Strategic Development Projects Act）、2017年《国内税收法》（Inland Revenue Act）、2012年《财政法》等。根据《投资委员会法》（1978年通过并经多次修订）设立的斯里兰卡投资委员会（Board of Investment）是行使任何商业或项目活动审批权的国家机构，其作为投资者的"中心促进点"，有权与投资者签订协议，提供吸引投资的激励措施；获得审批的项目须依照《国内税收法》《海关法》和《外汇管制条例》等规定运行。同时，根据斯里兰卡《投资委员会法》第17条批准的外国投资项目可与斯里兰卡投资委员会达成协议，允许免除该投资项目遵守《投资委员会法》附表B中提到法律规定的义务。根据第16、17条规定，外国投资者需向投资委员会提交申请，获得批准后才能在斯里兰卡进行投资活动。投资审批可以分为两类：一是普通程序，该程序依据第16条进行项目审批，这些投资项目将适用国家通用法律，无须申请任何财务特许，不享受任何财税优惠政策。目前，外国投资者申请该类投资项目的最低投资金额为25万美元，可以是100%外国独资，也可以是

---

[1] 中华人民共和国商务部. 对外投资合作国别（地区）指南（2022年版）：斯里兰卡 [A/OL]. 中华人民共和国商务部，2023-06-19.

与斯里兰卡当地企业合资开展业务。二是特别程序，该程序依据《投资委员会法》第17条规定，投资委员会有权与企业签署协议，并授权委员会主席依据《投资委员会法》第24条、《国内税收法》及其修订条款、《海关法》第235条、《商船运输法》等法律做出暂停、变更、免除适用的决定，即给予外国投资者减免财税相关优惠。目前，外国投资者申请该类投资项目通常需要按投资规模缴纳一定的年费，并根据申请的具体项目缴纳申请费、文件处理费或其他专项服务费用。

此外，2008年《战略发展项目法》是对具有国家利益并可能为国家带来经济和社会效益的项目提供优惠待遇的立法，该法授权斯里兰卡投资委员会与有关部门协商后，在考虑国家利益、国家经济和社会效益、提供的就业机会、技术改善、外汇流入、公共利益等因素的基础上，将特定投资项目确定为"战略发展项目"的权力，被确定为"战略发展项目"的投资项目将获豁免适用《战略发展项目法》附表中所规定的立法。[①] 2017年《外汇法》废除了1953年《外汇管理法》，为斯里兰卡引入了自由兑换制度，在新法之下，外汇管制已大大放开，除非特别需要斯里兰卡中央银行的批准，否则投资者可以直接与银行进行交易。

1982年以前，斯里兰卡设立实体主要适用的是1961年《股份公司条例》（Joint Stock Companies Ordinance）和1938年《公司条例》（Companies Ordinance），这两部法律规定均是对英国立法的复制，仅在考虑当地条件的基础上作了一些细微修改。1977年斯里兰卡统一国民党政府（United National Party）上台后向国内外投资者提出的新一揽子鼓励投资政策中，公司法改革被赋予了重要地位，此后自由贸易区的建立以

---

① PATHIRANA D. An Overview of Sri Lanka's Bilateral Investment Treaties: Status Quo and Some Insights into Future Modifications [J]. Asian Journal of International Law, 2017, 7 (2): 287-318.

及对外国投资的《宪法》和法律保障,缓解了许多外国投资者的担忧。1982年斯里兰卡颁布了独立后的《公司法》,该法于1982年7月2日生效,与此前的1938年《公司条例》等相比,1982年《公司法》为建立新的公司结构奠定了基础,其在一定程度上偏离了英国的商业法模式。该法规定设立一个咨询委员会,以监督该法的执行情况,并不时进行法律改革,以优化立法的有效性。因此在该法中,斯里兰卡立法机关通过立法明确表达了确保《公司法》跟上社会经济发展的法定承诺,避免因法律滞后或烦琐的规定而阻碍商业部门的发展。同时,该法承认了许多不同的公司类型,股份有限公司、担保有限公司、无限公司、私人公司、离岸公司、在斯里兰卡以外注册但在斯里兰卡境内经营业务的公司、控股公司和子公司等,并允许特定公司类型在满足一定条件下转化为其他类型公司。[1]

斯里兰卡投资委员会是斯里兰卡负责投资特别是外国投资的主要政府机构,致力于促进外商直接投资,并可提供项目奖励、安排公共事业服务、协助外籍人员获得居留签证、便利进出口通关等。投资委员会为外国投资者提供"一站式"服务,其单一窗口投资促进工作组(BOI's Single Window Investment Facilitation Taskforce)旨在帮助加速和简化投资审批过程,并与其他机构合作以加快这一过程。根据斯里兰卡投资委员会发布的《2019年斯里兰卡投资指南》,斯里兰卡的投资政策以实现国家可持续发展为目标,其投资重点包括对特定经济活动的投资(作为产业发展战略组成部分)、加强公共和私人投资领域(包括公共—私人伙伴关系框架)以及创造体面工作机会、增强可持续性、扩大生产能力、提高经济质量和国际竞争力等对发展做出重大贡献的投资。整体而言,在斯里兰卡开办企业相对简单和快速,尤其是与其他中低收入市

---

[1] JAYASURIYA D C. Recent Company Law Reforms in Sri Lanka [J]. Commonwealth Law Bulletin, 1984, 10(1): 430-434.

场相比。同时，为了促进行业和地区经济的健康发展，其根据不同行业、不同产品以及不同地区制定了不同优惠政策。

　　整体上，斯里兰卡外商投资法律规范较为完善，斯里兰卡对外商投资限制很少并且提供优惠，允许外国投资者在大多数部门拥有100%的企业所有权，并给予外资和当地投资同等地位。在大多数情况下，国家利益测试（national interest testing）并不是强制性的，但基于促进当地产业和国家安全的需要，一些商业领域，如茶叶、橡胶、椰子、可可、大米、糖和香料、以木材为基础的工业、深海渔业、大众传播和教育，要求政府必须在一定程度上参与进去。斯里兰卡还建立了诸多的工业园区。外国投资者在斯里兰卡工业园区投资可以享受关税、利润自由汇出等方面投资优惠。斯里兰卡为了振兴经济，制定多项政策以促进外商投资。基本允许外资进入国民经济的所有领域且对外资的份额不设任何限制。外商投资获取的收益，允许自由汇出和汇入，对外商投资提供减税，甚至免税，对投资金额达到一定限度需特别审批的战略性投资项目，可提供更为优惠的政策。斯里兰卡针对不同的投资领域，有不同的投资限制。斯里兰卡对外资的限制分为禁止进入、有条件进入以及许可进入。典当业、投资低于500万美元的零售业以及近海渔业等为禁止进入的领域。[①] 旅游业和娱乐业、基础设施建设、信息技术产业、纺织业以及进口替代产业和出口导向型产业等为吸引外资的重点领域。不过，斯里兰卡尚未出台专门的经济特区法，更多的只是政策性措施，政策措施的不稳定性，增加了外国投资企业的法律风险。2016年以来，斯里兰卡政府积极开展税收改革，积极着手外汇管理法等金融政策的改革，以促进外商投资。

　　[①] 驻斯里兰卡经商参处. 斯里兰卡对外国投资的市场准入规定［EB/OL］. 中华人民共和国商务部网站，2015-08-19.

二、斯里兰卡外商投资法律制度中的风险识别

虽然斯里兰卡政府大力提倡亲商立场，包括宣布对新投资提供税收优惠，以吸引外商直接投资（FDI），但为了遏制疫情对经济造成的持续影响，政府出台了进出口干预政策，这改变了外商直接投资的领域，使其转向面向国内市场的制造业。同时，由于缺乏熟练劳动力、人才库相对较小以及土地所有权和使用方面的限制，在斯里兰卡扩大投资仍是较为困难的。虽然斯里兰卡的员工留存率普遍较好，但众多的公共假期、企业裁员困难员工不愿在夜间工作、劳动力流动性不足、难以招聘到女性员工等问题都降低了投资效率。[①] 此外，运力不足、不同地区在陆海空等基础设施方面发展不平衡、交通堵塞等问题日益严重，一些经济领域的投资仍然受到限制，国有企业形成了不正当的竞争力，政治上的不稳定性也削弱了外国投资者的整体信心。同时，斯里兰卡尚未出台专门的经济特区法，更多的只是政策性措施，政策的不稳定性增加了在斯里兰卡投资的中国企业的法律风险。需要注意的是，外国投资者可能会经常面临隐性审查的问题，斯里兰卡虽规定了某些特殊行业的投资由投资委员会进行审核，但具体审核标准、程序等都未在法律法规中列明，因此外商在投资过程中应注意隐性审查等问题。此外，目前斯里兰卡没有颁布专门的反垄断立法，但投资委员会或相关机构会审查外商投资是否涉嫌垄断市场行为。

---

① U. S. Department of State. 2021 Investment Climate Statements: Sri Lanka [EB/OL]. U. S. Department of State, 2021.

第五节 尼泊尔

尼泊尔是世界上最不发达国家之一,经济落后。从20世纪90年代起,尼泊尔实行以市场为导向的自由经济政策,但由于基础设施薄弱和政治局势不稳定,成效并不明显。尼泊尔财政有很强的对外依赖性,国家财政预算支出的近四分之一都来自外国捐赠和国际贷款。2008年尼泊尔结束了君主制,并建立了三级制的联邦政府,对外奉行不结盟外交政策。2015年,尼泊尔通过的新《宪法》,进一步巩固了尼泊尔多党民主联邦共和制的政治体系与私营主导的自由经济体系。近年来,尼泊尔政府承诺加大力度促进外国投资,进行了与投资相关的法律修订与调整,进一步为外商直接投资提供有利的机会。

一、尼泊尔外商投资法律制度

尼泊尔2019年通过《外国投资和技术转让法》(Foreign Investment and Technology Transfer Act),取代了1992年《外国投资和技术转让法》(Foreign Investment and Technology Transfer Act)。新的《外国投资和技术转让法》拟改革尼泊尔现有的外国投资法律框架以促进投资。2019年《外国投资和技术转让法》对"外国投资"概念的界定包括股份或资产投资、技术转让、设备租赁投资、股票投资等。在1992年的法律中,技术转让不被视为投资,而是作为一个单独的类别,贷款被视为外国投资。但在2019年法律中,技术转让和租赁被归类为投资,但外国贷款不被视为外国投资并单独处理。同时,根据2019年《外国投资和技术转让法》,外国投资和技术转让必须得到有关部门的批准,批准机构按投资金额确定,其中尼泊尔工业部(Department of Industry)是外商投资 60 亿尼泊尔卢比（约 5300 万美元）以下的审批机构；尼泊尔投资委员会（Investment Board of Nepal）是对超过 60 亿尼泊尔卢比的外国投资的批准机构。2019 年《外国投资和技术转让法》第 15（2）条规定，一旦外国投资者提交完整的申请文件，审批机关应在 7 天内审批。但由于尚未起草相关规定，因此尚不清楚需要提交哪些文件才是"完整"的申请文件。此外，尼泊尔外商投资法律制度还包括 2016 年《工业企业法》（Industrial Enterprises Act）、2013 年《投资委员会法》（Industrial Enterprises Act）、2006 年《公司法》（Company Act）等。

在外汇管理方面，根据此前 1992 年《外国投资和技术转让法》，外国投资需要依照 1962 年《外汇管理法》（Foreign Exchange Act）规定，向尼泊尔中央银行（Nepal Rastra Bank）提出单独申请，获得尼泊尔中央银行的批准。但是 2019 年《外国投资和技术转让法》第 16 条规定，只有在获得工业部的第一次批准后通知尼泊尔中央银行，才能获得资金，且需要履行尼泊尔中央银行规定的程序。但这种规定并不明确，对外国投资者而言，审慎的做法仍是申请获得尼泊尔中央银行的第二次批准（不仅是通知）。2019 年法律还规定了"自动审批"（automatic approval）和"单点服务中心"（single point service center），但在政府发布进一步通知之前，"自动审批"条款尚未生效。如投资者无正当理由逾期不投资的，将撤销投资批准。2019 年《外国投资和技术转让法》允许投资者将股息、利润、收益、出售股票所得、清算所得和从法律诉讼中收回的款项汇回国内（这在之前的外商投资管理中也是被允许的，但没有明确规定）。不过前提条件是投资者缴纳适用的税款和证明自身"遵守了法律、协议和义务"，这增加了投资者的举证负担，导致大部分汇回项都需要审批当局和尼泊尔中央银行的批准。

尼泊尔外商投资的产业政策明晰，主要的外商投资管理机构包括尼泊尔工业和投资促进委员会、投资委员会、尼泊尔中央银行等。尼泊尔奉行自由的外国投资政策，也是全球税收最低的国家之一，尼泊尔努力创造一个投资友好的环境，以吸引外商直接投资进入该国；外国投资者的投资形式包括与尼泊尔投资者合资经营以及100%由外国投资者拥有的企业，主要投资领域包括水电、工业制造、服务、旅游、建筑、农业、矿产和能源等。根据尼泊尔法律规定，所有外国投资都需要获得尼泊尔政府的批准。尼泊尔禁止外国投资者投资家庭手工业、个人服务业、买卖土地及房屋（建造业除外）、部分养殖业、当地餐饮业、乡村旅游以及与国际安全密切相关的武器弹药工业、原子能等行业，此外，对一些特定部门规定了投资比例限制，如除法律、会计、工程、管理以外的咨询及咨询业务（外资持股比例不超过51%）、航空业（外资持股比例为49%至95%）、金融服务/银行和财务公司（外资持股比例为20%至85%）、电信（外资持股比例不超过80%）、媒体（外资持股比例不超过25%）等。但是，在所有工业部门，包括不允许投资股份的工业部门，都允许技术转让（特许经营、技术许可、管理、商标许可等）和贷款。① 尼泊尔规定外国投资的最低投资额为5000万尼泊尔卢比，在外国投资获得批准后、正式运营前，还须进行以下注册、同意或批准，包括公司注册、地方当局注册、税务登记、行业注册、环境批准（如适用）以及具体行业经营许可证（如适用）。

二、尼泊尔外商投资法律制度中的风险识别

尼泊尔外商投资在法律方面的主要问题是法律和监管体系透明度的不足，外资准入审批程序复杂。尽管尼泊尔对外商投资也有较大的优惠政策且产业政策明晰，但是难以落实。如根据尼泊尔相关法律，对外资

---

① Neupanelegal. Investing In Nepal – A Legal Guide ［EB/OL］. Neupanelegal, 2017-11-14.

企业实行"一个窗口"服务政策,设立"窗口委员会"统一办理外商投资有关事宜,有关工业所享受的优惠和服务设施,也在批准书中进行说明;但是该政策落实力度不佳,实际上外资企业的办事手续仍然十分烦琐、时间不定、提交的文件容易出现内容遗漏、写错填错等问题,增加了外资企业的审批难度。

第六节 马尔代夫

马尔代夫是以旅游业为主的国家,市场开放度很高,几乎鼓励外国资金进入所有领域。近年来,马尔代夫经济持续高速发展,但由于马尔代夫市场规模较小并且资源短缺,每年吸引的外商投资较少。外商在马尔代夫的投资集中于旅游业、基础设施建设、交通通信业、海水淡化业以及银行业。马尔代夫拥有较为稳定透明的法律体系,政治相对稳定,其自由的贸易环境、充满活力的私营部门和以发展为导向的法律结构都有助于营造有利于贸易和投资的环境,这为外国投资者提供了一个良好的法律与政策环境,同时潜力巨大的天然海洋资源、受过良好教育的年轻劳动力、现代税收制度等也是马尔代夫吸引投资的重要因素。

一、马尔代夫外资准入法律制度

马尔代夫的外商投资受 1979 年《外国投资法》(Foreign Investment Act)和《外商直接投资政策》(Foreign Direct Investment Policy)的监管。经济发展部有权批准和管理外商直接投资。所有的外国投资都需要政府批准,包括两种批准外商直接投资的途径:一种是自动路线(automatic route),即保证在前 5 年内满足外商直接投资政策规定的持股比例、投资要求或投资门槛的申请。例如,自动批准旅游部门的企业经营旅游度假区，允许外资100%持股，5年的投资价值可协商。另一种是政府自由裁量路线（Government discretionary route），指由于部门、行业或拟投资的某些敏感性，无法通过自动路线的审批，需要政府相关机构的批准。例如，涉及在教育、海空运输服务和专门建筑活动等部门开展业务的外商直接投资审批。外国对马尔代夫投资最多的是旅游相关资产和业务。旅游业是目前为止马尔代夫最赚钱的行业，该部门的股权可以由外商100%拥有，并且对利润汇回国内没有限制。马尔代夫通常有一个岛一个度假村的做法，岛屿的所有权属于政府，政府将这些岛屿长期租给投资者。一旦投资者获得外商直接投资批准，就可以像国内任何一方自由地从事批准的领域（如收购额外资产），如外国企业投资者希望引入新的外国股东，则其任命将服从外商直接投资监管框架中规定的外商直接投资审批程序。

根据马尔代夫《商业登记法》（Business Registration Act），马尔代夫投资实体的形式包括公司、合伙企业、合作社和个人独资，外国投资者只能选择公司或合作企业形式设立投资实体，不同商业实体的注册、监管和运营要求分别受马尔代夫《公司法》（Companies Act）、《合伙关系法》（Partnerships Act）、《合作社法》（Cooperative Societies Act）、《个人独资企业法》（Sole Proprietorship Act）的规制。此外，《进出口法》（Import/Export Act）规定了有关产品进口、出口和再出口的规则，包括进口关税和有关免税的规定。《外国投资法》管理在马尔代夫设立和运营的所有外国投资，但根据《特殊经济区法》（Special Economic Zones Law）批准的外国投资除外。《特殊经济区法》规定了在马尔代夫设立经济特区的原则和程序，以及所允许的在特殊经济区投资给予的奖励和管理灵活性。《营业利润税法》（Business Profit Tax Act）、《商品和销售税法》（Goods and Sales Tax Act）等规定了在马尔代夫实施商业利润税、商品和销售税而建立的行政构架和行政机构的运作，并规定了适用的税率、登记程序和税收计算原则等。①

2020年2月6日,马尔代夫经济发展部发布了新的《外商直接投资政策》。该政策于2020年2月11日生效,生效日期后提交的所有新的外商直接投资均受该新政策的约束。此次新政策在一定程度上巩固了现有做法并引入了新的变化以增加外国投资批准程序中的透明度、可预测性、确定性和一致性。该政策的适用范围包括任何外国投资者的所有外商直接投资批准申请。根据该政策内容,除现有《外国投资协议》中规定的活动外,现有的拥有外资股份的公司和新申请人在从事任何新业务之前,都必须申请外国投资(包括外商直接投资)批准。其次,新政策引入了"自动路径"与"政府审批路径"。根据政策第15条的规定,外国投资者及法人团体必须通过"自动路径"或"政府审批路径"获得新商业活动的外商直接投资批准后,才能从事任何具有"持久利益"的商业活动。其中自动路径是指,如果外商直接投资申请满足一定的条件,则该申请将自动或保证外资批准,通常需要2个工作日。政府批准路径是指,由于外商直接投资所涉及的部门、行业或拟议投资具有敏感性,需要获得马尔代夫政府相关机构的批准。同时,马尔代夫经济发展部还在附件1中以清单的方式列明了外商直接投资进入具体部门的特定条件(包括外资持股比例上限、5年最低初始投资要求②、外商投资协议最长期限以及外资进入路径)。其中需要注意,新政策向外国投资开放了宾馆业务(此前外商直接投资在该业务领域受到100%的限制,即外商直接投资者不能在马尔代夫购买宾馆业务的股份,但外国投资者现在可以持有一家经营宾馆业务公司49%的股份)。

---

① Maldivesembassy. Doing Business In Maldives: 2019 [EB/OL]. Maldivesembassy, 2019-08-23.
② 外国投资者必须按照规定的格式,每年从其经审计的财务报表中核实流入外商直接投资(核准的最低初始投资)的数额。初始投资价值,是指外国投资者在前五年或者约定期限内应当投资的最低金额。

关于马尔代夫外资政策变化对我国投资的影响，马尔代夫的外资政策变化虽然要求新的投资申请均需通过引入自动路径或政府审批路径，但并无对投资地域加以限制与歧视，并未削弱我国投资项目在马尔代夫的竞争力与影响力。同时，马尔代夫的旅游业发达，新的政策虽然对外商在宾馆业务的投资份额进行了限制，但该项业务领域从完全禁止到有条件地开放，对于我国投资者而言无疑是一个利好信号，可能会促进我国投资者在马尔代夫的直接投资。

二、马尔代夫外商投资法律制度中的风险识别

在马尔代夫，中国企业可以选择任何投资方式。除个别行业外，原则上马尔代夫对外国投资方式没有限制。根据马尔代夫政府有关规定，渔业捕捞禁止外资进入，零售业须与当地人合资经营。最新增加了当地对外国"自然人"开展投资合作的规定，外国投资建设开发区、出口加工区的规定，外国投资者以二手设备出资开展投资合作的规定。这些规定并没有上升为法律，即无相关立法公开。总体而言，马尔代夫对外资的限制较少，但是许多外商投资政策没有进行立法，不具备公开透明稳定的特点。

本章小结

一、充分了解南亚各国外商投资法律制度

防范投资法律风险的前提是充分了解和利用投资目的国的法律制度。南亚国家投资法律制度和监管政策存在不一致性与突变性，法律和监管政策缺乏稳定性、连续性和可预测性，"朝令夕改"问题普遍存在。如在沃达丰国际控股集团诉印度税务机关税收案中，沃达丰因不服印度税务机关对其海外兼并交易征税向高等法院起诉，但高等法院认为印度税务机关的征税决定符合印度税法的要求，判决沃达丰败诉。沃达丰不服高等法院的判决结果，向印度最高法院提起上诉。2012年1月，印度最高法院判决印度税务机关败诉并返还纳税金和利息。此后，印度于2012年修改了《1961年所得税法》，并规定新法有溯及既往的效力。沃达丰向国际法庭提交了"贸易争议告知书"，将争端纳入了国际法庭双边贸易争端仲裁程序。[①] 该案反映了一国法律环境的不确定性，即税收制度的不连贯给外商投资企业带来的税务风险。在投资协议中加入"稳定条款"可在一定程度上帮助投资企业减缓任意性立法、修法带来的法律风险。

在自身管理方面，境外投资者必须构建完善的合规审查机制，了解并遵守南亚国家一般性法律制度以及相关行业的特殊规定和政策，确保合法合规经营。例如，针对"一带一路"项目，尼泊尔政府进行了多项立法调整，包括：[②] 2016年《工业企业法》（Industrial Enterprise Act）、2016年《经济特区法》（Special Economic Zone Act）、2017年《知识产权政策》（Policy for Intellectual Property Rights）、2015年《外国投资和单一窗口政策法》（Foreign Investment and One Window Policy Act）、2015年《公私合作政策》（Public-Private Partnership Policy）、2018年《外国投资和技术转让法》（Foreign Investment and Technology Transfer Act）、2012年《外国就业政策》（Foreign Employment Policy）、

---

① 李昂. 沃达丰国际控股集团诉印度税务机关税收案 [D]. 重庆：西南政法大学，2018.
② FERNANDO N, JAYSHWAL V P. From landlocked to land-linked: OBOR in Nepal [EB/OL]. Oboreurope，2020-06-24.

《外国投资政策 2071》（Foreign Investment Policy）、《劳动和就业政策 2062》（Labor and employment Policy）、2014 年《基础设施建设项目征地安置和复垦政策》（Land Acquisition Resettlement and Rehabilitation policy for Infrastructure Development Projects）、2006 年《基础设施建设和运营中的私人融资法》（The Private Financing in Build and Operation of Infrastructure Act）。尼泊尔投资委员会（Investment Board Nepal）发布的《2018 年尼泊尔投资指南》为外国投资者投资提供了详细的指引，并单独发布了中文版本。中国投资企业应充分知晓并利用有利的法律规范在尼泊尔进行投资。

除民商事风险外，还存在其他法律风险，如刑事、行政方面。企业可能对南亚国家法律的认识不足，从而违反南亚国家投资、外汇、税收管理等法律制度，相关法律制度规定了相应的罚款、监禁等责任，投资者不慎（或在执法机关严厉的针对性执法下）违反规定并受到相关处罚。如 2021 年 12 月底，在涉嫌逃税的调查中，小米印度等中国智能手机公司的办事处遭到突击搜查。随后，印度税务情报局（Directorate of Revenue Intelligence）根据 1962 年印度《海关法》，指控小米逃避 2017 年 4 月 1 日至 2020 年 6 月 30 日期间的关税，并要求补缴约 8450 万美元（约合 65 亿卢比）的税款，理由是小米印度及其合同制造商均未将公司支付的特许权使用费金额计入该公司及其合同制造商进口货物的评估价值，违反了印度 1962 年《海关法》（Customs Act）第 14 条和 2007 年《海关估价（确定进口货物价值）规则》［Customs valuation (determination of value of imported goods) Rules］的规定。[①] 2 月，印度税务官员冻结了小米公司在当地银行账户中价值 4.78 亿美元的存款，作为涉

---

① ENS Economic Bureau. DRI Serves Xiaomi Showcauses over "Rs 653 Crore Evasion". [EB/OL]. Indianexpress, 2022-01-06.

嫌逃税调查的一部分。① 在对小米处以罚款后，印度将调查范围扩大到了中兴、VIVO、OPPO、华为、阿里巴巴集团等其他中国公司。印度企业事务部（Ministry of Corporate Affairs）已开始对500多家中国企业的账簿进行检查。调查的重点是可能构成欺诈的不合规财务报告。一旦形成初步检查报告，印度企业事务部将决定是否需要由严重欺诈办公室（Serious Fraud Office）进行进一步调查。在小米税收事件的影响下，2022年年初又发生了小米版权费案/"非法汇款"案②，基本案情为，自2022年2月起，印度执法局（Enforcement Directorate）一直在调查小米向海外公司汇款的事件；2022年4月，印度执法局、反洗钱机构（anti-money-laundering agency）根据1999年《外汇管理法》（Foreign Exchange Management Act）的规定，控制了小米印度公司（Xiaomi Technology India）的银行账户中与该公司非法向外汇款有关的5551.27亿卢比（约7.25亿美元）。执法机构称，小米印度公司向高通美国公司和北京小米移动软件公司等三家与小米有关联的外国实体汇去专利费和许可费，谎称是为了支付版税，巨额的版税款项是在中国母公司实体的指示下汇出的，小米印度没有从三家外国实体获得任何服务；同时在向国外汇款时向银行提供误导性信息。所有汇款均是为了小米集团实体的最终利益。

为应对印度等国家的突击检查和执法，中国投资企业必须时刻做好充分准备，了解法律政策变化动态，确保在平时的经营活动中合规经营。事实上，前述印度的一系列行为并非"无迹可寻"，首先，印度当

---

① KALRA A, VENGATTIL M. Exclusive India Tax Authority Froze ＄478 Million of Xiaomi Funds in February-sources, Document［EB/OL］. reuters, 2022-05-12.

② 之所以称为"案"，是因为小米印度公司不服印度执行局的处罚决定，向印度卡纳塔克邦高等法院提起了针对其版权问题的诉讼，法院搁置（推迟）了印度执行局冻结小米资金的决定。

局针对中国企业的突袭税务检查行为由来已久；其次关于专利费汇款问题近年来也存在政策的倾向性调整。2009年之前，企业特许权使用费的支付由政府监管（在技术转让合作的情况下，最高为出口的8%和国内销售额的5%；商标或品牌名称的使用，费用被固定为出口的2%和国内销售额的1%）。印度政府于2009年放开外商直接投资政策后，取消了上限规定，且费用支付无须事先征得政府批准。2017年起，印度政府注意到，不受规制的特许权使用费制度形成"漏洞"，导致特许权使用费汇款大幅增加。2021年，印度工业和内部贸易促进部（Department of Promotion of Industry and Internal Trade）提议重新采取限额规定（特许权使用费头四年应为国内销售额的上限为4%，出口的上限为7%；在接下来的三年，应以本地销售额的3%和出口的6%为限，同时，必须在七年后停止支付），由于印度财政部并不赞同这一提议，版权费上限管理制度尚未形成，但近年来通过版权非法转移资金这一问题仍受到印度政府的高度关注。① 又如，面对孟加拉国较为严格的外汇管理制度，中国企业必须合理规划投资、利润、工资等资金的汇入汇出，严格按照孟加拉国外汇管理制度履行报批审批义务。

刑事风险可能涉及行贿受贿、洗钱、反恐等。如孟加拉国《刑事诉讼法》《反腐败法》《刑法》和《反洗钱法》将腐败、敲诈勒索、主动和被动受贿、向外国公职人员行贿、洗钱以及利用公共资源或国家机密信息谋取私利、超出一定价值的礼品和接待等行为定性为犯罪，其中《反洗钱法》还涵盖了企业对企业的腐败行为；又如巴基斯坦刑法主要适用于个人，规定行贿及受贿为非法行为，但根据《防止腐败法》和《国家问责条例》，公司也要承担相应的责任，同时不明来源资产被视为腐败；提出这些资产属于合法资产的证明责任在于被告；在印度，其

---

① MURLIDHARAN S. Xiaomi Royalty Issue Should Be India's Cue to End Tax Arbitrage [EB/OL]. Thefederal, 2022-05-11.

《反腐败法》主要关注公共部门腐败，规制范围包括积极贿赂和消极贿赂，规定政府官员只允许接受名义上有价值的礼物。针对公共部门腐败，该法将腐败未遂、主动和被动贿赂、敲诈勒索、滥用职权和洗钱的行为定为犯罪。依据印度最高法院最近作出的一项裁决，"公共服务人员"的定义扩大到包括外国和国内银行公司的雇员，这些公司根据印度央行颁发的许可证在印度运营；孟加拉国《反腐败法》《公司法》等法律还通过建立举报人保护机制、行业行为准则和任命独立董事进入公司董事会的机制，制定了针对私营部门腐败的规则。

大量存在的许可证制度、不公开的内部审批程序、不透明的招投标程序等，导致腐败现象可能发生在企业与政府和司法部门"打交道"的各个环节，其中政府自由裁量权较大的审批、监管检查、土地征用、海关和税收、下级法院诉讼等成为滋生腐败的温床。而长期以来，企业利用行贿手段促进投资"便利化"，以换取政府合同、经营执照和许可证、有利的司法判决等现象已屡见不鲜，并在一定程度上被认为是必要的营商成本。腐败可能带来严重后果，包括企业声誉受损、企业和个人面临行政和刑事处罚，甚至投资或交易被认定为无效、投资被东道国无偿没收，以及投资争端不能诉诸国际投资仲裁等。同时，由于美国等一些国家《反海外腐败法》的"长臂管辖"，投资企业还可能受到其他强权国家的制裁。因此，投资企业必须对投资中的腐败问题保持警惕，认识到行贿与洗钱等行为的非法性和危害性，积极进行腐败风险的内部管理和反腐败宣传、培训工作，降低腐败行为发生的可能性。如尽量采用电子方式而不是物理方式向政府部门提交资料，避免与政府部门的直接接触；在地域选择上，尽量选择在特殊经济区等简化审批流程的区域进行投资。对于发现自己已经或即将陷入地缘政治"旋涡"的企业，更须加强对自身易受攻击事项的监控和管理，提升企业管理的合法合规性水平。

南亚投资企业除加强自身合规管理，遵守投资目的国法律和政策外，还需注重企业声誉、形象的维护与提升，适应当地营商环境、融入当地文化氛围，加强企业"本土化"运营，并注重利益攸关方的构建与合作。投资企业要主动承担和履行社会责任，加强企业"本土化"运营，培养与当地社区的良好关系，塑造良好的企业形象。投资企业还要充分了解并尊重投资目的国的宗教文化、风俗习惯等，要在投资目的国构建广泛的利益攸关方同盟，包括联合其他外国投资者、当地社区和居民、劳工、媒体、当地政府部门等，以在需要时借助这些部门和群体的影响力获得支持。如巴基斯坦是伊斯兰教国家，中国企业要想成功进入巴基斯坦，不仅要遵守当地法律法规，而且要熟悉当地人文环境和风俗习惯，合法经营，主动承担社会责任，避免因过度追求商业利益而与当地合作伙伴或政府、居民、宗教团体产生摩擦。同时，东道国文化对投资成败的重要乃至决定性影响被长期忽视。如印度独特的宗教民族文化、农业文明对土地的依附文化、裙带关系和代际传承文化、多样性的语言和地理文化等，造就了印度独特的投资环境。如接受超验、神灵世界指引的印度人并不总以市场经济下被认为的最理性方式行事；对土地的喜爱和部分土地私有制导致土地征用难度显著增加。各地方语言、民族、信仰极度多元化带来的"散装"特征，决定了南亚投资不仅是一个中央层面的法律和政策问题，更需要因地制宜的灵活策略。这些均成为南亚投资企业需要妥善应对的难题。同时，因历史、文化、宗教、地缘政治等复杂因素的融合，南亚国家尤其是印度、巴基斯坦所面临的恐怖主义等威胁仍是我国企业南亚投资的潜在重大风险。

中国企业可以聘请国内和当地律师事务所、会计师事务所等第三方服务机构协助投资事宜。如尼泊尔律师较多且素质较高，中国投资企业可以聘请熟悉政策和流程的当地律师协助处理审批事项，以便及时获得许可，更为重要的是，可以聘请律师进行市场调查和项目可行性研究，评估相关风险。评估的内容包括但不限于对政治风险和商业风险的分析与规避、对项目可行性的分析、对客户的资信调查。根据第三方机构评估，适时调整投资策略和布局，理性构建投资模式、合理配置投资资源，提前研判法律和政策风险，制订应急性与替代性方案。要审慎对待投资合同的谈判与签署工作，实现投资合同中自身利益的最大化。对中小投资者而言，由于自身风险管控和承受能力不足，尽量避开到高风险国家进行投资。即便是资金实力雄厚的投资者，也应注重投资的"轻资产"运营，注重具有竞争力的核心业务，避免"长线投资"，在紧急情况下及时撤离投资和转移资产。

二、做好投资规划

1. 选择合适的投资方式

不同的投资合作模式（如公私合作、新设公司或者并购）、企业组织形式（如有限公司、合伙企业）对于中国投资者的成功投资和运营至关重要。南亚国家往往鼓励外商通过 BOT、PPP 等方式进行项目投资。① 如孟加拉国法律对资本形态和股权比例无限制，外国投资者可以享有 100％股权，允许外商投资独资企业、合资企业、私人有限公司、公众有限公司等，且对外国"自然人"在孟加拉国开展投资合作不设限制。孟加拉国政府于 2015 年颁布了《孟加拉国公私合作法》（Bangladesh Public-Private Partnership Act），在总理办公室下设立了专门的公私合作管理局，负责全国公私合作项目投资人的选择和管理。孟加拉国政府允许外国投资者通过 BOT、PPP 等方式参与孟加拉国的基础设

---

① BOT 模式（build-operate-transfer），是由投资方建设并专营一定期限最后移交政府的方式；PPP 模式（public-private-partnership），即公私合作模式，是公共基础设施中的一种项目融资模式。在该模式下，鼓励私营企业、民营资本与政府进行合作，参与公共基础设施的建设。

施建设，并对外国投资者给予国民待遇。

　　巴基斯坦对外国自然人在当地开展投资合作并未另做特殊规定，自然人可以独资、合伙或成立公司的方式进行投资合作，并遵守相关法律规定。同时诸多投资项目可采用通过 PPP、BOT 等项目进行投资，巴基斯坦为发展本国基础设施，也采取公私合营的方式鼓励企业参与基础设施的建设。20 世纪 90 年代巴基斯坦就已接受了 PPP 模式，PPP 模式主要应用于巴基斯坦电力、电信、港口及社会服务等公共基础设施领域。2010 年巴基斯坦启动了 PPP 政策，巴基斯坦财政部被指定为批准、评估、开发、执行和监督基础设施发展项目的重点机构。2017 年巴基斯坦联邦政府出台了《公私伙伴关系法》（Public Private Partnership Act），该法为巴基斯坦的 PPP 投资模式制定了较为清晰的法律框架和管理体制，根据该法规定，公共部门负责规划和确定基础设施服务需求，重点制定国家、省和地方部门特定政策，并监督这些政策和执行 PPP 议程。对于私营部门来说，关键是在项目层面有效地提供公共部门和消费者所需的基础设施。同时，公共部门和私营部门双方应制订一项令人满意的计划来收回投资，并为私人方提供适当的回报。巴基斯坦梳理了政府、企业、消费者之间的权利和义务，形成了较为规范的 PPP 管理模式。近期通过 PPP 模式实施的部分项目包括旁遮普省车辆检测和认证项目以及拉合尔卡纳格扎立交桥项目等。此外，巴基斯坦还有众多仍在规划中的 PPP 项目，包括旁遮普省粮食仓储、拉合尔尼什塔尔公园体育中心项目、费萨拉巴德停车场和购物中心等。为此，我国企业可利用巴基斯坦完善的 PPP 法律制度，通过 PPP 模式对巴基斯坦基础设施进行投资，最大限度保障投资的法律安全，减少不必要的障碍。

　　在印度，由于 PPP/BOT 模式在解决投资短缺、降低项目风险和征地困难等方面优势明显，加之印度公共财政能力有限，基础设施薄弱，印度政府非常支持公私合作。以公路建设为例，印度高速公路发展规划是世界上最大的公路发展规划之一，印度国家高速公路局在执行这一规划中主要采取 BOT 方式进行建设。

尽管斯里兰卡对于 BOT、PPP 项目没有明确法律规定，但仍然鼓励以 BOT、PPP 等方式对当地的基础设施建设进行投资。对此，中国投资者在参与 BOT、PPP 项目前一定要做好项目调查，与斯里兰卡各个部门充分协商，通过法定程序进行审批，避免建设过程中不必要的损失。[①] 尼泊尔目前尚无有关外资并购的安全审查、国有企业投资并购和反垄断等方面的限制和法律规定。根据尼泊尔政府的外国投资政策，外资企业可以并购对外资开放领域中的本地企业（包括上市企业），也可以申请上市。近年来一些国有大型企业通过并购当地企业的方式投资于水电开发等领域，并没有遇到法律、经济等方面的阻碍。除此之外，根据 2006 年《私人投资建设和运营基础设施法》，外国投资者可通过 BOT 等方式投资于尼泊尔基础设施建设领域，包括道路、隧道、桥梁、医院、铁路等。

不过在马尔代夫，中国企业应谨慎参与 BOT、PPP 项目，或者在项目参与前做好充分尽职调查和风险防范。马尔代夫尚无专门关于外资开展建设、运营、转让的法规，已实施的 BOT 项目很少。虽然为促进外资进入，马尔代夫政府正在尝试推行 BOT 模式，如太阳能发电项目、污水处理项目、填海造陆项目、跨海大桥项目等，但是特许经营年限并不固定，外商参与 BOT 项目面临的风险较高。2010 年马尔代夫前政府与印度 GMR 集团签署了马累机场建设—运营合同，但是马尔代夫政府以该合同有关条款未经议会批准为由，宣布该合同非法，命令 GMR 集

[①] 科伦坡港口城项目为中国交通建设集团投资开发的"一带一路"重点项目，于 2014 年 9 月正式动工建设。但是，2015 年 3 月初，斯里兰卡总统西里塞纳的新政府上台后以"缺乏相关审批手续""重审环境评估"等为由叫停了该项目。经过各方共同努力，该项目已于 2016 年 8 月 15 日复工。

团撤离，并重新接管了该机场。在目前马尔代夫实施 BOT、PPP 项目没有任何法律保障的情况下，中国企业应谨慎参与。①

2. 选择适宜的投资目的地

我国企业投资南亚地区首先应选择合适的投资地点，了解区位优势，尽量避免在高风险、缺乏安全保障的地区进行投资。在投资项目运营中积极与当地警察等安全保卫部门合作，确保投资和人员安全。而在具体的投资选址上，在南亚国家特殊的经济区域进行投资往往有更多法律和政策保障。如孟加拉国政府给出口加工区、经济区、高科技园区等的投资者提供更多优惠待遇，并简化了投资审批、企业注册登记等流程，我国投资者可以优先考虑在出口加工区、经济区、高科技区内设立公司。孟加拉国出口加工区管理局（Bangladesh Export Processing Zones Authority）根据 1980 年《孟加拉国出口加工区管理局法》（Bangladesh Export Processing Zones Authority Act）建立了出口加工区，目的是通过促进贸易和投资来促进工业化和促进就业。孟加拉国出口加工区管理局负责吸引外国投资，促进财政和运营效益，从而为投资者提供一个特殊的海关保税区，以便在适宜的投资环境下在孟加拉国建立基础设施。孟加拉国经济区管理局（Bangladesh Economic Zones Authority）根据 2010 年《孟加拉国经济区法》（Bangladesh Economic Zones Act）建立了经济区，通过增加工业、就业、生产和出口来鼓励经济快速发展，并提供税收等优惠措施鼓励投资，包括享受减免税期、新设立企业建厂和机器成本可享受快速折旧法替代减免税期等。孟加拉国经济区管理局为经济区的开发商和制造业单位的投资者提供了多种激励措施。此外，孟加拉国高科技管理局（Bangladesh Hi-Tech Park Authority）是在孟加拉国各地建立高科技园区（Hi-Tech Park）、软件科技园和 IT 培训和孵化中心的

---

① 中华人民共和国商务部. 对外投资合作国别（地区）指南：马尔代夫（2021）[EB/OL]. 中华人民共和国商务部，2022-03-29.

监管机构，以鼓励当地和外国投资者发展高科技、信息技术和信息技术服务产业。高科技园区也有相关税收优惠服务。孟加拉国出口加工区、经济区、高科技园区都为投资者提供一站式服务，加快和简化企业开办和运营，并设立了为投资者服务的银行、快递、邮局、航运代理、海关、派出所等专业配套分支机构。

在巴基斯坦等国家，中国企业同样可以优先选择在巴基斯坦特殊经济区，尤其是在中巴经济走廊特殊经济区或已建好的特殊经济区内进行投资。通过详细的区位、市场等前期调查，投资者与特殊经济区机构可以协商合作，由特殊经济区机构按照法定程序申请设立特殊经济区，特殊经济区被批准后，其他投资企业再行入驻。此种方式灵活性较强，更利于各区域协调发展。① 2012 年巴基斯坦通过了《特殊经济区法》（Special Economic Zones Act，2016 年修订），该法的目的是建立地理上划定的经济特区、领土、海关管辖范围以外的地区，对产品征收关税。根据《特殊经济区法》规定，特殊经济区由联邦或省政府自行设立，或与私营部门合作以不同的公私合作模式或完全通过私营部门设立。经济特区法律规定的财政利益包括一次性免除所有进口到巴基斯坦用于经济特区开发、运营和维护的资本货物的关税和税收（开发商和经济特区企业都适用）和免税十年期内免征所有所得税。此外，巴基斯坦特殊经济区立法还包括 2013 年《特殊经济区规则》（Special Economic Zones Rules）、2021 年《特殊经济区企业准入和出售、租赁和转租地块条例》（SEZ Zone Enterprise Admission and Sale, Lease and Sub-Lease of Plot Regulations）等规定。在争端解决上，2021 年《特殊经济区企业准入和出售、租赁和转租地块条例》规定了特殊的争端解决程序，该条例第 22 条"对开发商的制裁"中规定，除了开发商通过仲裁寻求救济

---

① 杨翠柏，张雪娇. 巴基斯坦特殊经济区法律制度与风险防范［EB/OL］. 经济日报-中国经济网，2018-01-09.

的权利外，开发商因投资委员会（BOI）、投资审批委员会（Board of Approval，BOA）的任何决定经济特区当局的制裁暂停或取消其开发协议而受到损害，可向相关省的高等法院提起诉讼。第38条第1款规定，经济特区所在省的高等法院对该经济特区的开发商与任何政府当局或机构之间的所有争议具有专属的民事初审管辖权，只要该争议源于开发商协议；第2款规定，经济特区所在地区的地区法院对经济特区的开发商与位于该经济特区内的园区企业之间的所有争议，以及位于同一经济特区内的两个或多个园区企业之间的所有争议，拥有专属的民事初审管辖权。巴基斯坦通过提高特殊经济区一些纠纷的审级，提升争端解决机制的可靠性，提高了投资者投资特殊经济区的信心。因此在巴基斯坦投资特殊经济区或特殊经济区进行投资，既可获得相关优惠，也在争端解决机制方面更有保障。

第三章

南亚国家环境、土地资源法律制度及风险防范

第一节 印度

一、印度环境法律制度与投资风险

印度有关环境保护的立法可以追溯至19世纪末20世纪初，虽未正式对环境保护进行规定，但已有相关单行法①颁布施行且沿用至今。1976年印度宪法第42次修正案首次将环境保护原则纳入宪法范畴。以此为基础，《水（污染防治）法》［Water (Prevention and Control of Pollution) Act］、《大气（污染防治）法》［Air (Prevention and Control of Pollution) Act］、《森林（保护）法》［Forest (Conservation) Act］等单行环境保护相关法律相继颁布，但至此印度仍然没有统一、专门的环境保护立法。1986年《环境（保护）法》［Environment (Protection) Act］的出台改变了这一状态。② 时至今日，印度环境保护形成了较为完善的法律体系，在《宪法》《环境保护法》的基础上，辅以其他附属

---

① 如1897年《印度渔业法》、1919年《有毒物法》、1948年《工厂法》等。
② 杨翠柏. 印度宪政视角下的环境保护［J］. 江西社会科学，2007（11）：151-155.

法规与相关实施细则,① 如《野生动物保护法》[Wild Life (Protection) Act]、《公共责任保险法》(Public Liability Insurance Act)、《生物多样性法》(Biological Diversity Act)、《国家绿色法庭法》(National Green Tribunal Act) 等。

《环境保护法》作为印度环保法律体系中的基本法,其重要性不言而喻。该法共四章二十六条,是印度为进一步执行与落实1972年斯德哥尔摩联合国人类环境会议决定②而出台。其对环境保护的适用范围、联邦政府的权力和义务、附属行政立法、个人和企业的义务及其法律责任、执法体制安排以及司法行政等进行规定。《大气污染防治法》和《水污染防治法》旨在防止和控制对大气和水的污染。两部法执行机构层级不同,前者为印度中央政府,而后者是各邦政府。此外,作为普通法国家,印度最高法院有关环境保护的判例也构成了印度环境保护法律的重要组成部分。除了国内立法,印度还签署加入了重要的国际环境公约,例如《联合国气候变化框架公约》《生物多样性公约》《控制危险废物越境转移及其处置巴塞尔公约》《保护臭氧层维也纳公约》《关于消耗臭氧层的蒙特利尔议定书》《关于持久性有机污染物的斯德哥尔摩公约》《关于在国际贸易中对某些危险化学品和农药采用事先知情同意程序的鹿特丹公约》等。③ 为了促进与落实众多环保法规的施行,印度成立了相应的环保执法和司法部门。其中主要的环境监管机构包括印度环境、森林和气候变化部,中央污染控制委员会,邦污染控制委员会,地方政府机构与国家绿色法庭。由于印度环保法律法规较为完善且依法设立了诸多环境监管机构,加之印度存在严峻的空气污染、水污染等现

---

① 范纯. 印度环境保护法律机制评析 [J]. 亚非纵横, 2009 (5): 40-46.
② 即采取适当步骤保护和改善人类环境。
③ 温源远, 李宏涛, 杜譞. 中印环保合作基础及政策建议分析 [J]. 环境保护, 2016, 44 (13): 66-69.

实问题，因此我国企业赴印投资前应当充分关注印度环境保护问题，尤其是针对矿产开采、基础设施建设等对环境污染较大的产业的投资。

在印度任何从事可能污染环境、破坏生态的个人和企业都有义务遵守1986年《环境保护法》和联邦政府据其制定的各种实施细则，并遵守联邦政府及其授权机构的各种命令、指令。例如，《环境保护法》第3章第7条规定，从事工业、经营等活动人员不得排放或者排放超过标准的环境污染物。由于环保法规内容往往包含违法的惩罚措施及相关程序，故企业在印投资若不履行环境保护义务，违反环保法规、细则、指令等，将面临监禁、罚款、关闭企业、停水停电、被起诉等法律风险。《环境保护法》第3章对个人及企业的环保义务及违规处罚进行了较为细致的规定，内容包括负责人超标排放的报告义务、提供协助的义务与承担采取补救措施的相关费用。《环境保护法》第3章第9条规定，如果超标排放任何环境污染物（包括事故或意外事件导致发生或预计发生的），则该排放的负责人和该排放地的负责人有义务防止或减轻因排放而导致的环境污染，并有告知当局或机构的义务。负责人须提供当局或机构要求提供的一切协助。收到负责人报告的信息后，当局或机构应在切实可行的范围内尽早采取必要的补救措施，防止或减轻环境污染。当局或机构因补救措施而产生的费用及利息，由负责人承担。同时，《环境保护法》还对个人及企业违法的法律责任进行了规定。例如，第3章第15条规定，对于违反本法规定、命令和指示的任何人，应单处或并处五年以下监禁或十万卢比以下罚金；如果行为人不履行或违法行为继续存在，则在首次不履行或违法行为被定罪后仍旧继续之日起，每天处以五千卢比以下的额外罚金。如果前述不作为或违法行为在定罪日期后持续超过一年，则对该行为人可处7年以下监禁。第3章第16条规定，企业违反本法规定构成犯罪的，犯罪主体扩大到直接负责企业和企业业务人员，可对其起诉或惩罚。但该条款存在免责事由，即若当事人能证明对相关罪行并不知情或已尽一切应尽的努力防止该罪行发生，则不承担本法规定的惩罚。如果能够证明企业的犯罪行为是在该企业的任何董事、经理、秘书或其他高级职员的同意、纵容或可归因于其疏忽下施行的，上述人员均被视为违法，并可据此被起诉及惩罚。《水污染防治法》第7章①、《大气污染防治法》第6章②也规定了监禁、罚款等类似处罚措施。此外，《环境保护法》第2章第5条授予了中央政府指示权，该权力包括对任何行业或运营采取关闭、禁止或管制措施，停止或限制电力、水或任何其他服务的供应，即中央政府有权关闭造成环境污染的企业、限制或停止对该企业的供电、供水及其他服务。印度大部分环境诉讼都是公益诉讼，而印度政府对公益诉讼持积极鼓励的态度。例如环境公益诉讼的诉讼主体资格不仅包括受害人、受影响人，还包括与案件没有利害关系但具有公益心或公益精神的个人与非政府组织。③ 虽然印度环境公益诉讼不能直接对私人或企业提起，但可以将私人或企业作为政府、地方机构等国家机关的共同被告。④ 因此，中国投资者或投资企业若造成环境污染可能面临被诉风险。如果中国跨国公司在印度设立子公司，而子公司在印度造成环境污染，即使子公司具有独立的法人资格，能够独立承担法律后果，但若法院认定母公司对此具有

---

① 该法第7章第41至50条规定了处罚措施与相应程序。如第41（2）、41（3）条定，任何人不遵守根据第31.1（c）条或第33A条发布的任何命令，或不遵守法院根据第33条第2款发布的任何指示，就每项该等不作为一经定罪，可处一年零六个月以上，六年以下的监禁及罚款，如该不作为持续，在第一次未履行义务被定罪后，每天处以五千卢比以下的额外罚款。若前述行为自定罪之日起持续时间超过一年的，应处两年以上七年以下的监禁和罚款。
② 该法37条至46条规定了处罚措施与相应程序。如第39条规定，任何人违反本法的任何规定或根据本法发布的任何命令或指示，而本法没有其他规定处罚，应处以三个月以下有期徒刑或一万卢比以下罚金或两者兼有，如果继续违反规定，在首次违反规定被定罪后，每天将处以5000卢比的额外罚款。
③ 栾志红.印度的环境公益诉讼［J］.环境保护，2007（18）：72-74.
④ 吴卫星.印度环境公益诉讼制度及其启示［J］.华东政法大学学报，2010（05）：66-74.

直接责任,仍可能要求母公司承担连带责任。此外,中印 BIT 中涉及征收和国有化的条款虽然没有直接规定环境污染的问题,但是提到了"公共利益"概念,该概念包含环境保护的内涵。① 因此,若中国投资企业在印度造成环境污染,印度政府可对中国企业投资采取征收或国有化措施找到正当性理由。

在印度,企业进行经济活动前需要事先取得环境许可,其中部分经济活动还需要详细的环境影响评价和公众咨询程序。② 根据印度环境、森林和气候变化部 2006 年 9 月 14 日发布新的《环境影响评价条例》③(以下简称《条例》)规定,公司或个体在开展包括核能工程、石油冶炼、港口开发、基础设施建设等 30 种④投资额超过 5 亿卢比的新工程或项目前,必须提出环保评价申请,且采矿、港口兴建等特殊项目采取两级审查程序,即项目申请人需先取得场地许可,而后才可申请环保评价。⑤《条例》第 4 条根据对人类健康和自然及人为资源的潜在影响和潜在影响的空间范围,将实施的项目或活动大致分为"A"类与"B"类,且《条例》以清单⑥的方式对具体项目或活动的类别作了明确规定,具体项目或活动包括采矿、开采自然资源和发电(用于指定的生产能力)、初级加工、材料生产、材料加工、制造业、服务行业、有形

---

① 杜玉琼."一带一路"倡议下中国企业投资印度的法律风险及防范研究 [J]. 江海学刊, 2018 (02): 143-148.
② KINI E R, NANDESHWAR G, KINI M V. Environmental Law and Practice in India: Overview [EB/OL]. practicallaw, 2021-12-01.
③ 《环境影响评价通知》原文参见:http://moef.gov.in/wp-content/uploads/2018/03/so1533.pdf.
④ 这 30 种建设项目可概括为 6 大类,分别为工业、矿业、发电、水利、基础设施及其他。
⑤ 中华人民共和国商务部. 对外投资合作国别(地区)指南:印度(2021) [EB/OL]. [2022-04-16]. http://www.mofcom.gov.cn/dl/gbdqzn/upload/yindu.pdf.
⑥ 清单附于《环评通知》规定之后,名称为"需要事先获得环境许可的项目或活动清单"。

基础设施（包括环境服务在内）、建筑、建设项目、区域开发项目和乡镇。例如采矿项目，矿区租赁面积大于等于 50 公顷的为"A"类，矿区租赁面积大于等于 5 公顷小于 50 公顷的为"B"类。而对石棉的开采不考虑矿区面积大小直接认定为"A"类，项目或活动类别的不同会导致事先环境许可的主管部门不同。"A"类项目或活动的事先环境许可由环境和林业部①根据专家评价委员会（Expert Appraisal Committee）的建议作出。"B"类项目或活动的事先环境许可则需要各邦或联邦地区环境影响评价局（The State/Union Territory Environment Impact Assessment Authority）根据各邦或者联邦地区专家评价委员会（The State or Union Territory Level Expert Appraisal Committee）提出的建议作出。若没有正式成立环境影响评价局或专家评价委员会，则"B"类项目应视为"A"类项目。《条例》第 7 条规定了新项目的环境许可程序，包括筛选、范围界定、公众咨询、评价四个阶段。筛选阶段仅针对"B"类项目或活动，由相关专家评价委员会对申请表中提出的事先环境许可进行审查，根据项目性质和具体位置，在授予环境许可之前确定项目或活动是否需要进一步的环境研究，以进行环境影响评价②准备。需要环境影响评价报告的项目为"B1"类别，其余不需要环境影响评价报告的项目为"B2"类别。范围界定阶段针对"A"类别与"B1"类别的项目或活动，在此阶段一般③需要相关专家评价委员会根据《条例》中申请表 1 或表格 1A 提供的信息（包括申请人提出的参考范围）确定参考范

---

① The Ministry of Environment and Forests（MoEF）是隶属于印度中央政府的行政管理机构，负责印度环境和林业政策和方案的规划、推广、协调和执行监督，同时也负责环保审批项目的许可。

② 环境影响评价是一种管理工具，可将开发项目对环境的不利影响最小化，并通过及时，适当，纠正和保护性的缓解措施来实现可持续发展。

③ 存有例外，如《条例》附表第 8 项（建筑/乡镇/商业综合体/房屋）中列为"B"类的所有项目和活动均无须划定范围，将根据表格 1／表格 1A 和概念性计划进行评价。

围，并由专家小组进行实地考察。公众咨询阶段是听取当地受影响者和在项目或活动的环境影响中具有合理利益的其他人的关注点，以考虑将其意见纳入项目及活动设计中。原则上，所有"A"类和"B1"类项目或活动均应进行公众咨询。① 公众咨询程序通常包括公众听证②与获得书面答复。③ 公众咨询结束后，申请人须处理在公众咨询过程中的重大环境问题，并对环境影响评价草案及环境管理计划草案作出适当修改，最终的环境影响评价报告书需由申请人提交至有关监管机构进行评价；申请人也可以提交一份补充报告，起草环境影响评价和环境管理计划，解决公众咨询过程中表达的所有问题。评价阶段是专家评价委员会对环境评价申请书④、最终环评报告、公众咨询结果（包括公众听证程序）等文件详细审查的过程。评价以透明的方式进行，并邀请申请人亲自或授权代表进行必要的澄清、解释。评价程序结束后，专家评审委员会应向监管机构提出明确建议，即依法授予环境许可或者拒绝环境许可并说明理由。若申请方因提供信息不完整而导致环境许可申请被驳回，经补充，申请方可向环保部申请复核。

在能源资源利用方面，根据印度 2017 年 8 月 28 日生效的《外国直接投资综合政策》第五章对外国直接投资的具体部门⑤及特定条件进行

---

① 存有 6 个例外，如灌溉项目的现代化［附表项目 1（c）］、扩展道路及公路［附表第 7（f）项］，而无须进一步征地、所有建筑/建设项目/区域发展项目和乡镇（项目 8）、所有"B2"类项目和活动等。
② 以附录 IV 所规定的方式在现场或其附近地区进行公众听证，以确定当地受影响者的关注。但位于专属工业园区、出口加工区、特殊经济区或政府指定区域内的小规模工程、高速公路拓宽工程、25 公顷以下采矿租地的工程项目不需要召开公共听证会。
③ 有关人士指在项目或活动的环境方面具有合理利益的人。
④ 环境评价申请书须包括该项目对环境影响报告、环境治理计划以及公共听证会细节。
⑤ 如农牧业、种植业、矿业、石油天然气、制造业、服务业、民航、建设发展（乡镇、住房、基础设施建设）、电子商务等具体部门。

了规定，印度政府并未禁止外国企业投资矿业、石油天然气、基础设施建设①等对环境影响较大的部门，但对开展的具体活动、外国直接投资的上限等方面进行了限制。例如，对金属和非金属矿石的勘探与开采、对煤炭和褐煤的开采、对含钛矿物和矿石的开采、选矿及其附加值②和综合活动均允许外国直接投资且投资上限为100%。对石油和天然气田的勘探活动、与石油产品和天然气营销有关的基础设施、天然气和石油产品销售、石油产品管道、天然气管道、液化天然气再气化基础设施、市场研究和配方以及石油私营部门的炼油也允许外国直接投资且投资上限为100%。对高速列车项目、列车组的机车车辆、信号系统、货运站、客运站等铁路基础设施的建设，外国直接投资上限也为100%。但基于安全考虑，印度进一步限制涉及铁路基础设施建设在敏感地区的外国直接投资比例，即若外国直接投资超过49%，则相关提议需由铁道部提交内阁安全委员会进行逐案审议。

二、印度土地资源法律制度与投资风险

印度人地矛盾突出，尤其是当前人口持续增长的背景下造成人均土地资源更加紧缺，且伴随着印度工业化进程，各方关于土地资源占用问题的矛盾成为社会瞩目的公众事件，严重的情况下甚至会引发政治不稳

---

① 《外国直接投资综合政策》5.2.10.2规定：从事或拟从事的实体不允许外国直接投资房地产业务、农房建设和可转让开发交易权利（TDR）。"房地产业务"是指经营土地和不动产，以期在那里赚取利润，不包括开发乡镇、建设住宅/商业场所、道路或桥梁、教育机构、娱乐场所设施、城市和区域基础设施、乡镇。此外，租金收入租赁房产，不等于转让，不等于房地产业务。

② 《外国直接投资综合政策》5.2.3.3.2规定：对于钛铁矿石，钛铁矿和金红石等含钛矿石，二氧化钛颜料和海绵钛的制造构成附加值。钛铁矿可以加工为"生产"合成金红石或钛渣，作为中间增值产品。

定和社会动荡。① 对于在印度投资制造业的企业而言，土地的获取是整个投资环节的最重要的前端手续，事关整个投资行为能否继续。实践中，存在不少在印投资者无法在合理时间内获得土地而造成项目拖延成本增加的失败案例；更有甚者，因相关法律制度不明确，涉及土地的法律纠纷频繁发生，司法资源紧缺、土地案件久拖不决等问题突出。在印度，土地纠纷困扰着各级法院，无论从案件绝对数量还是未决数量分析，土地纠纷案件都在司法体系中占据主导地位。在印度最高法院审理的所有案件中，约有25%的案件涉及土地纠纷，其中30%与土地征用有关，从土地征用纠纷的产生到法院作出裁决的平均时间为20年。②同时，根据印度政策研究中心（Centre for Policy Research）估算，印度有770万人受到超过250万公顷土地权利冲突的影响，并威胁到价值2000亿美元的外商投资，这些均与印度土地立法混乱和产权结构不明晰、司法拖延和司法资源紧张、行政效率低下和行政不作为等密切相关。

印度的不动产是由联邦（中央）和邦特定法律的结合共同管理和施加影响的。因为根据印度《宪法》第246条，"土地"是印度宪法第七附表的"国家清单"或"清单二"的主题，其中列出了只有国家可以立法的主题；而"农业土地以外的财产转让""契约和文件的登记"和"农业土地以外的合同"被列入印度宪法第七附表的清单中，这是中央政府和各邦都可以立法的事项。此外，由于印度深受宗教和宗教教派影响，有关权力下放、继承等各个方面的法律，除了编纂成文法外，

---

① SARMISTHA P, ZOYA S. An Unintended Consequence of Historical Land Ceiling Legislations: Impact on Land Acquisition and Corporate Investment in India [EB/OL]. SSRN, 2017-4-15.
② WAHI N. Understanding Land Conflict in India and Suggestions for Reform [EB/OL]. Cprindia, 2019-6-26.

往往还基于适用不同教派的各种习惯原则和惯例。多年来，印度的高级司法机关还就有关不动产法的事项作出了各种司法声明，这些声明作为司法判例指导法律适用。从制度本身来看，印度土地立法体系庞杂，其土地立法有超过1000项。2013年以前，规范印度土地征用的核心法律还是殖民时代的1894年《土地征用法》（Land Acquisition Act），2013年印度颁布了具有重要意义的《土地征用、重建和重新安置法》（Land Acquisition, Rehabilitation and Resettlement Act），该法大大提高了土地所有者获得补偿的标准，并为其重新安置提供了额外的补助；该法还采纳了土地征用社会影响评价制度和事先同意程序，通过社会影响评价和在某些情况下获得土地所有者和其他受影响者的事先同意，使征地过程的透明度得到很大提高。受土地征用影响的人不仅能得到更多补偿，且在是否应当进行土地征用方面也更有发言权。此外，对于可能减少粮食生产和危及粮食安全的大规模农业土地收购，新的立法也实施了保障措施。尽管新的立法使土地所有者和其他受影响的人获得了相当大的利益，但一些过于严苛的土地制度却成为经济和企业发展过程中的绊脚石。如新引入的社会影响评价和事先同意程序将对基础设施建设以及工业化和城市化产生不利影响。①

根据《土地征用、重建和重新安置法》，投资者在印度取得土地面临诸多困难。该法的"同意条款"要求执行公共目的的私人实体征用土地必须得到80%以上受影响家庭同意，执行公共目的的公私合作实体征用土地必须得到70%以上受影响家庭的同意，所有用于私人目的的征用都要求企业为受影响的人提供重新安置服务；同时，社会影响评价的复杂程序使得征地过程缓慢、成本较高，且被征用的土地在五年内未利用的，还需要进行归还。由于该法严重限制了印度工业用地，因此

---

① HODA A. Land Use and Land Acquisition Laws in India [R/OL]. Icrier, 2018-7.

被批评为是"反工业性"的。在土地改革中，印度还采取了土地限额制度，即规定个人、家庭等主体拥有土地的上限，或者用于城市发展等特定用途的土地上限，其法律依据为1988年《贝纳米交易（禁止）法》[Benami Transactions (Prohibitions) Act]、1972年《新土地上限政策》(New Land Ceiling Policy)、1976年《城市土地（上限和规定）法》[Urban Land (Ceiling and Regulation) Act]等。实施土地最高限额的初衷是为了分散过于集中的土地，把从中获得的剩余土地分给下层农民，使更多人获得土地。① 印度土地改革的总体承诺和土地限额的具体要求源自对社会正义的考虑。但有研究表明，印度土地限额制度对企业投资产生了意想不到的负面后果，在实施土地上限制度后，企业获取土地的交易成本增加，工业用地减少、土地溢价严重，最终导致投资减少和印度工业化步伐减缓。②

印度特有的土地文化也是印度土地工业化利用的一大难题，在印度，宗教民族文化对土地的崇拜、农业文明对土地的依附，间接性受超验、神灵世界指引的印度人并不总以在市场经济下被认为的最理性方式行事，对土地的喜爱和土地私有制导致印度土地工业化利用难度显著增加。2015年印度政府提交了2013年《土地征用、重建和重新安置法》的修正案草案，对国防、农村基础设施、其他基础设施项目、工业走廊和经济适用房五类项目，免除社会影响评价制度、所有者同意程序。2015年，时任中国驻印度大使乐玉成曾表示，土地征用是我国企业在印度投资的"主要障碍"，投资工业园区、铁路、高速公路都需要用地，但印度土地价格高于预期、土地征用流程十分缓慢，期待印度政府

---

① 殷永林. 论印度土地改革的成败和影响[J]. 思想战线，1995 (5)：39.
② SARMISTHA P, PRABAL R, SAHER Z. Land Ceiling Legislations, Land Acquisition and De-industrialisation: Theory and Evidence from the Indian States [R/OL]. IZA Institute of Labour Econonics, 2021-7.

能通过该法，为投资征地提供便利。① 但 2015 年土地修正案草案被广泛批评为偏向于印度本国企业，将社会财富从农村民众转移到企业界，因此草案最终"搁浅"，在印度人民院获得通过后，最终也未能在印度联邦院获得通过。但对印度政府而言，其要兑现对投资者的承诺，土地法改革仍是至关重要的一环。当前，印度土地法律制度的改革仍在持续中，为了鼓励外商投资，印度部分地方政府逐渐放宽了对一些投资领域项目的土地征用限制。

对中国投资企业而言，明确的土地所有权或适当的土地使用权是在印投资的关键问题，而印度土地所有权、使用权、政府审批等方面存在严重的制度阻力，可能使投资项目遭遇重大损失乃至失败。基于印度土地法律制度存在的巨大风险隐患，投资者在投资前应对土地进行充分的尽职调查。印度政府允许查阅土地记录的最长期限为 30 年，拟在印度进行投资的企业应对相关土地进行全面的所有权和其他附属权的尽职调查，确保所有权明确，土地没有抵押贷款或诉讼等负担，或这些风险处于完全可控之中；在土地权利交易和流转过程中，应草拟专业性文件，付清相关税费（如印花税、注册费等），所有原始文件应妥善保管，以便后期查阅和使用。同时，相比直接获取土地，在印度工业园区租赁或购买土地比从私人渠道获取土地更可取，选择在工业园区投资可减轻获取私有土地时与产权相关的风险。② 此外，就中国投资者和中国公民而言，印度储备银行实施的获取不动产所有权和使用权的特殊政策仍在产生持续影响，根据印度储备银行的规定，巴基斯坦、孟加拉国、中国公民，未经印度央行事先许可，不得在印度购买或转让不动产，且不动产

---

① The Economic Times. Land acquisition major impediment for investing in India：China [EB/OL]. The Economic Times, 2015-6-10.
② ARORA P, VAIDIALINGAM S. India：Setting Up New Factories In India-Legal And Land Issues [EB/OL]. 2020-11-20.

租赁期五年及以上的,也需得到事先批准。

第二节　巴基斯坦

一、巴基斯坦环境法律制度与投资风险

巴基斯坦环境法律体系包括有关环境的国际协定、普通法及国内立法。巴基斯坦《环境保护法》对大气污染、水污染、土壤污染及生态环境保护等均进行了规制,其主要环保部门为环境部,环境部下设环境保护局,环境保护局与各省环境部门具体负责环保法规的实施。1975年,巴基斯坦根据1972年《联合国人类环境会议宣言》成立了环境部,于1977—1979年间完成了环境保护的立法框架设定,但由于国家政治危机,巴基斯坦于1983年才颁布了适用于所有省份的《环境保护条例》(Protection Ordinance),后于1997年颁布了更为完善的《环境保护法》(Environmental Protection Act),替代了1983年《环境保护条例》。[1] 此后,巴基斯坦便以《环境保护法》为核心建立起了较为完善的环保法规体系,主要包括1999年《环境法庭规则》(Environmental Tribunal Rules)、2000年《环境影响识别和环境影响评价规定》[Environmental Protection Agency (Review of IEE and EIA) Regulations]、2001年《国家环境质量标准(行业自我监测和报告)规则》[National Environmental Quality Standards (Industries own reporting and self-monitoring)

---

[1] SOLANG H,刘思岐. 巴基斯坦环境影响评价制度的法律意义 [J]. 中国政法大学学报,2015(05):152-156.

Rules]①、2001年《工业污染收费（计算和收集）规则》[Pollution charge for Industry（Collection & Calculation）Rules]等。巴基斯坦在2010年通过《宪法》第十八修正案，授权各省制定适用于本省的法律，由此环境问题纳入地方的立法主要研究范围。巴基斯坦的四个省份均各自通过了环境保护相关的法律，如1997年《旁遮普省环境保护法》（Punjab Environmental Protection Act，最近一次修订为2017年）、2014年《信德省环境保护法》（Sindh Environmental Protection Act, 2014）、2014年《开伯尔—普赫图赫瓦省环境保护法》（Khyber Pakhtunkhwa Environmental Protection Act）以及2012年《俾路支省环境保护法》（Balochistan Environmental Protection Act）。② 巴基斯坦还签署了《蒙特利尔议定书》《生物多样性公约》《联合国气候变化框架公约》《关于环境与发展的里约宣言》《保护臭氧层维也纳公约》《巴塞尔公约》《京都议定书》《鹿特丹公约》《关于持久性有机污染物的斯德哥尔摩公约》等多边环境协定。此外，从巴基斯坦《1976年外国私人投资（促进与保护）法》《1992年经济改革促进和保护法》以及巴基斯坦投资优惠政策等规定可以看出，巴基斯坦政府并未限制、禁止外资在能源勘探开采、基础设施建设等对环境影响较大的产业的投资，但上述投资活动的开展要受到初始环境检查、环境影响评价以及其他环保法规要求的限制。例如，《环境保护法》第12条第1款指出，任何可能造成不良环境影响的项目若未进行环境影响评价并经政府部门批准，不得开始施工或运营。根据巴基斯坦法律规定，任何项目建设或运行前应向相关部门申请环境影响评价，包括环境影响识别和环境影响评价。

---

① 包括工业自我监督和报告制、环境实验室证书、环境空气、饮用水、噪声、汽车尾气和噪声等一系列标准。
② SOLANG H, 刘思岐. 巴基斯坦环境影响评价制度的法律意义[J]. 中国政法大学学报, 2015（05）: 152-156.

巴基斯坦环境保护局是巴基斯坦主要的环保管理部门，其依据《环境保护法》第（5）节的关于环境保护管理相关规定而设立，附属于气候变化部，主要职能包括：执行《环境保护法》的相关规定；批准环境影响评价与初始环境检查；经巴基斯坦环境保护委员会的批准，制定或修改和建立国家环境质量标准；向公众提供有关环境问题的信息和指导；制定预防措施，防止可能造成污染的事故和灾难，并鼓励非政府组织、社区组织和乡村组织的成立与工作，以预防和控制污染并促进可持续发展等。此外，巴基斯坦政府在各省省会设置了环境保护法庭，法庭由首席法官、法律议员和技术议员组成，主要负责解决环境纠纷。

巴基斯坦环境保护局《环境影响识别和环境影响评价规定》（以下简称《环评规定》）第3至5条指出，属于附表Ⅰ所列任何类别的项目均应向联邦机构提交初始环境检查，属于附表Ⅱ所列任何类别的项目均应向联邦机构提交环境影响评价，不属于附表Ⅰ和附表Ⅱ所列任何类别的项目原则上无须提交初始环境检查或环境影响评价，但若该项目可能造成不利环境的影响，投资人仍应提交环境影响评价。同时，巴基斯坦联邦机构有权根据环境评价咨询委员会的书面建议指示某一项目（不论该项目是否在附表Ⅰ或Ⅱ中列出）提交初始环境检查或环境影响评价。如果某一项目并未列入附表Ⅰ和附表Ⅱ而联邦机构已发布了相关施工和运营指南，则该项目投资人应提交一份批准申请，并附上一份保证书和一份宣誓书以说明联邦机构发布的相关施工和运营指南会得到充分遵守。初始环境检查是指初步审查拟议项目对环境造成的可预见的定性和定量影响，以确定该项目是否可能对环境造成不利影响，是否需要进行环境影响评价。环境影响评价是指一项环境研究，包括数据收集，定性和定量影响的预测，替代方案的比较，预防、减缓和补偿措施的评价，环境管理和培训计划与监测安排的制定、建议等。

根据规定，在附表Ⅰ以清单的形式详细列明了需要进行初始环境检查的部门，包括农业、畜牧业和渔业部门、能源部门、制造和加工部门、采矿与矿物加工部门、运输部门、水管理（水坝、灌溉和防洪、供水与处理）、废物处理、城市发展与旅游等。具体而言，能源部门中需要进行初始环境检查的项目包括少于50兆瓦的水力发电项目、小于200千瓦的火力发电项目、小于11千伏的输电线路和大型配电项目、油气传输系统项目、石油和天然气开采项目（包括勘探、生产、采集系统、分离和存储）以及废物转化为能源的项目。采矿与矿物加工部门需要进行初始环境评价的项目包括总成本低于1亿卢比的商业开采（开采对象包括沙、砾石、石灰石、黏土、硫黄和其他未列入附表Ⅱ的矿物）、粉碎、研磨和分离过程以及总成本低于5000万卢比的冶炼厂。运输部门需要进行初始环境评价的项目包括总成本低于5000万卢比的联邦或省级高速公路（不包括对现有道路的维护或重建）以及500总吨以下船舶的港口发展。《环评规定》在附表Ⅱ中也以清单的形式详细列明了需要进行环境影响评价的十类部门，包括能源部门、制造和加工部门、采矿与矿物加工部门、运输部门、水管理部门（水坝、灌溉和防洪部门、供水和处理）、废物处理部门、城市发展和旅游部门、环境敏感区[①]以及其他项目。具体而言，能源部门中需要进行环境影响评价的项目包括超过50兆瓦的水力发电项目、200千瓦以上的火力发电项目、11千伏以上的输电线路和电网站、核电计划以及炼油厂。采矿与矿物加工部门包括煤炭、金、铜、硫和宝石的开采和加工，主要为有色金属、钢铁的开采和加工以及总成本在5000万卢比以上的冶炼厂。运输部门需要进行初始环境评价的项目包括飞机场、铁路工程、总费用为5000万卢比以上的联邦或省级高速公路或主要道路（除了对现有道路的维护、改建或重建外）以及500总吨以上船舶的港口发展。

---

① 《环评规定》第22条指出，联邦机构可通过官方公报的通知，指定一个区域为环境敏感区，位于环境敏感区的项目负责人应向联邦机构提交环境影响评价。

<<< 第三章 南亚国家环境、土地资源法律制度及风险防范

在确认投资项目需要进行初始环境检查和环境影响评价后,需要经过编制、缴费、备案、初审、公众参与、审查、决定等程序。以上程序详细规定在《环评规定》第6至12条中。内容大致为,联邦机构可发布编制初始环境检查、环境影响评价的指南(包括一般适用性指南以及部门指南),说明与特定部门相关的项目规划、建设和运营的具体评价要求。而项目投资者则需要根据发布的指南,在切实可行的范围内,按照该指南拟备、编制初始环境检查或环境影响评价所需文件。若发生任何偏离指南规定的情况,投资者须在初始环境检查或环境影响评价相关文件中说明理由。投标人在提交初始环境检查或环境影响评价申请时,需要按照附表Ⅲ所示费用①向联邦机构支付不可退还的审查费。每份初始环境检查、环境影响评价均应附有一份采用附表Ⅳ规定格式的申请书以及一份显示已支付审查费的收据副本。而后投标人需要将初始环境检查或环境影响评价的十份纸质副本和两份电子副本提交到联邦机构备案。在提交初始环境检查或环境影响评价后的10个工作日内,联邦机构可以启动初步审查程序,也可以要求投标人提交附加信息或将初始环境检查、环境影响评价退回,让其进行修订并明确列出需要进一步研究和讨论的要点。关于公众参与程序,《环境保护法》第12条第3款将其作为环境影响评价的强制性程序,提出每次环境影响评价的审查均应

---

① 初始环境检查与环境影响评价的审查费用会因项目总成本不同而不同,例如,费用在5000000卢比以下的项目,初始环境检查与环境影响评价均不收取任何费用。费用大于5000000但小于等于10000000卢比的项目,初始环境检查审查费用为10000卢比,环境影响评价审查费用为15000卢比。费用高于10000000卢比的项目,初始环境检查审查费用为15000卢比,环境影响评价审查费用为30000卢比。

105

在公众参与的情况下进行，并对向公众披露的信息进行了限制。① 同时《环评规定》第 10 条也对公众参与程序进行了细致规定，在环评过程中，必须在受项目影响地区的当地报纸上以英文或乌尔都语发布公告，公告内容需包括项目的类型、确切位置、项目支持者和实施者的名称及地址等，并且发布的公告应通知具体的日期（该日期不得早于公告发布之日起 30 天）、时间和地点，以供公众听取对该项目或其环境影响评价的任何评论。公众参与制度的主要目的是给公众提供一个参与环评过程的机会，公众可通过口头或者书面的方式给出关键的建议。为了保证环评过程的透明和公开，主管机关必须解决公众在听证会上提出的问题。为了保证环评过程的公开性以及合理性，当地百姓以及所有利益相关者提出的意见或者建议均会被采纳。② 在审查程序中，联邦机构应在 45 天内对初始环境检查进行审查，在 90 天内对环境影响评价进行审查。各相关行政部门组成专家委员会并确立总干事一职。总干事如认为有必要，可组成一个委员会视察项目现场，并就可能指明的事项提交报告。最终，联邦机构对初始环境检查或环境影响评价的审查决定应以提案人提供的文件和数据的定量和定性评价为根据，同时考虑公众、政府机构以及委员会的意见，审查完成后对初始环境检查及环境影响评价的决定应以法定的形式③送达。若联邦机构的批准是附条件的，则提议者

---

① 在公众参与的过程中，不得披露任何与以下方面有关的信息：（i）提议方要求保密的贸易、制造或商业活动、专有性质的工艺或技术，或财务、商业、科学或技术事项，除非出于书面记录的原因，联邦机构总干事认为，要求保密的理由不充分，或者公众对披露的兴趣超过可能损害项目或其支持者的竞争地位；（ii）国际关系、国家安全或维持法律和秩序，但经联邦政府同意的除外；（iii）法律职业特权所涵盖的事项。

② SOLANG H，刘思岐. 巴基斯坦环境影响评价制度的法律意义［J］. 中国政法大学学报，2015（05）：152-156.

③ 对于初始环境检查联邦机构的决定应以附表Ⅴ规定的格式传达给提议者，对于环境影响评价应以附表Ⅵ规定的格式传达给提议者。

在工程开工前，需要按附表Ⅶ规定的格式履行承诺，承认已接受规定的条件且在项目开始运行之前从联邦机构获得书面确认，证明批准条件以及初始环境检查/环境影响评价中有关设计和施工、缓解措施、其他措施以及其他相关事项的要求已得到遵守。

除了上述提交环境影响评价的要求外，投资企业还必须遵守2001年《国家环境质量标准（行业自我监测和报告）规定》。该规定建立了企业自我监测和报告系统。例如，第3条规定，所有行业都有义务向联邦环境保护局及时地、正确地提交环境监测报告。第4至7条将工业部门的液体废水分为"A"类、"B"类和"C"类，将气体排放物分为"A"类和"B"类。不同类别意味着向环保局报告的时间周期不同。属于"A"类的行业必须每月提交环境监测报告，属于"B"类的行业应每季度提交环境监测报告，属于"C"类的行业需要每半年提交一次环境监测报告。

除了将初始环境检查或环境影响评价作为开展相应投资活动的先决条件，巴基斯坦法律还规定了破坏环境的法律责任，主要包括罚款、被起诉、有期徒刑、关停工厂、强令其赔偿受害人损失、恢复环境、收缴工厂及其设备等。企业如违反环境保护制度，将导致投资者及投资企业面临各类民事、行政和刑事法律责任。《环境保护法》第11条第1款与第2款规定，任何人不得排放任何数量、浓度或水平超过国家环境质量标准的废水、废物、空气污染物或噪声等，若行为人违反或不遵守前述规定，则按照规定的费率与程序向其征收污染费。第16条规定了环境保护令，即若联邦机构或省级机构认为很可能发生或正在发生或已经发生废水、废物、空气污染物或噪声的排放、废物或危险物质的处理或者其他有害环境行为的情形，并违反法律、规章制度或许可证条件，可能造成、正对环境造成或已经造成不利影响的，在给予负责人陈述的机会后，有权通过命令指示其在规定的期限内采取联邦机构或省级机构认为必要的措施。这些措施包括：立即停止、防止、减少或控制违法行为，尽量减少或补救不利的环境影响；安装、更换或更改任何设备或物品，以永久或临时消除、控制或减少此类违法行为；采取清除或其他方式处置废水、废物、空气污染物、噪声或其他有害物质；使环境恢复到或尽可能接近污染行为实施之前的状态。如果违法者不遵守环境保护令，联邦机构或省级机构可依法对其提起诉讼，机构还可以自行采取或安排采取命令中规定的其认为必要的措施，并可向其追讨采取此类措施的合理费用。《环境保护法》第17条规定了具体的惩罚措施，任何人违反或不遵守第11至13条或第16条的规定，或违反根据这些条款发出的任何命令，应处以100万卢比以下罚款，如持续违反或不履行，则在持续违反或不履行期间，每天可额外处以10万卢比以下的罚款。此外，若环境法庭确信行为人因前述违法行为而获得了金钱利益，则可命令其除缴纳相应罚款的同时，还可责令其缴纳与获益金钱利益数额相称的额外罚款。任何人违反或不遵守第14或15条规定的理事会、联邦机构、省级机构发布的任何许可证、命令或指示的任何规则、条例或条件，应处以10万卢比以下罚款。若行为人持续违反或未能遵守，则在违法行为持续期间，每天另处1000卢比以下的罚款。若行为既违反第11条亦违反第15条，则对该行为只根据违反第15条的规定予以惩罚。若行为人先前已因违反本法而被定罪，又犯前述违法行为，则环境法院或环境法官除根据本法做出惩罚外，还可采取以下措施：1. 将定罪令的副本送交有关的行业协会或有关的省工商会或巴基斯坦工商会联合会；2. 判处2年以下有期徒刑；3. 责令关闭工厂；4. 下令没收违反本法规定而使用或涉及的工厂、机器和设备、车辆、材料或物质、记录或文件以及其他物品；5. 命令被告自费将环境恢复到违法前已存在的条件，或尽可能接近联邦机构或省级机构认为合理的条件；6. 命令其支付相应款项，以补偿因行为人违反该项规定对第三方的任何损失、身体伤害、健康或财产损害。第18条规定了法人团体①的违法责任,凡任何法人团体违反本法,而经证明该罪行是在该法人团体的任何董事、合伙人、经理、秘书或其他高级人员的同意或纵容下实施的,或是由于上述人员的疏忽而实施的,则以上人员须与该法人团体一并接受处罚。巴基斯坦各省环保法的惩罚规定往往比《环境保护法》的规定更为严苛。例如,《旁遮普省环境保护法》第17条第1款规定的罚款数额便从100万卢比提高至500万卢比。若污染者继续违法,则每日的额外罚款金额高达10万卢比。《信德省环境保护法》规定的罚款数额同样从100万卢比增加至500万卢比。②

《环评规定》规定了须向联邦环保局申请环境影响识别或评价的农业、能源、制造业、交通、采矿和矿业加工等项目,在取得环评许可后,如发生违法行为的,取得的许可证仍可被撤销;如被撤销的,申请人应当停止项目的建设或运行。在法律方面需要特别注意的是,由于沿线自然环境复杂,环境保护作为一项国际和国家的义务,中巴经济走廊所涉项目的支持者、建设者和国家有义务坚持环境、社会和经济可持续发展的基本原则,充分履行企业社会责任,确保遵守各自环境法律的强制性规定,且任何大型开发项目必须在小规模项目下进行公众参与的环境影响评价,且在项目启动和运营前进行初始环境审查,确保环境和社会合规,违反环境法律制度可能导致投资项目在法律上无法继续启动或实施。

---

① "法人团体"包括根据1860年《社团注册法》(1860年第二十一号)或1925年《合作社法》(1925年第七号)注册的商号和社团。
② SOLANG H,刘思岐.巴基斯坦环境影响评价制度的法律意义[J].中国政法大学学报,2015(05):152-156.

二、巴基斯坦土地资源法律制度与风险防范

巴基斯坦的土地登记制度和产权执法制度与税收制度密切相关。自殖民时期以来，税收部门一直在进行产权执法，对土地进行记录和维护。巴基斯坦各省税务部门分别负责土地管理和产权执法工作，这些省级税收部门曾是"每个人都必须就任何与土地有关或由土地引起的问题与之联系的部门"，不过以省级为主导体系的权力已经下放，当前巴基斯坦土地记录的即时维护和变更主要发生在街道级别。巴基斯坦有定期土地清理和登记制度，土地收入仍然是税收的重要来源之一，因此巴基斯坦土地估价制度比较完善。近年来，巴基斯坦所有省份和中央地区都在推动将所有土地记录进行数字化改革，试图借助技术建立更有效的管理和转让系统。巴基斯坦主要土地法律制度包括 1967 年《土地收入法》（Land Revenue Act），根据该法，巴基斯坦每个省都有自己的一套法律，以处理权利记录和土地转让变更登记。1882 年《财产法》（Transfer of Property Act）是界定和规范财产转让（租赁、出售、抵押等）事项的一般法律。此外，1908 年《登记法》（Registration Act）是规定文件登记的一般法律，规定了当产权转让或变更时需要登记的必要文件。在巴基斯坦，存在着有些法律规则更适用于农村，而有些法律则更适用于城市地区的情况，甚至有些会"重叠适用"，但在一般情况下，管理农村地区不动产的法律和程序仍不同于城市地区。[①]

在巴基斯坦，开发项目征地的法律规范主要是依据英国殖民时期制定的法律框架搭建起来的。英属印度的土地征用立法为获得土地和其他不动产以建设有形基础设施提供了法律保障，帮助英国政府以合理的成

---

① NAJIB M S, ULLAH R R. Property Rights In Pakistan: Laws, Regulations, Transfers & Enforcement [EB/OL]. Pakistan Institute of Development Economics, 2022-04-15.

本获得用于公路、运河和铁路的土地，以便快速运输劳动力和原材料。1861年土地征用立法被修订并颁布了1870年法律，以解决土地征用中固有的无能、腐败和不令人满意的问题。1870年法律于1894年被废除，并颁布了一项新法，以促进政府为公共目的收购私人土地。1894年立法更为详尽，但它仍没有给土地所有人或与土地有利害关系的人提供任何机会来反对土地征收，其反对意见仅限于补偿金额及其相关事项，而移民安置的社会和经济影响并未被充分纳入该法。为克服法律上的空白和应对民众的不满，1894年立法于1923年被修订，新增加的第5A条规定，任何与土地有关或有利害关系的人可以在土地征收通知发布之日起30天内，对土地的收购提出异议。同时"听取双方之词"（audi alteram partem）原则作为自然正义原则被纳入土地征用程序中。这一基本原则要求在没有适当听证会的情况下，任何人都不应被评判，在听证会上，每一方都有公平的机会发表意见。不过，尽管制定了较为全面的土地征用法，但巴基斯坦没有任何关于由开发项目引起的非自愿移民的法律，在项目开发过程中，因征地和安置规划而造成的群体性事件屡见不鲜。[1]

巴基斯坦土地管理的主要法律体系既包括国家土地法，也包括地方政策和法规。例如，联邦政府可能在一个省内拥有部分土地的所有权，该土地的转让和出租需要符合联邦政府的土地法规，而其土地登记和税务相关事宜则受省级法规的约束。根据巴基斯坦法律，没有绝对私有土地的概念，所有土地的绝对所有权属于政府。私有土地产权仅限租赁，最长可租赁99年。巴基斯坦对外国投资者收购当地土地持开放态度。除了在农业部门外，巴基斯坦对外国人拥有或租赁土地没有特别限制，且根据《经济改革法》和《外国私人投资促进和保护法》，外国投资者

---

[1] HUSSAIN A. Land acquisition laws in Pakistan [EB/OL]. Thenews, 2021-03-20.

直接投资不受征用。相关法律制度中对待非居民和外国投资者的最主要区别是，非居民企业在巴基斯坦拥有不动产必须得到巴基斯坦内政部的批准，而外国投资者在巴基斯坦设立的子公司被视为当地企业，通过设立子公司获得土地无须经巴基斯坦内政部批准。在政府参与的公私合作（PPP）项目中，土地可以由政府提供，政府也可以根据1894年土地征用法将私人土地用于公共目的。不过，1894年土地征用立法规定的政府征地程序和补偿机制极为复杂，并包含漫长的异议听证机制。因此，在大多数情况下，即使是PPP项目，项目土地都是由投资者自己获得。巴基斯坦土地登记采用地契（title deed）登记制度，土地权属以地契方式记录，并以登记为准。土地权属转移相关法律文件在签署之日起四个月内需向登记官缴费登记，否则文件自动失效。同时，土地交易需要缴纳印花税，否则可能受到处罚。[①] 产权管理方面，虽然巴基斯坦的法律体系原则上支持产权制度的执行和落实，但司法体系的薄弱以及土地所有权的模糊是投资者面临的重大挑战。

第三节　孟加拉国

一、孟加拉国环境法律制度与投资风险

1989年，孟加拉国成立环境和森林部以处理与环境有关的问题。1992年孟加拉国通过了国家环境政策，1995年颁布了《环境保护法》（Environment Conservation Act），该法旨在保护环境、提高环境标准、

[①] 王霁虹，李晨曦．一带一路投资风险指引——巴基斯坦复杂的土地制度［EB/OL］．中伦律师事务所，2020-04-10．

控制和减轻环境污染,就相关词语的定义、立法效力、环境部、总干事的权力和职能、环境许可、违法惩治措施等方面进行了明确规定。根据该法定义,"环境"包括水、空气、土地和其他物理属性,以及它们之间和它们与人类、其他生物、植物和微生物之间存在的相互关系。同时该法还赋予了自身压倒性的效力,即尽管在当时有效的其他法律中有任何相反的规定,本法的规定、根据本法发布的规则和指示仍具有效力。1997年《环境保护条例》以17个条文及大量附表就投资项目的环境许可及环境影响评价等作出细致规定。

根据1995年《环境保护法》,孟加拉国改组了孟加拉国环境管理部门,该法第3条对孟加拉国环境部作出了相应规定。要求为了执行本法目的,政府应设立一个由总干事领导的环境部,即孟加拉国主管环境保护的部门是环境部,孟加拉国环境部隶属于环境、森林与气候变化部,其总部设立于达卡,并在达卡、吉大港、库尔那、巴里萨尔、西莱特、博格拉六个地区设立分局。环境部的主要职责包括负责解释和修改环保法规、提供环境方面的数据、实施国家环保法律法规并对执行情况进行跟踪监测,对企业环保设施进行评价并发放合格证书。《环境保护法》是孟加拉国成立环境部、任命环境部部长、进行环境影响评价和确定生态关键地区的法律依据,但因授予环境部部长的权力过于重、未规定有关官员的必要技术资格、惩罚不足以及存在着"国家利益"和"诚信"的漏洞,该法也受到批评。为充分履行其国际法律义务,孟加拉国于2000年颁布了《环境法院法》(Environment Court Act),引入了专门的环境法院制度。根据该法,孟加拉国在达卡和吉大港设立了两个专门处理环境案件的法院,并在达卡设立了一个处理整个孟加拉国环境案件的上诉法院,同时规定地区治安法官处理较轻微的环境违法行为。2010年孟加拉国通过了新的《环境法院法》(Environment Court Act),该法没有规定单独或独立的环境法院,因此,除原来的三个法院和一个上诉法院外，孟加拉国没有再设立其他环境法院，但孟加拉国设立了多个特别治安法庭以及执行治安法官［依据是2009年孟加拉国《流动法院法》（Mobile Court Act, 2009）］给予处理较轻微环境违法行为的权力。① 2010年《环境法院法》旨在迅速处理与环境损害有关的案件；但是，由于公民不能直接向法院起诉，法院实际运行情况受到质疑，且法院审理和裁决依赖于由环境部部长委任的调查人员提交报告。此外，《环境法院法》关于在每个地区设立一个环境法庭的目标在目前仍未实现，加之未能确保环境法庭法官获得履职的必要知识，阻碍了孟加拉国实现环境正义。

除《环境保护法》，孟加拉国还通过了一系列专门的生态环境保护立法。2012年《野生动物（保护和安全）法》［The Wildlife (Conservation and Security) Act］是为了保护该国的生物多样性、野生动物和森林，该法允许指定保护区、国家公园和社区保护区，并规定了在这些场所内可允许的活动。同时其尊重社区的传统或文化的价值和规范，这是向承认土著社区权利迈出的一大步。2013年《砖制造和砖窑设施（控制）法》［Brick Manufacturing and Brick Kilns Establishment (Control) Act］规范了砖的制造过程，并规定了禁止使用来自农业土地、山地或丘陵等来源的原材料和使用木材作为燃料的规定，但该法被批评为过于雄心勃勃，现实情况是几乎没有人遵守这些规定。2017年《生物多样性法》（Bangladesh Biodiversity Act）是根据宪法第18A条的授权和《生物多样性公约》下的国际授权颁布的，该法对谁可以获得生物资源和传统知识，以及如何合法转让这些资源和知识作了规定。《生物多样性法》将与生物多样性相关的批准权授予国家生物多样性委员会（National Biodiversity Committee），该委员会有责任促进公平分享生物多

---

① SAJAL I A. Common People's Access to the Environment Courts of Bangladesh: An Appraisal ［EB/OL］. Bdlawdigest, 2015-07-16.

样性、生物资源和传统知识所产生的利益。①

在能源政策法律方面，2008年孟加拉国制定了可再生能源政策（Renewable Energy Policy），以加快使用可再生能源，该政策建议设立可持续能源发展署作为可持续能源发展和推广的主要机构，并建议通过补贴和税收激励，吸引投资者进入可持续能源行业。在原子能方面，2013年《原子能控制法》（Atomic Energy Control Act）规定了有关当局监督与原子能相关的安全措施，确保孟加拉国的健康和环境安全等内容。在电力方面，孟加拉国与俄罗斯合作开发了一个大型项目，即鲁普尔核电站项目（Rooppur Nuclear Power Plant），孟加拉国政府根据2015年《核电站法》（Nuclear Power Plant Act）成立了一个权威机构来监督鲁普尔核电站项目的建设过程。孟加拉国2012年新颁布的《电力法》（Electricity Act）主要规定了国内电力资源的供应和管理，并规定建设新的电力项目和新发电厂的许可授权问题，该法还包含鼓励和利用可再生能源和非常规能源发电的条款。② 孟加拉国的电力监管框架长期处于改革过程中，改革方向主要是将电力部门从公共服务转变为私营服务，从臃肿低效的官僚机构转向公司框架，减少指挥和控制监管，以及建立监管委员会。③ 长期以来，美国公司在孟加拉国的电力和能源行业发挥着巨大的作用，美国公司占孟加拉国国内天然气产量的大部分，也是电力项目的最大投资者之一，来自美国的发电涡轮机也为孟加拉国提供了大部分燃气发电装机容量。在其他与能源资源相关的投资机会上，孟加拉国在孟加拉湾的近海区块可能拥有相当大的未开发天然气储量；除了

---

① LUBABA T. An Overview of Environmental Laws of Bangladesh [EB/OL]. Thedailystar, 2019-06-04.
② SOURAV R I. The Dilemma of the Energy Law and Policy Triangle in Recent Energy Laws and Policies in Bangladesh [J]. Hydro Nepal, 2018（22）：10-12.
③ ISLAM A, AHMED M T. A Snapshot of Coal - fired Power Generation in Bangladesh: A Demand - supply Outlook [J]. Natural Resources Forum, 2021, 45（2）：157-182.

近海深水勘探之外，还存在恢复老化棕色油田活力的可能性；进一步开发陆上气田；检修道路、水路和基础设施，方便燃料运输；建设终端和管道基础设施，进口液化天然气和钻探天然气输送等也是良好的商业机会。此外，能源和商业政策与法规的变化为部署先进的能源技术提供了机会，包括可再生能源、分布式能源、节能技术、高质量和可靠的能源解决方案、离网能源解决方案、可持续建筑技术以及空气污染控制系统等，随着政府计划扩大输配电系统并使其现代化，对输配电设备的需求也将增加。①

违反孟加拉国相关环境保护法律规定的法律责任主要规定于《环境保护法》中。该法第15条以一览表的形式专门规定了相应的惩罚措施，主要包括监禁、罚款、没收与犯罪有关的材料和设备、索赔、被起诉等。具体而言，一般违法行为可处以10年以下有期徒刑或100万塔卡以下的罚款或两者并罚。而未按规定方式取得环境清洁证书，建立或开展任何工业单位或项目的，可处3年以下有期徒刑或30万塔卡以下的罚款或两者并罚。凡任何人被裁定有罪并根据本条规定被判刑的，则在犯该罪行时所使用的所有或部分设备、运输工具、物质或其他物品，均可根据法庭命令予以没收。如果某人或公众因违法行为而遭受损失，总干事可代表该人、组织或公众提起赔偿诉讼。该法第16条规定了公司所犯的罪行。具体内容为，如果公司②违反本法的任何规定，或未能按照本法或本规则发出的通知履行其职责，或未能遵守命令或指示，则公司的股东、董事③、经理、秘书或其他高级职员、代理人应被视为违反了该规定或未能按照通知履行职责，或不遵守命令或指示。但若能证

---

① The International Trade Administration. Bangladesh-Country Commercial Guide: Power and Energy [EB/OL]. U.S. Official Website of the International Trade Administration, 2021-09-17.
② "公司"，指任何法定公共机构、注册公司、合伙企业和协会或组织。
③ "董事"，就商业机构而言，也包括任何合伙人或董事会成员。

明其并不知情或已尽应有的努力防止这种违反或不遵守，即可免责。此外，该法第9条与《环境保护条例》第17条①还规定了负责人通知报告义务。如果由于事故或其他不可预见的事件而发生或可能发生超标排放环境污染物，那么责任人和发生地点的负责人不仅应采取措施控制或减轻环境污染，还应立即将该情况通知总干事。总干事在收到信息后，应为控制或减轻环境污染而采取必要的补救措施，且前述人员有义务按照总干事的要求提供相应的协助和合作。

《环境保护法》第4条规定在符合本法规定的情况下，总干事可采取他认为必要和适宜的措施，以保护环境，提高环境标准，控制和减轻环境污染。并且他可以向任何人发出必要的书面指示，以履行本法规定的职责。其中，必要和适宜的措施包括搜查权、进入检查权以及向有关当局或个人发出防止、控制和减轻环境污染的指示或命令等8项。总干事发出的指示可包括关闭、禁止或管制任何行业、企业或项目进程，且有关人员必须遵从。若不遵从，总干事可指示电力、煤气、电话等此类服务或其他服务的提供者中断对其的服务。该法第7条规定了生态系统损害的补救措施。如果总干事认为某人的作为或不作为直接或间接地正在造成或已经造成对生态系统、个人或群体的损害，则总干事可决定赔偿数额，并指示其支付赔偿。在适当情况下，还可指示该人采取纠正措施。上述两项措施可同时采取，并且行为人必须遵守该指示，否则总干事可向主管法院提起赔偿诉讼或刑事诉讼，抑或同时提起这两项诉讼。

二、孟加拉国土地资源法律制度与投资风险

在孟加拉国，土地相关问题历来是复杂的社会和法律冲突的温床。

---

① 如在任何地方环境污染物排放或排放超标，或任何地方因意外或意外事故而面临排放或排放的威胁，则该地方的负责人须立即将事件或威胁通知总干事。

土地登记及其容易发生竞争所有权的争议，导致土地错误和延误登记情况司空见惯，而土地稀缺在孟加拉国也是一个严重的投资限制。孟加拉国土地部（Lands Ministry）是负责土地管理的最主要政府机构，土地记录和测量局（Land Record & Survey Directorate）负责进行土地调查，并为每一块土地创建单独的土地登记证书（khatians）和地图（mouza）。土地改革委员会（Land Reform Board）负责管理政府土地，设立和征收土地开发税，执行土地改革法律和准备修改后的财产登记证书。土地上诉委员会（Land Appeal Board）负责裁定反对政府官员关于土地问题决定的上诉，即土地税、土地所有权和土地登记证书以及地图中的边界事项。此外，土地登记部门（Land Registration Department）也负责对因土地记录产生的土地权属变动进行登记。根据孟加拉国法律，一年以上或逐年租赁、与普通法有关的永久业权交易（如转让或分拆）、99年的政府土地租约都需要进行登记。

在孟加拉国，财产的转让受1882年《财产转让法》（Transfer of Property Act）和1908年《登记法》（Registration Act）的规制，该法基本上构建了孟加拉国土地转让的规则和法规。根据《财产转让法》，在孟加拉国财产转让有四种方式，包括出售、租赁、交换、赠与财产的继承和抵押转让。同时，转让财产的登记是强制性的，契据必须在相关部门登记，未登记的财产交易没有法律效力，任何一方无权主张和执行其权利。但事实上，土地的非正式转让（不符合登记标准的交易）非常普遍，土地登记是一个复杂、耗时且成本高昂的过程，登记效率低下；证书和地图的不准确和各部门协调不力，也导致土地登记的可靠性严重不足。① 无论是购买还是租赁土地，对于投资和贷款担保而言都至关重要，但孟加拉国过时的不动产法律和糟糕的记录保存系统使土地和财产

---

① RAHMAN T. Land Law in Bangladesh – Rules & Regulations & Everything You Need to Know [EB/OL]. Tahmidurrahman, 2019-10-20.

交易复杂化。财产交易文书从签署之日起生效，而不是登记注册之日，因此善意的购买者永远无法确定所有权。从历史上看，土地登记记录容易出现争权问题，土地纠纷十分常见；无论是1882年《财产转让法》还是1908年《登记法》都没有任何涵盖外国或非居民投资者的具体规定。目前，外国人和非居民可以在股份公司和公司注册处（Registrar of Joint Stock Companies and Firms）注册公司，该公司将被视为当地实体企业，可以以其名义购买土地。①

近年来，孟加拉国也试图改变其土地立法与执法状况。2020年，孟加拉国法律委员会在其网站上公布了《土地法》立法草案，以广泛征求意见。草案的目的是使孟加拉国的土地管理和土地行政统一起来。然而，法律草案赋予了国家行政官员广泛且重要的司法权，这引起了诸多争议，并受到了不同利益相关者的严厉批评。在此背景下，拟议的法律是否应该被认为旨在减轻民事法庭的工作量，是否可以提供不同的追索权，而不是赋予行政机关司法权是评价新的立法草案的关键。有观点认为，拟议的法律旨在公开将司法职能移交给行政部门，这无疑违反了宪法确保行政、立法和司法三权分立以及自然正义的基本原则；同时，民事法庭的拖延正在促使提出新机制的建议，但没有意识到民事法庭和法官正在被系统地忽视，将司法权归于行政机关并不能解决民事法院存在的问题，解决土地纠纷的办法应当充分发挥民事法院作用，如设立对土地事务具有专属管辖权的特别民事法庭、增加司法岗位等，而不是直接将民事法院的司法权交给行政部门。本质上，土地问题是一个宪法和政治情感问题，如果不先确定宪法方法，就无法妥善解决这一问题。政治流动性和一定程度的法律创造力是解决土地问题的首要任务，任命更多的法官、建立专门和高效的土地法院、引入数字化土地记录系统、有

---

① U. S. Department of State. 2017 Investment Climate Statements: Bangladesh [EB/OL]. U. S. Department of State, 2017.

效的土地案件管理、诉诸有意义的 ADR 制度和制定有利于穷人的土地政策应当是解决土地问题的方案，而建立一个官僚负担重的平行司法机构将使土地问题更加混乱。①

2021 年，孟加拉国进一步通过了《土地犯罪预防和补救法》（Land Crime Prevention and Remedy Act）草案，该法确定了 22 种与土地有关的犯罪行为，该法的主要目的是制止欺诈、欺骗和伪造文件造成的损失，通过减少民事和刑事案件的拖延增进人民福祉，许多被视为民事行为的活动在法律颁布后将成为刑事罪行，从而确保土地所有者的所有权和其他权益。该法的适用范围包括：主张超过实际面积的土地所有权；骗取超过实际面积的土地登记；事先出售或转让；收取预售金后秘密出售土地；剥夺继承者公平份额；非法侵占政府、个人或任何组织、宗教机构的土地；游乐场所和水体；违章挖山扬沙；未经允许就切割表层土壤等。根据该草案，如果伪造土地文件，将被单处或并处以 6 个月至 2 年的监禁、5 万塔卡罚款；如果在没有有效证件的情况下强行占用土地，将被单处或并处 1 至 3 年监禁、10 万至 30 万塔卡的罚款。主张或占有超过实际面积的土地所有权，将被单处或并处 2 至 5 年监禁、30 万塔卡罚款；转售或拟转售已出售的土地，将被单处或并处 2 至 5 年监禁、3 万至 100 万塔卡罚款。②

---

① The Daily Star. Proposed Bangladesh Land Act 2020: What Legal Experts Say [EB/OL]. Thedailystar, 2020-09-15.
② JASIM E H. Landmark Reform in Land Law [EB/OL]. Thedailystar, 2022-02-04.

<<< 第三章 南亚国家环境、土地资源法律制度及风险防范

第四节 斯里兰卡

一、斯里兰卡环境法律制度与投资风险

斯里兰卡涉及环境保护的法律、法规主要包括综合性的1980年《环境保护法》(National Environmental Act，1988年、2000年对该法进行了修订)，以及与环境保护、空气质量、噪声、水质、废物管理、环境影响评价与许可等相关的专门立法，如2008年《国家环境保护与质量规定》(National Environmental Protection & Quality Regulations)、2021年《塑料材质鉴定标准》(Plastic Material Indentification Standards) 等。斯里兰卡环境保护管理部门主要包括斯里兰卡环境部、马哈威利管理局、海岸保护与海岸资源管理局以及中央环境局。其中，环境部负责管理自然资源与环境，实现该国经济和自然资源保护的均衡、协调发展。马哈威利管理局旨在引导土地和水资源在该国农业创新发展中发挥重要作用。海岸保护与海岸资源管理局具有管理本国海岸资源的职能。中央环境局的主要职能为审批环境影响评价报告及与环境相关的各类证书与许可。根据1978年斯里兰卡《宪法》第27(14)条规定，国家应保护、维护和改善环境；第28(f)条规定，公民有义务保护自然及其财富。对此，斯里兰卡1980年《环境保护法》规定了中央环境局负责控制和管理斯里兰卡的环境问题，该法主要通过行政命令进行管理和控制，《环境保护法》采取了保护环境和可持续性发展的三种主要方法来

控制环境破坏行为,即环境保护、环境质量和环境评价、项目审批与许可。① 1988年,斯里兰卡修改了《环境保护法》关于环境保护许可证的规定,旨在通过环境保护许可证规范向环境排放污染物的行为;2000年修正案第23A(2)条规定,除非获得当局的许可或者根据该法规定的标准和其他标准,推定存在一个明确的命令规则,否则任何人不得进行有特殊环境要求的活动。第23A(3)条规定,任何人违反第23A(2)条规定进行任何活动的,都属于犯罪行为,一经定罪,可被单处或并处罚款或监禁。此外,第四部分B讨论了"环境质量",主要是水域污染的行为与责任,规定违反环境质量规定的行为构成犯罪的,将面临罚款处罚。根据相关法律的规定,投资活动若对环境产生不利影响可能会被要求进行初始环境检查或环境影响评价。若投资活动并未显著对环境造成不利影响,则进行初始环境检查程序;若投资活动对环境产生重大影响或者位于环境敏感地区则需要进行环境影响评价程序。在检查或评价的过程中注重公众参与,项目负责人编制的初始环境检查与环境影响评价报告内容需公开以便公众查阅。

二、斯里兰卡土地资源法律制度与投资风险

根据斯里兰卡的土地政策,任何外国国家、外国公司和在斯里兰卡注册成立并由外国国家或外国公司持有50%或以上股份的公司不得直接购买土地,无论该土地是属于国家所有还是个人所有。2014年斯里兰卡颁布的一项新的《土地(转让限制)法》[Land (Restriction of Alienation)]规定,只有在外资持股比例低于50%的情况下,才允许外

---

① LIYANAGE G I M. Applicability of the International Environmental Law Principles to the Sri Lankan Environmental Laws: Special Reference to Principle of Polluter Pays and Inter Generational Equity [J]. South East Asia Journal of Contemporary Business, Economics and Law, 2017, 14 (4): 73-74.

资租赁土地和直接转让土地，土地租赁期最长为99年。外国投资者在租赁土地时无须缴纳任何租赁税［2014年《土地（转让限制）法》中引入的土地租赁税于2016年1月1日撤销］，但公寓资产可以直接购买，不受国籍限制。外国人、外国公司或外资持股超过50%的斯里兰卡公司不得收购土地。因此，外国人或外国公司依法可以租赁土地，最长期限为99年，并不收取租赁税。外资持股比例在50%以下时，允许直接转让土地所有权。

除少数例外行业外，斯里兰卡允许外资投资大多数行业，但土地的获取仍是最大的挑战之一。如前所述按照一般规定，斯里兰卡禁止将公共和私人土地出售给外国投资者和外国投资者持股超过50%的企业。斯里兰卡政府拥有斯里兰卡大约80%的土地，包括用于种植茶叶、橡胶和椰子的土地，这些土地通常以50年的期限出租，同时政府可以根据项目的具体情况批准99年租约（不受承租方为本国或外国投资者的限制）。在斯里兰卡，私人土地所有权限制为每人50英亩。此外，斯里兰卡的许多土地所有权记录信息在内战期间遗失或被损毁，特别是在该国北部和东部，关于土地所有权的争议广泛存在；同时，斯里兰卡政府已经启动了一个土地归还项目，将政府在战争期间获得的土地财产归还给北部和东部的斯里兰卡公民。2018年7月30日，斯里兰卡修订了2014年《土地（转让限制）法》，允许在科伦坡证券交易所（Colombo Stock Exchange）上市的外国公司收购土地，未在科伦坡证券交易所上市但从事被认定为开发或运营战略发展项目（如银行、金融、保险、海事、航空、先进技术或基础设施领域的战略发展项目）的外国公司，也可根据具体情况豁免适用2014年《土地（转让限制）法》的限制规则。①

---

① U. S. Department of State. 2021 Investment Climate Statements: Sri Lanka ［EB/OL］. U. S. Department of State, 2021.

第五节 尼泊尔

一、尼泊尔环境法律制度与投资风险

尼泊尔环境保护法律法规主要为1997年《环境保护法》（Environment Protection Act），该法旨在尽可能减少环境退化对人类、野生动植物、自然和自然物体造成的不利影响，从而保持清洁和健康的环境。通过适当利用和管理自然资源来保护环境，同时考虑经济发展与环境保护之间不可分割的关系来实现可持续发展。1997年《环境保护法》规定，项目开发商必须遵守初始环境审查和环境影响评价。该法将初始环境审查[①]与环境影响评价[②]作为投资项目实施的前提条件，1997年《环境保护条例》（Environment Protection Rules, 1997）则进一步对初始环境审查与环境影响评价等作了更加具体细致的规定。2019年，尼泊尔颁布了新的《环境保护法》（Environment Protection Act），新法的立法目的是"保护每个公民生活在清洁和健康环境中的基本权利，为受害者因环境污染或退化造成的损害提供赔偿，保持环境与发展之间的平衡，减轻对环境和生物多样性的不利影响，应对气候变化带来的挑战"。该法禁止的活动包括任何会妨碍环境和其中生物的污染、妨碍尼泊尔山区和丘陵质量的行为。并限制有害物质的出口，且有害物质只有在获得相关

[①] 该法第2条第（f）款规定，"初步环境检查"（Initial Environment Examination）是指准备进行分析研究或评价的报告，以确定在执行项目提案时是否确实对环境产生了重大不利影响，是否可以避免或缓解这种影响。

[②] 该法第2条（g）款规定，"环境影响评价"（Environmental Impact Assessment）是指准备进行详细研究和评价的报告，以确定在执行项目提案时是否确实对环境产生了重大不利影响，是否可以避免或缓解这种影响。

监管机构的事先批准后才能在尼泊尔生产。与1997年《环境保护法》相比，新法的主要特点之一是，要求项目开发商在项目申请中必须遵守多项环境规定，以确保项目的实施不会损害环境。该法明确授权尼泊尔政府制定标准，以减少和管理车辆、设备、工业、酒店、餐馆和其他机构或活动排放的污染物、危险废物。该法规定的监管机构包括尼泊尔政府（Government of Nepal）、环境督查员（Environmental Examiner）、环境保护委员会（Environment Protection Council）、环境部（Department of Environment）和森林和环境部（Ministry of Forests and Environment）。

2019年立法还增加了一些概念和要求，规定项目开发商在开发项目时需要遵守的程序或规则包括三方面。首先是"环境研究报告"（Environmental Study Report），包括整体环境研究，初步环境报告（检查对环境的可能影响和减轻影响的措施）或环境影响评价（评价对环境的可能影响以及可选择的解决方案）。尼泊尔2020年《环境保护规则》（Environmental Protection Rule）规定了报告中需要包含的条款和条件，要求提及项目可能的预算，可能产生的社会和经济影响、文化和物理影响、化学和生物影响。如果"环境研究报告"的内容不符合法律规定的标准，则可要求项目开发商在一定期限内（最长为5年内）不得再次提交报告。如果在没有进行整体环境研究的情况下实施提案，或有违反该报告的任何行为，将被处以最高50万尼泊尔卢比的罚款。如果在没有提交初步环境报告的情况下实施申请项目，或有任何违反已批准报告的行为，将被处以最高100万尼泊尔卢比的罚款。其次是环境管理计划，须说明项目开发商为保护环境可能采取的所有解决方案，以及已采取的措施。如果项目开发商采取的安全措施被认为是无效的，则将被要求采取替代的安全措施。再者是环境评价报告，须于提出申请两年后提交。本报告必须说明该项目对环境的影响，以及为减轻这种影响所采取的措施。如果在没有进行环境影响评价的情况下实施项目，最高可面临50万尼泊尔卢比的罚款。最后是补充环境影响评价，在一些已经做过环境影响评价的规划中需要进行补充环境影响评价，其涉及活动能力建设和规划的修改。此外，新法还规定了"战略环境分析"（Strategic Environment Analysis）这一新概念。根据"战略环境分析"要求，在实施任何项目、计划或政策之前，需要进行"战略环境分析"，且此类政策、计划或项目应由尼泊尔政府在尼泊尔公报通知中予以说明。"战略环境分析"是对环境问题和发展机遇进行分析，以确定主要参与者并在早期设定战略目标的过程，侧重于生态系统与人类社会之间的相互作用，在这些复杂的相互关系中培养直觉并就战略目标达成一致。但该法仅初步引入了战略环境分析制度，尚未进一步讨论其具体程序。

此外，在争端解决方面，与1997年立法不同的是，2019年新的《环境保护法》设计了完备的申诉机制。任何人都可以向监管当局投诉违反或可能违反该法规定的行为者。当事人经调查认定违法的，应当向受害人支付合理的赔偿。任何一方对管理当局作出的赔偿决定不服的可在35天内向高等法院提出上诉。同时，任何对管理当局根据该法作出的罚款决定不服的，可以在35天内提出上诉。如果决定是由地方当局作出的，上诉管辖法院为地区法院；如果决定是由中央政府或省政府作出的，上诉管辖法院则为高等法院。同时该法制定了违反环境法律规定的"黑名单制度"，除罚款外，给予两个月的时间来纠正违法行为，否则须将支付罚款金额三倍的赔偿。违法机构的相关人员可以被列入黑名单（时间从一年到五年不等），列入黑名单的个人或机构将不被允许提交任何项目申请。[①] 尼泊尔政府还根据2019年《环境保护法》制定了

---

① SADA Associates. An Overview on the New Concept of the Environment Protection Act, 2019 and Extended Commercial Scope of the Environment Protection Rules, 2020 [EB/OL]. SADA Associates, 2022-09-26.

2020年《环境保护规则》(Environment Protection Rules) 以落实《环境保护法》的规定。2021年加德满都市还颁布了《加德满都市环境和自然资源保护法》(KMC Environment and Natural Resources Protection Act)，禁止任何个人或组织以违反现有标准的方式造成污染，对公共生活、人类健康和环境造成重大不利影响。根据该规定，任何车辆、工业企业、酒店或餐馆产生的声音、热量、放射性辐射或废物废水等都不得超过所规定的限度，否则市政当局将对污染者采取法律行动。

在尼泊尔开展相关投资活动需遵守《环境保护法》等规定，例如，《环境保护法》第3至5条规定，项目申请人必须按照规定对提案进行初始环境检查和环境影响评价。申请人必须将该提案连同该提案的初始环境审查或环境影响评价报告提交有关机构批准。未经有关机构或部门批准，任何人不得实施项目开发。《环境保护条例》第3条规定附表一所列的项目需进行初始环境审查，而附表二所列项目需进行环境影响评价。概括地讲，附表一所列的项目包含森林、工业、采矿、道路、水资源和能源、旅游、饮用水、废物管理、农业共九大类别。附表二所列的项目除了前述九大类别外还包括健康等项目。以采矿部门为例，需要初始环境检查的项目包括小规模的金属矿物的开采、小规模煤矿的开采、小规模天然气生产等。需要环境影响评价的项目包括中大型金属矿物的开采、中大型煤矿的开采、中大型天然气生产等。《环境保护条例》第5条规定了进行初始环境检查与环境影响评价所需的文件。如果该投资项目需要进行初始环境检查，则需按照附表三规定的格式准备工作计划表并得到有关机构的批准。如果该投资项目需要进行环境影响评价，则首先需要确定进行环境影响评价的范围，在确定范围的基础上按照附件四规定的格式准备工作计划表并得到有关机构的批准。对范围的确定规定于《环境保护条例》第4条中，需要进行环境影响评价的项目应在国家级新闻报纸上发布公告，要求项目实施地的乡村发展委员会或市政当局，以及该地区的学校、医院、卫生所和有关个人或者机构在15日内以书面形式就实施投资项目可能对环境产生的影响提出建议。项目负责人需要将收到的建议以及确定环境影响评价范围的申请提交给有关机构，说明在实施项目时对环境会产生何种影响。有关机构在收到申请后，应对申请及所附文件进行调查，并将申请连同其对确定范围的意见和建议转交给森林和环境部，森林和环境部在调查后需要确定进行环境影响评价的范围。《环境保护条例》第10至13条对项目的实施与监测评价进行了规定。内容为：若要依据《环境保护条例》第5条实施项目，项目负责人应当将初始环境检查报告或环境影响评价报告的15份副本以及有关乡村发展委员会或市政当局的建议提交给有关机构核准。有关机构收到前述材料后需要进行调查，经调查表明若该项目的实施不会对环境产生实质性负面影响，那么，对于仅需要初始环境检查的项目，自收到材料之日起21日内给予批准。对于需要环境影响评价的项目，需要自收到材料之日起21日内将本部门的意见以及10份该报告的副本转交给森林和环境部。森林和环境部收到材料后，应发布公告，让公众在公告发布之日起30日内自行复制报告以及项目提案或者研究该报告以提出意见和建议。之后结合公众的意见及建议审查该报告，若审查后认为，该项目的实施对环境没有重大不利影响的，森林和环境部应在收到建议之日起60日[①]内批准项目的实施。项目实施后，有关机构仍需要监测和评价项目实施对环境造成的影响。若发现实际影响高于核准项目时规定的影响，有关机构应向投资者发出必要的指示，以采取措施减少或控制这种影响，投资者有义务遵守。外资企业环境影响评价的大致程序为：第一，外资企业寻找在尼泊尔环境部注册备案的当地咨询公司制作环境评价报告。第二，将完成的环境评价报告交给项目对口的

---

① 根据第11条第（6）款规定如果因特殊原因未能在六十日内批准，则有关部门应在上述期限届满之日起三十天内批准实施项目。

部委审查，如水电工程交给尼泊尔能源部。第三，对口部委审查合格后，交由森林和环境部审查。如森林和环境部对报告存有异议，由对口部委责令外资企业按森林和环境部要求修改。第四，环境评价报告通过后，由项目对口的部委发项目认可函。

二、尼泊尔土地资源法律制度与投资风险

自 2013 年以来，联合国人居署的土地和住房部门（Land, Housing and Shelter Section of the UN-Habitat）的全球土地工具网络一直支持尼泊尔的土地改革干预措施，包括土地政策制定和磋商进程，以及制定适当用途的土地管理战略。近年来，尼泊尔在保障所有人的土地使用权和获得土地的立法方面迈出了里程碑式的一步。继 2015 年 9 月颁布新《宪法》后，尼泊尔政府于 2018 年通过《土地法》（第七修正案）修订了 1964 年《土地法》（Lands Act），成为实施《宪法》第 40 条第 5 款"向无地达利特人提供土地"的具体法律框架。《土地法》（第七修正案）在 2018 年 9 月获得批准，并为《土地法》（第八修正案）的出台铺平了道路，《土地法》（第八修正案）允许"无地擅自占地者"（landless squatters）和"不受管理的居民"（unmanaged dwellers）拥有土地，第八修正案于 2019 年 9 月获得通过。在 2020 年 2 月加盖总统印章后，新的《土地法》生效。新《土地法》有助于解决大量没有得到正式承认的土地的确权问题。尼泊尔政府于 2019 年 3 月通过的《国家土地政策》（National Land Policy）承诺确保土地保有权和所有权，保护无地者、擅自占地者、非法占用者和非正式土地持有人的土地权利，改善住房条件，让包括妇女和弱势群体在内的所有人平等获得土地。[①]

---

① GLTN. Global Land Network. New Land Legislation Guarantees Tenure Security and Access to Land for All Nepali [EB/OL]. GLTN, 2020-02-26.

尼泊尔联邦政府还成立了一个"土地问题解决委员会"（Land Issues Resolving Commission），以实现《宪法》确立的土地目标。

2015年尼泊尔土地改革和管理部发布的《土地利用政策》（Land Use Policy）是为指导国家对有限土地和土地资源的保护、优化利用和有效管理而制定的文件。2012年尼泊尔制定的土地政策优先考虑保护农业用地以确保粮食安全，而2015年土地利用政策取代了2012年的政策——这是在2015年地震后自然灾害和人为灾害的双重打击之下，考虑风险和危害后对早期政策进行审查和修订的结果。新政策基于《宪法》规定（如土地管理和商业化、农业多元化和现代化以及土地改革政策）、土地分区理论（如促进土地互补利用、保持土地使用竞争性和避免土地使用冲突）、国家必要性（通过土地和土地资源的优化利用实现可持续和包容性经济增长）、实现国家承诺的可持续发展目标、内阁/不同委员会的其他指令/建议，以及土地改革和管理部的愿景而制定。2019年，尼泊尔联邦政府通过了《国家土地政策》（Land Use Policy），声明国家对土地拥有"征用权"，土地作为一种自然资源，将按国家规定使用。2019年《国家土地政策》的产生是为了国家的经济繁荣，由国家保障公平分配土地和土地资源所产生的利益，有助于确保土地权利和所有权的安全、所有公民的安全和系统的安置、农民获得土地的便利、基础设施的可持续发展、系统的土地市场、确保粮食权利、环境保护、减轻气候变化引起的不利影响、性别平等，以及所有土地相关问题的可持续永久解决方案。①

尼泊尔2016年《工业企业法》（Industrial Enterprise Act）对工业用地作出规定。其一，企业可根据本法或其他现行法律，为登记注册的产业自行购买必要数量的土地（如果未能为该产业购买必要数量的土地，

---

① UPRETY L P. Land Related Policies and Laws in Nepal: A Discussion Paper [R/OL]. Csrcnepal, 2021-05-25.

可向行业登记机构申请土地购买或申请提供用地协调和便利）；其二，在提出正式的用地申请六个月后，为建立和经营国家优先租赁行业提供政府土地（企业必须支付租赁金额，并遵守尼泊尔政府和工业企业管理之间签订的合同中规定的条款和条件）；其三，免除现行法律规定的工业企业土地上限的规制，如企业的土地超出政府规定的上限，由企业正式提出申请，将超出上限的土地登记在其所有权中时，政府可根据企业需要豁免土地限制要求。但是，企业自购土地或在政府的协助推动下购买土地，都可能导致"剥夺农民的农业用地"以建立工业企业，因此，立法不允许政府将农民的农业用地用于这一目的，这在很大程度上降低了土地征用的不利影响；或者联邦政府必须按照规定，根据目前批准的土地使用计划，将这些政府土地提供给工业企业使用。

2019年尼泊尔《森林法》（Forests Act）同样涉及商业与土地利用问题，按照该法规定，国家森林的所有权属于尼泊尔政府，尼泊尔政府在国家森林划界过程中因森林保护需要有权收购公共或私人土地，禁止以个人名义登记国家森林，赋予尼泊尔政府制定相关森林保护的规定等。不过也有批判者认为，整个法律是在资本主义框架下制定的，因为每类森林似乎都旨在通过开发森林产品和实施各种经济活动来保护森林生态系统及其商品化；该法将大量的湿地、道路、湖泊、废弃的公共土地和未登记的公共土地等定义为"森林区域"，导致这些区域没有得到有效的保护和利用；在一个数以百万计的无地人口仍一直在寻求获得此类土地以维持生计的国家，这不是一个公平的立法——从赋予无地者经济权力的角度来看，这样的法律规定进一步加剧了土地不平等，这也与《土地法》（第八修正案）"管理无系统定居者"（management of unsystematic settlers）的规定相悖。

第六节 马尔代夫

一、马尔代夫环境法律制度与投资风险

马尔代夫是在印度洋上的小岛上发展起来的国家，由多个低洼的沙岛和珊瑚礁组成。马尔代夫的农田和淡水有限，在食物、资源、贸易、旅游等方面对自然环境，特别是海洋环境的依赖十分明显。由此，保护和可持续地利用环境及其资源对马尔代夫至关重要。为了应对日益增长的环境压力，包括气候变化，马尔代夫在全球和区域一级批准条约，参加关键的国际环境保护机构，并制定了国家法律和政策，以及以可持续性为重点的有关计划和战略。马尔代夫从20世纪70年代开始采取资源开采管理政策，20世纪90年代成立了第一个环境部，2008年马尔代夫新宪法包括"国家的基本责任是为当代和子孙后代的利益，维持和保护国家的生物多样性、资源和美丽"，"确保每个公民享有安全环境的权利"。从历史上看，大量开采珊瑚和沙子作为建筑材料、使用木材燃料导致森林砍伐、有限淡水资源的退化等都影响了马尔代夫的生态保护。到21世纪初，马尔代夫的主要环境问题被确定为淡水枯竭和气候变化的影响：海平面上升、全球变暖和珊瑚礁白化等。此外，废物管理如陆地海洋塑料污染、生物多样性保护等问题，也是亟须加强监管和立法的重要领域。[1]

马尔代夫出台了诸多法律法规，例如1993年《环境保护法》《旅

---

[1] TECHERA E J. A Review of Environmental Law in Maldives with Respect to Conservation, Biodiversity, Fisheries and Tourism [J]. Asia Pacific Journal of Environmental Law, 2019, 22 (2): 233.

游法》《无人居住岛屿法》，2006年《旅游业环境保护与养护条例》《渔业法》《马累北部港口禁止排放废物法》《马累沿海地区采矿法》《矿产、珊瑚、砂石及采集法》《保护区条例》《马尔代夫共和国专属经济区捕捞许可证颁发条例》等。其中，《环境保护法》赋予了环保管理部门对环境保护问题具有广泛的、强制性的权力，并为后续法律法规的出台奠定了一定基础。此外，马尔代夫针对境内的建筑物建设中应采用的方法和材料标准制定了相关法规（例如《环境影响评价条例》）；旅游部为管理度假村及岛上房地产开发区域的房间、设施的质量和标准制定了相关法规；还有一系列国家政策如《应对气候变化的国家实施战略》（National Implementation Strategy for Addressing Climate Change）等。除了国内政策法规，马尔代夫也签署了相关国际公约，如《保护臭氧层维也纳公约》《关于消耗臭氧层物质的蒙特利尔议定书》《控制危险废弃物越境转移及其处置的巴塞尔公约》《生物多样性公约》《联合国气候变化框架公约》《南亚区域海洋行动计划及其实施的相关决议》《保护海洋环境免受陆上活动污染的华盛顿宣言》《联合国气候变化框架公约的京都议定书》等。

　　《环境保护法》为马尔代夫规划、人力资源和环境部制定必要的环境保护条例提供了法律基础，虽然该法没有明确规定气候变化，但它授权政府有终止任何被认为对环境有不良影响的项目的权力。根据马尔代夫《环境保护法》规定，马尔代夫实施环境影响评价制度，在执行任何可能对环境有潜在影响的发展项目之前，应向马尔代夫规划、人力资源和环境部提交影响评价研究报告；规划、人力资源和环境部应制定环境评价准则，并确定需要进行环境影响评价的项目。同时该部门有权终止对环境造成不良影响的项目，且被终止的项目得不到任何补偿。除非得到批准和在指定区域内，该法禁止任何类型的废物、油、有毒气体或任何可能对环境产生有害影响的物质在马尔代夫领土内处置；并绝对禁止任何对人类健康和环境有害的危险/有毒或核废物在该国境内任何地方处置，通过马尔代夫领土跨界运输此类废物的，也应至少提前3个月获得马尔代夫交通运输部的许可。① 非法、未报告和不受管制捕捞（IUU），非法排放和倾倒废物和化学品，非法贩运野生动植物，被禁止的污染空气和珊瑚、沙子开采等行为，均属于环境犯罪行为。②

二、马尔代夫土地法律制度与投资风险

马尔代夫主要的土地法律制度为2002年《土地法》（Land Act），该法规定将马尔代夫的土地分配为不同的目的和用途，包括为住宅目的许可的土地和国家住宅，以及出售、转让和租赁马尔代夫土地的规定。马尔代夫内政、住房和环境部负责保存马尔代夫的土地记录。2015年，马尔代夫前总统阿卜杜拉·亚明引入了一项有争议的《土地收购法》（Land Acquisition Law），该法允许外国人永久拥有土地，前提是他们投资超过10亿美元，并从海上填海造地70%。2019年，马尔代夫取消了2015年允许外国人拥有土地的法律。随着外资所有权规则的取消，马尔代夫恢复了旧法，即土地只能出租给外国人99年。

本章小结

一、了解并遵守相关环境、资源法律制度

南亚国家普遍存在人多地少，社会经济发展与自然保护之间矛盾突

---

① Ministry of Planning. Human Resources and Environment- Environmental Guidance [EB/OL]. Ministry of Planning, 2020-04-20.
② ABDULLA A A, TECHERA E. Environmental Crimes: A Framework for Detection, Monitoring, and Enforcement in The Maldives [J]. Journal of International Wildlife Law and Policy, 2021, 24 (2): 131-177.

出，植物、生物资源丰富而脆弱，自然灾害较多等阻碍外商投资的问题。企业投资过程中的环境问题不仅容易违反法律规定并须承担法律责任，还可能引发社会矛盾。因此中国投资者在南亚国家的投资应特别注重对生态环境的保护。如虽然巴基斯坦各个行业领域均向外资开放且允许外资100%持股，但巴基斯坦有着较为完善的环保法律体系，且近年来巴基斯坦对环境污染的整治力度不断加大，因而中国企业在巴基斯坦开展投资合作，应当了解相关环保法规，科学评价投资项目的排污情况及可能对环境造成的其他影响，有针对性地制订解决方案。① 若中国投资企业不注重环境保护，将面临前文提及的无法运营、高额罚款等法律风险与法律责任。

对此，第一，中国企业赴南亚投资应主动承担环境保护责任、增强环境保护意识，在工程实施过程中，对在道路旁的农田、山地、河沟取土应慎重。第二，各领域、产业的外资投资比例、活动分类界定、环境许可、环境影响评价等规定存在差异。因此，中国企业在投资前，应详细了解拟投资领域的环境保护法律法规和实施细则等，各个行业投资活动的环境保护要求、环境影响评价和环境评价程序。第三，需注意中央政府与地方政府之间的立法差异，了解拟投资地区相应的环保政策与实施细则。例如，巴基斯坦对违反环保义务的惩罚措施，地方环保法的规定更为严格，罚款数额也更大；又如，印度是联邦制国家，虽然中央政府行政职责涉及全国，但环境管理基本上属于地方邦政府的权限范围，② 因而也需注意中央政府与地方邦政府之间的立法差异，了解拟投资地区相应的环保政策与实施细则，例如，印度《水污染防治法》第5章第19条规定，邦政府可限制本法的适用范围而不必适用于整个邦。

---

① 中华人民共和国商务部. 对外投资合作国别（地区）指南：巴基斯坦（2022）[R/OL]. 中华人民共和国商务部，2023-03-29.
② 王金强. 印度环境治理的理念与困境分析[J]. 江西师范大学学报（哲学社会科学版），2017, 50 (03)：52-59.

第四，投资企业应按规定及时、准确地向当地环保部门提交环境监测报告。第五，重视非政府环保组织的作用与影响力①，自觉履行环境保护义务、接受其监督，与之形成良好互动，以避免被诉风险。倘若发生环境污染事件，应积极采取补救措施、及时履行报告义务，主动担责、及时止损。②

此外，在土地的获取或使用方面，由于土地问题涉及一国的国计民生，难以因一国鼓励投资的政策而为投资者作出根本性改变或做特殊处理。鉴于南亚国家的土地权属不清、土地登记错误或混乱、土地争议频发、法律制度不明晰、解决土地问题的行政或司法措施无效等现象，建议中国投资者在收购、租赁、使用土地前进行全面彻底的尽职调查，确保土地权属清晰，避免日后发生纠纷或造成损失。在土地尽职调查中，投资者不仅要核实当前所有者的所有权，还要核实历史所有者的身份，以及之前的所有权变更是否符合法律要求，以免在交易完成后出现新的土地权利人阻碍项目进展。同时全面了解项目土地的征收征用及补偿的相关规定，在实施土地征收、征用过程中，不仅应与政府当局进行充分协商沟通、拟定清楚法律协议，还应与土地所有者或使用者进行充分沟通。整体而言，投资者应避免涉及土地的征收、征用或购买，尽量选择租赁等简单的土地使用形式。

二、协调投资、环境保护与社会间的关系

环境不仅是一个法律问题，更是社会问题，违反环境法律制度可能引发相应的社会风险。企业投资对环境造成的损害或不利影响，往往导致当地居民对项目的抵制，他们通过向政府施压、抗议、暴力等行为阻

---

① 杨翠柏. 印度能源与环境法律制度研究 [M]. 法律出版社，2014：282.
② 杜玉琼. "一带一路"倡议下中国企业投资印度的法律风险及防范研究 [J]. 江海学刊，2018（02）：143-148.

挠项目的启动和运行。企业应加强与投资区域居民的沟通，自觉遵守环保义务，留意投资项目地点是否位于生态关键区，相应的投资活动是否受到政府限制；科学规划并依靠污染物处理设备设施等依法合理解决污染问题。

科伦坡港口 CICT 终端项目（CICT terminal of the Colombo port）和科伦坡港口城项目则是经济与环境可持续发展的积极例证，科伦坡港口 CICT 终端项目实施过程中明确重视绿色技术，使用电动起重机，并承诺降低整体 45% 的二氧化碳排放水平和 95% 的柴油消费水平。据报道，在 CICT 终端的运营中，80% 以上的电力是利用太阳能技术产生的，而 CICT 码头是科伦坡港四个运营码头中最赚钱的，贡献了该港口 70% 以上的货运量，这表明在减少对环境破坏的同时，仍可取得商业成功。科伦坡港口城项目代表了另一个国际绿色标准指导下的以可持续发展总体规划为指导的发展项目，旨在确保建筑和运营的总体设计符合国际最佳实践和基准，包括美国 LEED 绿色建筑评价标准（Leadership in Energy Environment Design Building Rating System）、英国 BREEAM 绿色建筑评价体系和绿色标志标准（Green Mark standards），同时确保它们符合斯里兰卡绿色建筑委员会（Green Building Council）的绿色认证，同时该项目已承诺其独立验证符合相关部门的所有可持续发展要求，并已经获得质量管理体系（QMS）的 ISO 9001：2015 认证。按照国际标准继续采用这种最佳做法将有助于减少斯里兰卡主要基础设施发展项目对环境造成破坏的风险。① 科伦坡港口城市的后期建设计划对环境保护而言也是积极的，包括采用生态计划以增强生物多样性，以及通过可持续发展总体计划以确保整体设计符合国际最佳实践和"智能城市"等概念。因此，"一带一路"的投资项目对保护环境做出了积极努力，也为斯里

---

① Chatham House. Chinese Investment and the BRI in Sri Lanka [EB/OL]. Chathamhouse，2020-03-24.

兰卡提供了重要的利益和机会，中国的投资有利于促进当地就业，缓解了斯里兰卡国内关键产业的劳动力短缺，有利于斯里兰卡当地工人提升技能和知识。①

三、以投资促进环喜马拉雅地区环境保护合作

中国与南亚国家的环境和社会经济问题依靠喜马拉雅联系起来，环喜马拉雅地区独特的生态系统具有整体性、系统性和不可分割性，决定了该地区成为全球和区域环境治理、气候变化控制与生物多样性保护的研究热点。从应用价值来看，由于气候变化、冰川水污染和野生动植物非法贸易等环境威胁，该地区的环境生态安全岌岌可危，现有环境合作的深度与广度无法满足区域治理需求。为此，环喜马拉雅国家已有合作基础扎实与未来合作态势良好，既能够为深入落实绿色"一带一路"倡议提供支撑，也对保护喜马拉雅地区环境生态安全起着重要作用，更是推动建设人类命运共同体填充周边国家篇章重要部分，也响应了习近平主席"将跨越喜马拉雅的友谊推向新高度"号召。2021年，中国西藏自治区与中国外交部举办"环喜马拉雅"国际合作论坛生态环境保护研讨会，尼泊尔、不丹等国派出代表参会。同年，中国、印度、巴基斯坦等国签署《世界环境司法大会昆明宣言》，达成积极开展环境司法合作、共建绿色"一带一路"共识。但20世纪以来，由于气候变化、环境污染和生物多样性被破坏等环境威胁，该地区生态环境安全岌岌可危，现有环境合作的深度与广度仍无法满足区域治理需求。

中国与南亚国家可进一步通过投资，加深在泛喜马拉雅地区的环境保护合作。除自身的投资应符合南亚国家的环境法律制度、符合生态环境保护原则外，还应加强科技与产业的结合，在生态环境监测、环境污

---

① HUNDLANI D, KANNANGARA P. The Belt and Road in Sri Lanka: Beyond the Debt Trap Discussion [EB/OL]. Thediplomat, 2020-05-07.

染物处理等方面，发挥中国的资金与技术优势，推进南亚地区生态环保产业发展。在南亚国家投资环境保护技术、设备设施等，推动科技创新，助力环境保护转型升级。加强企业在生态环境保护方面的责任意识、树立企业的生态文明理念。早在2013年2月，我国商务部和原环境保护部印发的《对外投资合作环境保护指南》（下称《环保指南》）就已提出"推动对外投资合作可持续发展"，倡导企业在对外投资合作中提高环保意识、积极履行环保社会责任，了解并遵守东道国环保政策法规，研究和借鉴国际环保原则、标准和惯例，与国际接轨。2020年10月，生态环境部、国家发改委、中国人民银行、银保监会和证监会共同发布《关于促进应对气候变化投融资的指导意见》，共提出5个方面、15项措施，引导更多资金投向应对气候变化领域，深化气候投融资国际合作。2021年7月，商务部、生态环境部联合印发《对外投资合作绿色发展工作指引》（下称《指引》），鼓励中国企业将绿色发展融入对外投资全过程。两部委还建议，如果东道国的相关标准过低，企业应"采用国际组织或多边机构通行标准或中国标准"。这代表着中国开始摆脱传统上对东道国规则的依赖，并为在"一带一路"倡议（BRI）下实施更高标准的基础设施项目铺平道路。《指引》呼吁加强与东道国环境保护组织的沟通交流，并将非化石能源技术列为重点投资领域。[①] 而对中国政府和中国企业而言，进一步的考验是如何将这些法律规范落到实处。

---

① 王珂礼，龙迪，范丹婷，等．解读：新发布的海外投资绿色指引有何亮点［EB/OL］．Chinadialogue，2021-08-18．

第四章

南亚国家劳工法律制度及风险防范

对劳工问题的重视程度能够体现一个国家的综合国力和国际竞争力。劳工保护是企业社会责任和合法性的体现，也是保障人权的要求。近年来，我国企业响应国家号召，积极走出国门在境外投资，而"走出去"必须遵守东道国的劳工法律制度与政策，自觉承担起企业应尽的社会责任。在国家层面，我国也高度重视劳工保护问题，近年来我国与多国签订的条约都涉及劳工保护问题，比如，我国与文莱签订的双边投资协定的序言中提及了劳工保护，2008年我国与新西兰签订自由贸易协定的同时，也签订了劳工合作谅解备忘录。相关国家为了保护本国的就业市场、提高就业率，在法律上对外籍劳务人员有着很严格的规定。

第一节 印度

印度在英国殖民统治下逐渐建立起较为严格的劳工法律体系。1947年印度独立后继承了殖民时期的劳工法律制度，并发展出复杂的法律体系。近年来，印度政府逐步意识到严苛繁杂的劳工法律体系对经济产生的巨大阻碍。为促进印度经济和税收增长，印度注重整合各类劳动法律制度，将29部国家相关法律整合为4部法典（分别为《工资法典》《社会保障法典》《职业安全、健康和工作条件法典》以及《劳资关系法典》——合称为"印度劳工法"），试图简化并标准化印度目前存在的劳动和就业法规。该次法律整合的主要目的是消除不一致和歧义，并使法律与当前的商业环境保持一致，确保能遵守相关劳工法律制度。例如，引入统一的"工资"定义，以解决各种劳动法对"工资"的定义各自独立且经常出现相互冲突的问题（冲突导致企业合规变得困难和混乱），并就统一登记和提交报税表等事宜作出规定。此外，为了全面实施"印度劳工法"，地方邦一级立法必须与统一法典相协调，避免中央和地方邦劳资法之间的冲突。但时至今日，印度政府尚未就何时实施这些改革作出明示，在过渡时期，现有的中央和邦级劳工法框架将继续存在。2019年《工资法典》（Code on Wages）合并和修订了4部关于工资和报酬支付的国家法律（1936年《工资支付法》、1948年《最低工资法》、1965年《奖金支付法》以及1976年《同酬法》）。该法的主要目的是为所有雇员（包括正式雇员和非正式雇员）提供不分性别的同等报酬，并给予所有雇员最低工资。2020年《职业安全、健康和工作条件法典》（Occupational Safety, Health and Working Conditions Code）修订并整合了13项法规中关于健康、安全和工作条件的规定，主要规范对象包括合同工（矿山、码头、种植园、工厂）建筑工人、农民工、在职记者等。该法典的显著特点是，企业可根据法典所涵盖的所有法律进行单一登记和申报；并且标准化的合同工合规门槛从过往10或20名（各邦标准不同）提高到50名；统一和标准化与工作时数、休假权利和其他福利措施的规定有关；为无组织工人的福利等设立社会保障基金的建议，为超过一定年龄的工人提供一年一次的免费健康检查。2020年《劳资关系法典》（Industrial Relations Code）修订和巩固了三部重要的劳工立法，即1947年《工业纠纷法》（Industrial Disputes Act）、1926年《工会法典》（Trade Unions Act）和1946年《工业就业（常令）法》[Industrial Employment (Standing Orders) Act]。关于工厂、矿山和种植

141

园的裁员、裁减或关闭,需要政府事先批准的适用门槛已从 100 人提高到 300 人,从而略微增加了工人离职的灵活性;增加雇主在确定雇用条件方面的权利;有关在职福利及聘用条款的事宜上,定期雇员与长期雇员并无区别,定期雇员的酬金福利也已延长。2020 年《社会保障法典》(Code on Social Security) 修订并整合了与社会保障福利有关的九项立法,包括 1952 年的《雇员公积金法》(Employee's Provident Fund Act)、1948 年的《雇员邦保险法》(Employees State Insurance Act)、1972 年的《酬金支付法》(Payment of Gratuity Act) 和 1961 年的《生育津贴法》(Maternity Benefit Act),该法典正式承认零工和平台工人,并提出了一项为他们与其他无组织工人制订福利计划的建议;由于修订了"工资"的定义,并在计算福利时纳入了额外的工资部分,某些福利(如酬金)将会得到改善;雇主将被允许使用政府、市政、非政府组织或私人实体的公共托儿所设施。印度此次的劳工法修订,减少了劳工法律的数量并使之体系化,降低了外国投资企业的法律审查成本。如果印度的劳工法更少且更易于遵循,则外资企业将能够根据市场状况进行招聘和裁员,增强外资企业雇员的灵活性,这对外国投资者来说是重大利好。印度工会活动较为活跃,在一定程度上阻碍了外国投资者对印度的投资热情,针对该问题,最新的《劳资关系法典》对工会的权力进行必要限制,如果公司中超过 50%的员工同时休假,将会被视为罢工。目前,印度国内尚未出现专门针对我国在印投资企业的大规模罢工,但我国在印投资企业应该高度重视由于劳工纠纷造成的经营停顿、工期延误等问题。

  根据印度劳工法律制度,如果员工被不当解雇,可以向雇主提出不当解雇的索赔。"不当"可以被理解为不公平劳动惯例(unfair labour practice),包括以侵害方式解雇、表面上行使雇主权利、虚假暗示、明显虚假的理由、违反自然正义原则、施加不成比例的惩罚等,雇主对劳工的不当解雇可能受到监禁和/或罚款。处理印度劳资纠纷的机构主要是劳工法庭（Labour courts）、工业法庭（industrial tribunals）。劳工法庭和工业法庭均独立于传统民事法庭，主要是根据印度《工业纠纷法》设立的，用以处理雇主与工人或工人团体之间的劳资纠纷，调解人员（conciliation officers）负责调解和解决劳资纠纷；调解委员会（Board of Conciliation）负责解决工业争端；劳工法院/法庭（labour courts/tribunals）负责审查雇主发出的命令是否合法、解释雇用条款、撤销不当解雇等；国家法庭（national tribunals）负责裁决具有国家重要性的或存在于多个邦的事项。此外，其他各种劳工法规也规定了单独的争议解决机制。对于不受《工业纠纷法》或各邦特定的劳工法管辖的高级雇员通常没有资格向这些劳工法庭或劳工专员申诉，但其可以在劳动合同中约定纠纷解决方式（包括仲裁或传统诉讼）、纠纷解决的管辖等。

第二节　巴基斯坦

巴基斯坦2010年《宪法第十八修正案》出台之前，巴基斯坦议会（联邦立法机构）和省议会都有权制定劳工法律制度。但在实践中，有关劳动和就业的法律大多由联邦议会制定，因此巴基斯坦全国劳工法律制度较为统一；但修正案出台之后，劳工立法成为省一级权力，即各个省级议会有权制定本地适用的与劳工相关的立法，而联邦立法只适用于首都伊斯兰堡，以及在劳资关系等问题上跨省的企业（在一个以上省份雇用工人的雇主）。修正案出台后，各省制定了各自的劳工法律制度法规，这些劳工立法基本沿袭联邦议会先前颁布的法律，但各省结合自身情况进行一定程度的修改。巴基斯坦的劳动和就业立法对工人（workers或workmen）和其他雇员进行了区分。从事熟练或非熟练、手工或文书工作，且不从事任何管理或监督工作的雇员，被视为工人。劳动和就业法律对工人提供了更大程度的保护，许多法律只适用于工人。巴基斯坦没有专门规定非工人的就业法律，他们的雇用关系在很大程度上取决于他们的雇用合同，且没有特别适用于非工人雇用合同的法律要求，合同也无须采用书面形式，对于那些担任监督或管理职位的员工，如果需要，合同往往规定了保密、不竞争和不招揽条款。而根据巴基斯坦法律，包含工作描述和条件的工人雇用合同必须采用书面形式，此类合同不得施加与强制性适用与法规不一致的义务。

整体来看，巴基斯坦是普通法系国家，其劳工法律渊源包括制定法、司法判例、国际条约、习惯法以及集体协议。巴基斯坦《宪法》作为巴基斯坦的根本大法，其原则性地规定了劳工权利保护。《宪法》第11条规定了禁止奴役和强迫劳动，第17条规定了公民的结社自由包括组建工会，第18条规定了贸易、商业和职业自由，第25条规定了公民平等包括受教育平等和性别平等，第37条规定了促进社会正义和消除社会弊端，特别是促进落后阶层的教育权利和经济利益，第38条规定了劳工的社会保障制度。巴基斯坦没有统一的劳工法典，其劳工法律多为单行法律法规，如2012年《劳资关系法》（Pakistan's Industrial Relations Act），该法明确规定仅允许工业生产制造部门成立工会，与公共服务有关的教育、医疗、交通、通信、邮政等部门不得成立工会。巴基斯坦于1952年批准了1949年《国际劳工组织权利和集体谈判公约》（International Labour Organisation Right to Organise and Collective Bargaining Convention），遵守该公约是获得普遍优惠计划加（GSP+）资格的先决条件，该公约第5条和第6条只允许将武装部队、警察和从事国家管理的公务员排除在外；但2012年《劳资关系法》将众多类别的工人排除在其范围之外，有违公约的规定。工人雇用关系的某些条款也可能包含在集体谈判协议中，这些协议是工会与雇主谈判达成的协议，通常普遍适用于在该机构雇用的工人的就业福利，包括奖金、津贴、增强的健康保险和假期。同时，巴基斯坦存在许多法律和法规管理工人的雇用关系。

第三节　孟加拉国

孟加拉国是一个人口众多的国家，适龄劳动人口多，大多数劳工组织或公司都有自己的劳动规章制度，但必须遵循最低的法定标准。孟加拉国劳工法律较为完善，现有 44 部相关的法律法规，其中孟加拉国 2006 年《劳动法》（Labour Act）最为重要，该法是规范"工人"就业的最主要法律。该法对劳动者雇用、劳动报酬、工作时间、工作场所条件、工会设立、劳动者管理、工伤事故赔偿、最低工资限额、产假期间待遇、劳动者分红等内容作出了详细规定。2006 年《劳动法》将主要以管理或行政身份雇用的人员排除在"工人"定义之外，但是，根据判例法，没有雇用或解雇权力的员工必须被视为工人。该《劳动法》适用于孟加拉国本地员工和外籍雇员，且无论雇用合同中的法律选择条款如何，均予以适用。此外，2010 年《出口加工区工人协会和劳资关系法》（EPZ Workers Association and Industrial Relations Act）适用于位于出口加工区内的公司，《国际劳工组织公约》也在孟加拉国适用。在签证方面，项目发起人和投资者有权获得私人投资者或商业签证，以便开展业务或探索商业可能性和活动，根据孟加拉国投资发展局的建议，可授予其长达两年的多次入境投资者或商业签证。对于外籍工作者而言，外籍人士必须持有工作许可证才能在孟加拉国工作，其家庭成员也需要单独的居住许可证。[①] 在劳动争端解决方面，孟加拉国设立了专门的劳动法庭，对于劳动法庭作出的裁决不服的，可向孟加拉国高等法院

---

① KHATOON A, CHOKROBORTY A, DOULAH N. Doing Business in Bangladesh：Overview [EB/OL]. Thomson Reuters Practical Law, 2020-10-01.

提出上诉。整体而言，孟加拉国《劳动法》很好地保护了劳动者的权利，但是仍未回应诸多现实问题，如没有提到员工在工作场所遭遇性骚扰的法律后果；且虽然该法声称是一项涵盖了大多数国际标准的强有力的立法，但由于没有得到有效的执行，劳动者仍面临严峻的工作环境。①

根据孟加拉国法律，雇用合同一般为书面合同，雇用员工的最小年龄为18周岁，雇用前的试用期一般为3个月至1年，试用期内，双方均可提前1个月通知对方终止合作。外资公司辞退员工应提前6个月做出书面通知，如通知期不满6个月，实践中企业主要通过给予补偿方式解决，补偿标准约为1个月工资。关于工时和加班，工人每天工作时间为8小时，每周工作48小时，超出法定工作时间的视为加班，但加班必须出于工人自愿，企业不得强迫工人加班，而且加班费必须是基本工资的两倍。关于休假，休假包括每周圣日、事假、病假、节日假期、年假，1965年《工厂法》第80条第（2）款也规定了每名工人有权享受14天的带薪病假。关于薪资，工人工资不得低于孟加拉国最低工资委员会规定的最低标准（目前为5300塔卡/月），但具体工资由劳资双方协商决定。关于外籍劳工，由于孟加拉国本土劳动力失业率较高，因此对外籍劳务需求极少，劳动法规定雇用外国人的企业必须在孟加拉国合法注册，外国雇员总数不能超过公司雇员总数的5%且雇用工种必须是孟加拉国所不具备该类技术的工种，不是特殊工种的外籍劳工难以获得当地政府的就业审批。孟加拉国《劳动法》还规定了雇员的安全和健康标准，如第56条禁止工作环境的过度拥挤，第116条规定所有工人都有权享有14天的全薪病假，雇主如果未能遵守这些保障措施的，将面临罚款（最高10万孟加拉国塔卡）或监禁（最高4年）。《劳动法》

---

① CHOWDHURY A M. Employee's Rights at Workplace in Bangladesh [EB/OL]. Irglobal, 2021-09-02.

还规定了最低工资标准制度，最低工资标准由政府根据《劳动法》第138条设立的工资委员会的建议、以行业为基础确立。根据政府的指示，全行业的最低工资标准每五年重新确定一次。最低工资标准对所有有关雇主均有约束力，违反最低工资标准要求的，可单处或并处以一年以下的监禁、最高5000塔卡的罚款。

2013年，孟加拉国拉纳广场（Rana Plaza）大楼工程倒塌，致使1300多名工人死亡，该事件后，孟加拉国政府承诺加强对工人基本权利的保护。承诺包括进行劳动法改革，使国内立法符合国际劳工组织的核心公约，加强建立和登记独立工会的制度，并确定雇主或官员承担法律责任。2013年的《消防和建筑安全协议》（Accord on Fire and Building Safety）是为了改善孟加拉国服装厂的条件形成的一项多方私人倡议，其由全球贸易劳工联盟（IndustriALL Global Union）和全球工会联盟（UNI Global Union）两个全球联盟及其在孟加拉国附属机构作为协议一方，200多个全球品牌作为协议另一方，双方共同签署，旨在改善约1800家供应商工厂的安全标准，这些工厂劳工人数约占孟加拉国服装劳动力的一半，其核心是建立工作场所检查制度，以检查和纠正工厂卫生和安全标准中的弱点。《消防和建筑安全协议》已获得诸多品牌的认可，这些国际品牌承诺：（1）要求其供应商工厂接受严格的消防安全检查；（2）接受公开披露其供应商工厂的检查报告；（3）要求其供应商实施必要的维修和翻新，以确保其工厂的安全；（4）向供应商支付足够的价格，使其能够支付必要的维修费用并以安全的方式运营；（5）停止与任何不符合上述任何要求的供应商进行业务往来。《消防和建筑安全协议》通过构建检查机构和制度，形成一个相对资源充足和独立的检查方案，并规定了工人的投诉程序，特别是规定了具有法律约束力的仲裁争端解决机制，且在仲裁裁决的执行上，规定任何仲裁裁决均可在签署者所在地的法院强制执行。当前，《消防和建筑安全协议》

的运作已在关注可持续和包容性发展的组织中得到广泛宣传，相比于自愿主义的企业责任模式，《消防和建筑安全协议》的核心特征是由全球工会联盟执行的基于威慑和法律制裁的监管，有明确的证据表明，该协定通过一种以威慑为基础的管理制度（具有法律约束力的有关安全要求的协议）和一项广泛的检查方案（包括对该方案的运作及其结果的后续行动和公开透明要求）改善工厂的安全，所以改进是由组织治理内部提供的对话机会推动的。尽管没有证据表明全球品牌、供应商工厂、政府和工会之间合作关系的加强，但全球工会联盟与非政府组织联合行动，通过消费者压力、公众关注的威胁以及用于执行仲裁和实现改进劳工环境的资源和能力，能够强制执行工人的优先事项，推动了全球品牌和供应商工厂提高健康和安全标准。[①]

第四节　斯里兰卡

斯里兰卡劳工法律制度的特点是制定了统一的《斯里兰卡劳工法典》（Labour Code of Sri Lanka），主要包括2021年《工人最低退休年龄法》（Minimum Retirement Age of Workers Act）、《劳资纠纷法》（Industrial Disputes Act）及其实施条例和程序规定、《职工会条例》（Trade Unions Ordinance）、《工资委员会条例》（Wages Boards Ordinance）、《国家最低工资法》（National Minimum Wage of Workers Act）、《工人预算救济津贴法》（Budgetary Relief Allowance of Workers Act）、《斯里兰卡外籍就业局法》（Sri Lanka Bureau of Foreign Employment Act）以及其他包括女性职工权益、工伤赔偿、公积金规范的法律规定。

---

① CROUCHER R, HOUSSART M, MILES L. Legal Sanction, International Organisations and the Bangladesh Accord [J]. Industrial Law Journal, 2019, 48 (4): 549-570.

在斯里兰卡，法律允许工人在没有事先授权的情况下组建和加入他们自己选择的工会。根据斯里兰卡法律规定，当工会代表某一企业40%的工人利益时，雇主才有法律义务与工会协商。如果工会三年内没有提交年度报告，劳工部有权取消其登记。除了警察、武装部队、监狱和基本服务外，所有工人都有罢工的权利。尽管法律禁止对罢工者进行报复，但实际上，员工有时仍会因为罢工而被解雇。工会活跃人士仍然受到骚扰、恐吓和其他报复行为的影响。[1]

斯里兰卡劳工法律注重保护劳工权益。其核心内容主要包含工资、薪酬、福利，职业安全健康和劳工赔偿、社会保险、妇女儿童保护、劳资关系、外国人就业等。在斯里兰卡，雇主和雇员需分别缴纳相当于雇员工资12%和8%的"雇员公积金"（EPF），此外，雇主还应缴纳相当于雇员工资3%的"雇员信托基金"。工龄超过5年的雇员在离退休时，雇主需按该雇员离职上月基本工资的50%与服务年限的乘积支付其退休金。[2] 斯里兰卡法律并没有明确规定劳动用工试用期限，但1958年《商店和办公室用工法令》（Shop and Office Employees Regulation of Employment and Remuneration Amendment Act）规定：雇主与劳动者订立劳动合同时应当明确约定用工试用期，并且在试用期间，雇主可以根据约定条件辞退劳动者。《劳动关系解除法令》第2条第1款规定，用人单位未经劳动者提前书面同意或劳动局局长书面同意的，不得与任何劳动者解除劳动关系。《全国最低工资法》第3条第1款规定，斯里兰卡各行业工人最低月工资标准为10000卢比，最低日工资标准为400卢比。

斯里兰卡劳工法律严格限制各类企业雇用外籍劳工。斯里兰卡是劳务大国，为了满足当地的就业要求，法律规定除特定行业外，基本上不

---

[1] GOV. UK. Overseas Business Risk - Sri Lanka [EB/OL]. GOV. UK, 2023-6-19.
[2] 中华人民共和国商务部. 对外投资合作国别（地区）指南：斯里兰卡（2022）[A/OL]. 中华人民共和国商务部，2023-03-29.

允许外籍劳工进入斯里兰卡的劳动力市场。如果外国人在斯里兰卡获得工作许可，应该遵守斯里兰卡关于外籍人员就业的相关规定。若雇用外籍劳工的公司违反外籍人员就业的相关规定，将会受到罚款、限期离境、限制入境等处罚。外籍劳工在当地工作应按照程序办理入境和居住签证手续，居住时间届满的，如果需继续在斯里兰卡工作，应由该外籍劳工所在的公司向有关部门申请续签。

第五节 尼泊尔

在尼泊尔设立企业并雇用员工的投资者将需要遵守尼泊尔的劳动法。尼泊尔具有完备的劳工法律体系。2017年尼泊尔修订了其《劳动法》(Labor Act)，并颁布了《社会保障法》(Social Security Act)，与原《劳动法》相比，新法更加注重保护当地劳动者的权益，其主要包括以下内容：一是规定企业根据需要聘用雇员或工人从事某一期间的特定工作，应签订包含具体报酬、工作期限和工作条件等内容的书面劳资合同。二是明确规定关于解聘和再次雇用的情形：（1）如需减产、减岗、关闭全部或者部分企业长达3个月以上的，经劳动与就业部下属的劳动雇用促进局批准后，雇主才可实施解雇；（2）根据前款解雇时，对连续安全工作1年以上者，要求首先解雇工作时间短的后解雇工作时间长的劳动者，并且解雇前要说明原因。除此之外，根据第1条进行解雇时还应当遵循特定的程序。三是详细规定了工资，政府根据最低报酬委员会建议，规定最低报酬标准，并在官方报纸 Nepal Rajaptra 上公布；雇主与工人、雇员不得签订报酬低于政府规定标准的协议；工人和雇员报酬支付的期限由雇主确定，可以按周或者按月支付；但是此规定不适用于零工以及合同工。企业和雇主不得随意克扣工人和雇员的报酬。四是规定了工时和加班，2017年《劳动法》规定工作日正常允许的工作时间为每天8小时，每周48小时，雇主可以决定开始和结束的时间，以及每周的假期（传统上是周六）；工人或雇员不应连续工作5小时以上，超过可停工休息；无法停工的企业，可以轮流休息，休息时间被视为工作时间的一部分；如工人或雇员自愿工作超过8小时/天或者超过了48小时/周，超过的时间按正常报酬的150%支付。五是规定了社会福利和社保基金，企业应为工人或雇员设立福利基金；工人或雇员因工伤不能工作或死亡的，其家庭应按规定得到补偿；工人和雇员必须享有奖金、社会保险和医疗补贴；除此之外，工人和雇员还享有公共假日、年假、产假、病假、带薪或不带薪休假等。① 除了上述权利外，新劳动法还规定，在特定情况下，雇员在提前7天通知雇主后，有权举行和平罢工。在雇员年龄方面，必须年满16岁才能被雇用就业，14岁以下的儿童在任何情况下都不能被雇用，14岁至16岁的儿童每天最多可工作6个小时。

2017年《劳动法》也倾向保护尼泊尔本国劳工工作权利，当地企业只能在尼泊尔公民无法担任技术职位的情况下雇用外国公民，同时根据加入世贸组织的协定，尼泊尔承诺允许15%的技术和管理职位由外国投资实体的外籍工作人员填补。如果外国人在尼泊尔获得工作，则需要根据《劳动法》第22条和第23条申请获得工作许可。但是如果获得了外交豁免权，或与尼泊尔政府签订了条约或协议，外国劳工可以不需要工作许可证入境。因此，在尼泊尔，任何单位（含外资企业）招聘、雇用职员或工人，尼泊尔人都有优先权；当尼泊尔人缺乏相应的专长或经验时，才能聘用外国雇员或工人；用人单位雇用外籍员工，应通过劳动雇用促进局为其办理工作许可证；企业解雇人员时，首先应解雇外国

---

① 中华人民共和国商务部. 对外投资合作国别（地区）指南：尼泊尔（2021）[EB/OL]. 中华人民共和国商务部，2022-03-29.

人而不是尼泊尔人；在尼泊尔工作的外国人需由用人单位为其到移民局申请和续签工作签证；在尼泊尔工作的外国人在劳动雇用促进局批准后可把收入所得的75%汇回本国。2017年《劳动法》还对解决与在外国注册的实体（但通过在尼泊尔的代表或雇用劳工在尼泊尔从事销售和市场活动）之间的争议作出规定，如果外国实体违反雇用协议的条款或法律的要求的，外国实体的代表或雇用的劳工可以向劳动局（Labor Office）或劳工法庭（Labor Court）提出申诉。2017年《劳动法》也规定了适用上的豁免，其不适用于公务员、武装部队等部门，也不适用于根据其他现行法律或经济特区成立的实体（前提是这些实体的服务条款和条件已在其他现行法律中涵盖）；工作记者也不受2017年《劳动法》的管辖，除非雇用合同明确规定了新法的适用性。

尼泊尔政府定期修改最低工资标准，通常每2~3年一次。任何雇员的工资不得低于最低工资标准。工资和福利一般是基于代表工人的工会和管理层之间达成的集体谈判协议。最低工资包括基本工资和生活津贴，两者都由政府决定。工资可以按单周、两周或月支付，但支付之间的期限不得超过一个月。男女工人有权享有同酬。雇主除了支付工资外，还可以支付津贴，如交通津贴、医疗津贴和房租津贴，但这种津贴的支付并不是强制性的。尼泊尔宪法和法律规定了组建工会的权利，工人和其他非管理层雇员可以成为工会的一部分，工会可以按照规定的程序提出索赔或要求、进行集体谈判或罢工；雇员可以举行罢工，要求雇主通过双边谈判来解决这些问题。同样，按照法律框架举行抗议的工人，即使没有参与工作也可得到半天的工资，尼泊尔劳动法律和规则还规定了解决工作场所冲突的程序。[①] 根据尼泊尔2017年《劳动法》，雇主在保障员工安全与健康方面有一定的责任，雇主应根据法规或指令制

---

① Goverment of Nepal, Official of the Investment Board. Nepal Investment Guide 2018 [M]. Kathmandu. Government of Nepal, 2018：19.

定安全与健康政策,并在劳动局进行登记。如果有 20 名或 20 名以上工人从事工作,雇主应组成一个由工人代表组成的安全与健康委员会。2017 年《劳动法》对违反该法的行为规定了更严厉的制裁,制裁措施包括单处或并处罚款与监禁,施加制裁的权力取决于违法行为的性质。在尼泊尔,工会隶属于政党,甚至隶属于政党内部的派系——不可预测的大罢工会带来商业风险,同时针对外国工人的移民法和签证政策并不友好,低效的政府官僚程序、公务员的高流动率以及腐败等也加剧了外国人在尼泊尔工作的困难度。[1]

第六节 马尔代夫

马尔代夫的雇用关系受 2008 年《就业法》(Employment Act)和个人雇用协议的约束。马尔代夫的劳工法律较为系统和完善,主要体现即是《就业法》,其适用于所有雇员,不论其就业来源、雇主的规模或商业组织的类型。2020 年 9 月 6 日马尔代夫议会通过了(2020 年 9 月 22 日得到总统批准)马尔代夫《就业法(第六修正案)》(Sixth Amendment to the Employment Act),对最低工资、法定休假、解雇雇员、就业法庭的运行、违法行为的处罚等作了额外规定。与之前的《就业法》相比,新修正案更注重保护员工权利及本国公民就业,比如,所有雇主必须在修正案生效后的 3 个月内向所有雇员提供签署的书面雇用协议及授予所有员工 30 天带薪病假;[2] 新员工入职时,雇主必须与其签订雇

---

[1] U. S. Department of State. 2021 Investment Climate Statements: Nepal [EB/OL]. U. S. Department of State, 2021.

[2] The President's Office. President Ratifies Sixth Amendment to the Employment Act [EB/OL]. Public Maldives –The President's Office, 2022-09-22.

用协议，否则可能面临罚款；新员工的试用期不得超过三个月，且雇员在此期间享有充分的权利等。[①]《就业法》还规定了雇员的最低隐含权利、最低保障权利和保护，包括不受不公平待遇和不公平解雇的权利。

《就业法》由基本原则、未成年人就业、就业协议、职业道德与解雇、工作时间、休假权利、薪酬、外国人就业等15章组成。该法主要内容如下：一是关于劳动者的权益。该法确定了与马尔代夫就业有关的基本原则，雇主和雇员的权利和义务，比如，劳动者不应被强制劳动和受到歧视，劳动关系管理局和就业法庭对劳工的这些权利予以保护。二是关于雇用合同、解雇。雇用合同需包括雇员基本信息、雇用性质、合同生效日期、工资及津贴、绩效工资计算办法、发薪日、解雇方式等。雇主一般不得解雇雇员，除非雇员有明显过失。三是关于工作时间。除去加班，雇员每周工作时间不超过48小时，每周不超过6天（度假村工作等除外），在每个祈祷时间段内需要给雇员至少15分钟的祈祷时间。四是关于加班，若需要雇员加班，雇主必须在雇用文件中写明，并且工作日加班的，加班工资为时薪的1.25倍，在周五及其他节假日加班，加班工资为时薪的1.5倍；五是关于工资。除临时雇员外，其他雇员每月至少付1次工资，临时雇员通常按天支付工资。值得注意的是，该法并未规定雇主必须为雇员缴纳社保基金。[②]

在外籍雇员方面，《就业法（第六修正案）》废除了原《就业法》第53条，修正案要求雇主为外籍雇员开设银行账户，将款项以现金或支票的形式存入银行，并通过银行账户向外籍雇员支付所有款项，以保障外籍雇员的权利。马尔代夫的劳工法律限制外籍劳务的输入。根据修

---

① GPS Team. Changes to the Employment Law in the Maldive [EB/OL]. Globalpeoplestrategist, 2021-04-19.
② 中华人民共和国商务部．对外投资合作国别（地区）指南：马尔代夫（2021）[EB/OL]．中华人民共和国商务部，2022-03-29.

正案，马尔代夫相关部委有权通过颁发配额、雇用外国公民的许可证和工作许可证，允许外国公民在马尔代夫居住就业，并规定了发放配额的条件和规则以及开始实施的日期。同时，来自一个国家的员工人数上限为 10 万人；如果目前获准在马尔代夫工作的雇员人数超过这一限制，则应在修正案生效后 3 年内将雇员人数减少到 10 万人。[①]《就业法（第六修正案）》除了规定每个国家的外国工人人数上限外，还要求马尔代夫本国公司优先考虑本国公民的就业和培训机会。除《就业法》外，马尔代夫并未颁布专门的法律对外籍劳务人员进行规范，对外籍劳务人员的管理主要体现在政府规章中。2011 年马尔代夫颁布了《外籍人员就业条例》（Expatriate Employment Regulation），2015 年 1 月 4 日和 10 月 25 日分别通过了该条例的第一和第二修正案，2016 年马尔代夫再次对该条例进行修正，于 2 月 23 日颁布第三修正案。该条例规定，未经马尔代夫移民局和外国就业司许可，任何外国人不得在马尔代夫工作，只有那些需要具备技术或管理方面技能的岗位才可能获得工作许可。马尔代夫政府还规定，外国人如果持旅游签证入境，不允许未经许可从事任何职业。总体而言，马尔代夫对外籍劳务人员的管理越来越规范，越来越注重保护本国就业。因此，尽管马尔代夫实行灵活的劳动力市场政策，并除少数受保护的职业外，允许招聘外国人才，但是其法律政策原则上鼓励雇用马尔代夫本国公民，根据《就业法》，任何优先雇用马尔代夫人而不是外国人的做法都不被视为歧视。

此外，马尔代夫《宪法》第 30（b）（1）条允许成立工会并开展工会活动，工人协会和雇主协会目前根据《协会法》（Associations Act）进行登记，这些协会没有参加集体谈判的法律权利。此外，《就业总条例》（General Regulation on Employment）、《最低工资法令》（Minimum

---

[①] CTL Strategies. An Overview of the Sixth Amendment to the Employment Act [EB/OL]. Atlstrategies，2020-09-29.

Wage Order)、《服务费条例》(Service Charge Regulation)、《就业机构条例》(Employment Agencies Regulation)、《劳资纠纷解决条例》(Resolution of Disputes between Employers and Employees Regulation)、《马尔代夫养恤金法》(Maldives Pension Act) 等也规定了企业应遵守的劳动法律制度。

本章小结

一、提升企业合规意识与合规能力构建

由于劳务人员在投资目的国当地提供劳务，境外投资企业须遵守目的国当地的劳动法律规定，尤其在最低工资、工作时间、休息休假、劳动安全卫生、签证管理等基本方面不得违反当地的标准性规定，否则可能面临高额的赔偿金、罚金等，甚至面临刑事风险，如孟加拉国法律规定未能遵守劳工工资、福利等保障措施规定的，将面临罚款或监禁。因此，南亚投资企业在境外用工的过程中应深入了解目的国当地的劳动法律规定，并严格遵守当地的用工管理规范，减少、避免违反当地法律法规所引起的法律风险。[①] 同时，企业不仅要了解投资目的国中央层面的劳动立法，还应对投资项目所在地方层面的劳动立法、政策和实践有充分调研。

在合规能力建设方面，南亚投资企业应注意一些特殊规定，典型的是南亚一些国家对外籍劳务人员的数量有严格限制，或者要求聘用当地

---

① 张根旺，李旭．中国企业海外投资用工风险控制［EB/OL］．中伦律师事务所网站，2020-08-10．

劳工的数量达到一定比例,如尼泊尔和马尔代夫的劳动法律制度。因此,企业必须明确知晓投资目的国对外籍员工的管理和劳工配额政策的规定。同时,企业应区分对"工人"和"非工人"聘用人员的管理制度和所适用的法律制度。

二、注重维护劳工权益

中国企业在南亚投资过程中,应推进企业本地化建设、平衡中国等外籍劳工和当地劳工的雇用比例,妥善处理好工作人员的待遇和福利事宜,尊重员工的风俗习惯。中国境外投资企业在境外用工过程中往往存在一些问题,一是在管理和经营中对"本土化"认识不足,习惯雇用、派遣和重用中国员工,或缺乏具有全球视野、跨国管理经验和跨文化管理能力的国际化人才,照搬国内管理做法,造成企业在治理结构、决策机制、内部部门设置、企业文化建设等方面均不能与当地有效融合。二是习惯于以中国劳工法律制度和劳工执法模式推导境外投资劳工法律制度,并进行合规化管理,这种做法通常忽视了投资国当地的劳动法律与我国的劳动法律存在较大差异;一些国家工会的作用十分强大,并有权参与职工福利谈判,而企业在国内投资则不会面临类似的问题。如在印度,当地高层员工维权意识很强,每个企业、行业、区域都有其相应的工会组织,印度劳工非常依赖工会,并常常通过工会与雇主进行谈判。三是缺乏进一步对劳工的保护,南亚国家面临的国内秩序不稳定、极端民族主义等形势严峻,社会治安状况存在一定问题;同时,一些工程项目实施的自然环境往往较为恶劣,容易发生地质灾害等自然灾害,给工作人员造成生命健康威胁。

因此,中国境外企业的应对策略可以包括:首先,做好前期调查,提前向当地的专业律师咨询,并请当地律师协助制定合规的人力资源管理方案,员工招聘、签署劳动合同、用工管理及解除劳动合同过程中均应严格遵守投资国当地的法律规定，充分了解和利用投资目的国的劳工争议解决机制化解争议，避免因违反投资国当地的法律规定而引发法律风险。其次，考虑我国境内劳动力成本不断提高，加之投资国对于本国就业的保护力度不断加大，从成本和便利性角度分析，境外中资企业还应充分利用投资国当地的劳务资源，在投资国当地招聘劳动力。如在巴基斯坦三峡集团雇用当地工人有4万多人，华为雇用当地工人有2万多人，两公司合计雇用了近7万巴基斯坦工人。最后，处理好与工会等工人组织间的关系，及时与工会、员工等进行沟通协商，尊重员工文化习俗，防范因工资福利待遇、公司规章制度等问题带来的罢工等风险。注重对员工保险、福利等方面的投资，尤其是面对恐怖袭击、地质灾害等造成的员工死伤事件，应注意通过保险等机制转移风险。

第五章

南亚国家知识产权法律制度及风险防范

关于知识产权与企业境外投资之间的关系，有两个重要问题需要注意。一是，南亚各国多是被严重的社会经济问题所包围的发展中国家，尽管近年来情况在逐渐改变，但知识产权或版权等问题在南亚国家仍经常被忽视。各国有将本国知识产权保护力量建立在本国因素基础上的自由，基于此很少有人认为保护知识产权能解决发展中国家的问题。因此，人们对保护知识产权重要性的看法也趋于两极分化：一方面，人们认为加强知识产权保护可以鼓励创新、技术扩散和发展；另一方面，强化知识产权保护导致知识产权权利人垄断权力，降低创新动机，限制知识的传播。[1] 因此，南亚国家在诸多社会问题、经济发展问题尚未得到有效解决的情形下，知识产权保护意识普遍缺乏、知识产权保护法律制度不完善、知识产权执法不严，知识产权侵权成为一个普遍的现象。因此，我国企业必须充分利用南亚各国知识产权法律制度维护合法权益。

二是，知识产权在国际投资中的法律地位问题。知识产权在境外投资中可被作为一种"投资"资产，在境外投资法律保护方面，需要考虑该知识产权是否满足作为"投资"的条件，受到投资条约保护的范围和程度，以及是否属于投资仲裁庭管辖范围，而两者在形式上，均指向双边投资条约和东道国国内立法。《中巴投资协定》第1条规定了"著作权，工业产权，专有技术，工艺流程"属于"投资"范围；且仲

---

[1] AHMED R. Difficulties of Enforcement of Intellectual Property Rights in Bangladesh and Recommendations Their on [EB/OL]. Lawhelpbd, 2017-06-05.

裁庭也已经确定了评估投资的最重要标准，即"萨利尼测试"（Salini test），主要关注对东道国的贡献、期限、风险和经济发展。因此，一项知识产权投资受到投资条约保护或属于投资仲裁的管辖范围，首先必须受到投资条约或东道国国内投资法律制度和知识产权法律制度的保护。将知识产权作为一项投资进行评估必须参考国家法律，因为知识产权是属于领土的，与之相关的权利和义务来源于国家知识产权立法。基本上，只有那些受到国家制度"保护"的知识产权才应被视为投资。[①] 因此，对于投资目的国知识产权法律的研究甚有必要。

第一节 印度

印度对知识产权的保护历史悠久，在独立前受英国法律的影响颁布了1911年《专利和设计法》、1914年《版权法》等；在独立后相继颁布一系列知识产权保护法律规范，后经过多次修订，逐步发展成为现行的知识产权保护法律体系。

版权保护方面，印度1957年《版权法》（Copyright Act）和2013年《版权规则》（Copyright Rules）是印度版权保护的主要法律制度，其中计算机软件和程序、数据库被视为文学作品并受《版权法》保护。此外，印度是《保护文学和艺术作品伯尔尼公约（1971年版）》《世界版权公约》《避免对版权使用费双重征税多边公约》《与贸易有关的知识产权协定》等的缔约国。印度《国际版权令》中所列国家的作品的版权在印度受到保护，与印度作品享有同等待遇。如外观设计有资格

---

① UPRETI P N. The Role of National and International Intellectual Property Law and Policy in Reconceptualising the Definition of Investment [J]. International Review of Intellectual Property and Competition Law, 2021, 52: 103 – 136.

根据《外观设计法》（Designs Act）注册登记但未注册登记的，仍可根据该法要求对设计的版权保护。然而，在这种情况下，保护是有限的，一旦设计应用超过50件工业物品，该外观设计将会失效。印度版权保护的救济措施包括民事救济（禁令、损害赔偿、交付和销毁侵权副本等）、刑事补救措施（监禁、罚款、没收侵权复制品以及将侵权复制品交付给所有者）、边境执法（禁止进口侵权物品）。版权所有者可以提起侵权诉讼以寻求救济。

就专利保护而言，《专利法》的保护对象仅包括发明。[①] 实用新型、外观设计以及电脑软件等则由其他专门法规进行保护。以电脑软件为例，2016年2月颁布的《计算机相关发明审查指南》规定，由于软件是《版权法》的保护对象，为促进印度初创企业的健康发展，便不再对电脑软件专利进行法律保护。[②] 专利申请程序包括提交申请材料、公示、审查、授权或驳回以及专利授权后的异议。具体而言，申请材料主要包括申请表、说明书、宣誓书以及图示，其中说明书分为简明版本与完整版本，申请人可择一提交，如果选择提交简明版本，则可以在简易说明书提交后1年内再次提交完整版本。[③] 公示程序的时间为自申请提交之日起18个月后，其目的在于方便公众对此提出相关异议；申请审查的期限为自申请提交之日起48个月内。审查流程主要包括形式审查、实质审查、申请人答复、再次审查等方面，由于《专利法》详细列明了不授予发明专利权的情形（包括发明不具有意义、发明明显有悖于自然法则，以及发明用途违背公序良俗等），因而上述情形成为是否予

---

① 发明是指具有创造性并具有产业利用价值的新颖产品以及该产品的生产过程或方法。
② 徐英祺，杨志萍. 中国在印度经济活动知识产权风险识别与防控研究［J］. 南亚研究季刊，2018（2）：78-83.
③ 如果完整的专利说明书内容涉及发明的改进，那么发明该专利申请人或权利相关人有权向审查员提出增补专利的申请。

以授权的考虑因素。若经审查发现申请材料存有异议，有关部门会出具审查报告且申请人需要对报告内容予以回应，不服报告内容的可以申请召开听证会，最终专利局会依据审查的情况作出驳回申请或给予专利授权的决定。若申请人对专利局的驳回决定不服，有权上诉至知识产权上诉委员会。在专利公告期间，若对取得专利授权的发明存有异议的，可在专利公告1年内提出，如果该异议成立则被授权的专利应予以撤销。若多人对同一发明申请专利，则按照"先发明原则"将专利授予最先发明的申请人。在获得专利授权后，专利权人或专利许可使用者有义务提交专利实施报告①以反映相关专利的实施情况。如果3年内消极履行或不履行该义务，则会视情节严重程度予以惩罚。例如，2005修订后的《专利法》第122条规定，对于拒绝提交或未能提交所要求的信息或报告的权利人可处100万卢比以下的罚款。若知道或应当知道提供的信息或者报告是虚假的，则可处6个月以下的有期徒刑或罚款（二者可并罚）。

此外，印度出于"公共利益"与"公共健康"的考虑，对生物医药专利的保护力度很低。印度对跨国制药企业的专利采用严格的解释标准并运用强制许可条款约束其对专利权的主张，为本国制药企业仿制他国药品提供理论和法律依据。② 例如，在抗癌药物多吉美（Nexavar）专利强制许可一案中，印度本国仿制药企业Natco公司依据德国拜尔公司（该药物专利权人）提交的专利实施报告分析了该药品的供需数据后，认为拜尔公司在印度对该药的销售少且价格高，导致"社会公众的合理需求未得到满足"。而后印度知识产权局经审查批准了强制许

---

① 专利实施报告制度要求专利权人或被许可人在规定的时间内或在知识产权局要求的时间内，向知识产权局汇报其专利的实施状况，核心内容是专利实施的信息或未实施的理由。
② 余成峰.分裂的法律：探寻印度知识产权谜题［J］.学海，2018（3）：168-175.

可，使得 Natco 能够合法地仿制该抗癌药物。① 与之相反的是，印度对版权进行严格的保护，以促进本国 IT 产业的高速发展和争取更多国际软件外包市场空间。例如，印度修订后的《版权法》将计算机软件纳入文字作品范畴进行保护，并对使用盗版软件进行严厉处罚。若行为人非法复制计算机软件并使用的，可处以 7 日以上 3 年以下有期徒刑，并可处以 5.5 万卢比以上 2000 万卢比以下的罚金。② 印度国家软件和服务公司协会也推动与协调了印度对软件的知识产权保护，促进了软件发展扶持政策的出台，在提升印度本国软件企业的管理与质量等方面发挥了重要作用。③ 除了计算机软件，印度对电子签名、电子数据、计算机系统、计算机网络、网络安全等信息技术的保护力度也很大，制定了专门的《信息技术法》，连同其他法律法规共同保护信息技术。④

印度《商标法》对商标的颜色种类有一定要求，即商标的全部或者部分必须具有两种以上的色彩，相关法律内容还对注册商标的构成要素予以明确规定。例如，在相同或近似的商品上与在先注册的商标相同或近似的，欺骗消费者或易让消费者混淆的，在本国境内违背公民宗教信仰的均不可被注册。如果某一要素并非不可注册或限制注册，则系可注册商标的构成要素。由于印度的商标注册簿有"A""B"之分，因而在申请商标注册时还需要留意哪些要素可以在"A 簿"进行注册，哪些要素可以在"B 簿"进行注册。例如，文字、图形或其组合，个

---

① 朱雪忠，王彤，漆苏. 印度专利实施报告制度及其对我国的启示 [EB/OL]. 中华人民共和国国家知识产权局，2015-12-29.
② 余成峰. 全球化的笼中之鸟：解析印度知识产权悖论 [J]. 清华法学，2019，13 (1)：50-63.
③ 詹映，温博. 行业知识产权战略与产业竞争优势的获取——以印度软件产业的崛起为例 [J]. 科学学与科学技术管理，2011，32 (4)：98-104.
④ 中华人民共和国商务部. 对外投资合作国别（地区）指南：印度（2022）[A/OL]. 中华人民共和国商务部，2023-03-29.

人、公司或企业名称，具有显著性的标志等均可不提供使用证据而在"A簿"获得注册；而由4个商标文字或数字或其组合构成的商标，四个英文字母或数字所组成的臆造词，极少使用的姓氏名称等均可不提供使用证据，可在"B簿"获得注册。无论申请人最终是否成功在A簿获得注册商标，其均有权在B簿申请注册。① 最后，关于商标的申请，有关法律就申请人资格、申请材料、申请程序等方面作出了详细规定。印度对申请人资格的认定十分宽泛，任何在印度境内使用或打算使用商标的人均有权申请商标注册。如果对同一商标有两个以上的申请人且该商标的使用需经全体申请人的同意，则可将其作为共同申请人。申请材料主要包括申请人的姓名、国籍及地址，申请商标注册的产品或者服务清单及其相关类别，预注册商标的电子版本，首次使用日期及委托书②等。若申请人为外国人，还须提供印度本地的通信地址。申请程序大致包括申请、审查与公示三个阶段。在申请阶段，需要提交相应的资料及申请书，获得申请回执和申请号。审查阶段包括形式审查与实质审查，形式审查侧重于申请文件的格式是否与官方要求相符，实质审查则侧重于申请内容是否属于不可注册商标的构成要素、是否违反《商标法》禁止性条款、是否与在先注册商标近似等方面。若商标未通过审查，审查官需书面告知申请人并说明理由，申请人在收到通知后的3个月内有权提交复审。③ 若商标通过审查，商标注册局会出具验收函并将申请注册的商标予以公示，若在4个月的公示期内未收到异议，则发放注册证书。由此可见，商标的注册是一个程序琐碎且耗时较长的过程，为了缩短商标注册的时间，申请人可另行缴纳费用以加快商标审查程序。商标

---

① 即若在A簿未取得注册的商标，可在B簿申请注册；在A簿取得注册的商标，也可同时申请在B簿取得注册。
② 中国申请人需委托当地代理组织提交商标注册申请，因此，需要提供申请人签署的委托书。
③ 如果申请人未申请复审，则视为其放弃申请，申请号与申请日期将会清除。

注册后，其有效期为自递交申请之日起 10 年，申请人在缴足相应费用的前提下，有权每 10 年申请更新有效期限。①

印度还是世界知识产权组织的成员国，加入了《保护工业产权巴黎公约》《专利合作条约》以及《商标国际注册马德里协定》等国际条约。印度涉及知识产权的管理部门主要为印度专利、设计及商标管理总局和印度版权局。前者主要负责专利、设计、商标及地理标志的申请、审查、核准等事务，后者主要负责版权的登记注册、证书发放、版权案件行政申诉等事务。此外还有印度知识产权申诉委员会、印度警察局以及民间行业管理社团等参与管理知识产权。并且，专门法庭、各邦和直辖区的高等法院、印度最高法院组成了印度的知识产权司法体系，解决有关知识产权的纠纷。②

印度对知识产权侵权行为的规制包括民事、刑事以及行政方式。在民事规制方面，法院可以依申请突击检查侵权人的所有文件以保全证据；法院还可以依申请在判决作出前发布临时禁令，临时采取扣押、封存、冻结等措施以防止被告逃避法律责任，若法院判定侵权行为成立，侵权人还可能承担赔偿损失、返还利润等责任。在刑事救济的情况下，权利人或授权代表可以向当地警察当局提出正式投诉，告知其权利受到侵犯，或直接向治安法官提起刑事诉讼，以便主管法院可以指示警察当局进一步调查涉嫌侵权事件（刑事救济可被视为民事诉讼的替代方法）。在行政方面，较为典型的是通过印度海关阻止进口货物对知识产权的侵犯，版权所有者或其正式授权的代理人可以通知海关当局暂停对进口侵权产品的清关。根据印度 2007 年《知识产权（进口商品）执行

---

① 中华人民共和国商务部. 对外投资合作国别（地区）指南：印度（2022）[A/OL]. 中华人民共和国商务部，2023-03-29.
② 中华人民共和国商务部. 对外投资合作国别（地区）指南：印度（2022）[A/OL]. 中华人民共和国商务部，2023-03-29.

规则》[Intellectual Property Rights（Imported Goods）Enforcement Rules]，知识产权所有者可以在印度边境实施其权利，即通知海关当局对假冒商品的进口商采取行动，海关保护期为自海关备案之日起或知识产权登记有效期届满之日起五年，以较早者为准，五年期满后，权利人必须重新提交通知。此外，在版权侵权诉讼到达法院之前，存在一种替代性的争议解决制度，即当事人之间的调解。根据2018年《商业法院、商业法庭和高等法院商业上诉法庭（修正案）法》[Commercial Courts, Commercial Division and Commercial Appellate Division of High Courts（Amendment）Act]第12条，价值300000卢比（约4150美元）或以上的商业诉讼，包括版权侵权诉讼，不考虑任何紧急临时救济，除非原告用尽了机构前调解的救济，否则不得提起诉讼。在需要限制相关侵权行为的紧急情况下，印度法院会综合评估表面证据、不可挽回的损害和便利平衡，单方面发出临时禁令。

印度知识产权上诉委员会（Intellectual Property Appellate Board）成立于2003年，负责审理因商标和地理标志引起的上诉和权利撤销事宜（在上诉委员会之前，此类案件由法院审理）。2005年《专利（修正案）法》[Patents（Amendment）Act]将专利纠纷的上诉和撤销管辖权赋予知识产权上诉委员会和高等法院，2007年，知识产权上诉委员会成立专利法庭，专利相关案件由知识产权上诉委员会单独审理。2021年4月，印度中央政府颁布了《法庭改革（合理化和服务条件）条例》[Tribunals Reforms（Rationalisation and Conditions of Service）Ordinance]，废除了印度知识产权上诉委员会，使知识产权诉讼程序恢复到2007年之前（《专利[修正案]法》）和2003年之前（商标和地理标志）的状态。这导致已经负担过重且缺乏专门知识产权法庭的高等法院承接了知识产权上诉委员会的权力，承担了审理知识产权上诉和撤销诉讼的额外负担，但知识产权诉讼通常涉及需要专门技术和司法审查的问题，而这在早期是通过知识产权上诉委员会的司法成员和技术成员组合审理来应对的。因此，印度取消知识产权上诉委员会的做法被批评为是一种倒退，因为专业法庭对复杂专业问题的裁决往往更为高效和一致、成本更低，而高等法院审理存在拖延、决定相互冲突等问题。不过，知识产权上诉委员会的废除却促进了印度在知识产权方面的重大改革，即建立专门的知识产权法院，如2021年7月德里高等法院首次设立了一个知识产权部门，处理与知识产权有关的所有事项。①

第二节　巴基斯坦

巴基斯坦有关知识产权的法律制度主要包括版权、专利、商标等方面的法律，商标方面包括2001年《商标条例》（Trade Marks Ordinance, 2001）和2004年《商标规则》（Trade Marks Rules），巴基斯坦的商标注册处不仅是巴基斯坦知识产权组织处理商标注册登记的专门机构，负责贸易和服务商标的注册工作，也是联邦政府机构，管辖权涵盖巴基斯坦境内，且作为一个民事法庭，商标注册处的判决可向省高级法院提出上诉。随着2001年《商标条例》的颁布，商标注册处承担了一项新任务，即通过各种宣传方式提高大众对知识产权重要性的认识。

专利是对一项发明授予制造、使用和销售该发明的专有权。在巴基斯坦，专利保护的主要法律制度包括2000年《专利条例》（The Patents Ordinance）和2003年《专利规则》（Patents Rules）。注册专利的保护期限为自申请注册之日起20年，从实际授予专利开始。专利持有人可以在知识产权法庭对任何非法制造、销售、使用其正式注册专利或伪造

---

① LexOrbis. India: Patent Litigation 2022 [EB/OL]. Chambers and partners, 2022-02-15.

专利的人提起侵权诉讼。此外，在某些情况下，专利也可能由专利负责人执行。在涉及巴基斯坦专利侵权的诉讼中，法院可以授予损害赔偿、禁令。巴基斯坦对专利的创造性①、工业应用性及新颖性有一定要求，只有满足以上特征才能顺利进行专利申请。同时巴基斯坦进一步对专利申请及相应惩罚措施等作出了具体规定。若在巴基斯坦申请专利，需经历提交申请、主管部门审查核准、授予专利这三个程序。在申请阶段，需要缴纳专利申请的相关费用并将申请书、委托书（如有）、专利说明书等材料交由巴基斯坦知识产权组织下设的专利办公室进行审查核准。外国人申请专利时需注意，由于巴基斯坦并未加入《专利合作条约》，因此无法通过条约规定的其他途径递交专利申请。此外，还需提交授予的专利副本或任何影响外国申请的最终决定的文件副本等材料。② 若主管部门对申请不予通过，有权要求申请者对申请材料进行补充或修正；若主管部门通过专利申请，则需要在官方公报中公开受理通知并最终发放专利证书。如果某一专利已获得法律保护而另一项发明是对其的改进，则原专利权人有权申请增补专利③。在整个申请过程中，若申请材料系伪造或专利内容涉及军事机密的，将面临2年以下有期徒刑或2万卢比以下罚款（二者可并罚）。此外，举报不实或冒充专利产品的，将面临5000卢比以下的罚款。专利代理人没有进行注册的，首次违反的可处2.5万卢比的罚款，非首次违反的每次可处10万卢比的罚款。④

巴基斯坦在工业设计的保护方面的主要法律依据为2000年《注册

---

① 例如，改变尺寸、增加便携性、材料变化、仅替换等效部分或功能等均认定为不具有创造性。
② 中国知识产权报. 企业在巴基斯坦如何保护知识产权［EB/OL］. 中国知识产权资讯网，2020-01-06.
③ 基本专利如果被撤销，则法院或专利主管部门（视情况而定）可以将其增补专利转变为独立的基本专利而继续有效。
④ 中华人民共和国商务部. 对外投资合作国别（地区）指南：巴基斯坦，（2022）［EB/OL］. 中华人民共和国商务部，2023-03-29.

外观设计条例》（Registered Designs Ordinance），此外，1940年《商标法》（Trade Marks Act）、1962年《版权条例》（Copyrights Ordinance）、1957年《巴基斯坦名称和标志（防止未经授权使用）法》［Pakistan Names and Emblems (Prevention of Unauthorized Use) Act］等也有关于工业设计的规定。任何因侵犯其注册设计而遭受损害的人都可以在知识产权法庭对侵权人提起诉讼。注册外观设计所有人可获得的救济包括禁令和损害赔偿。

商标法律制度方面，主要法律规定为2001年《商标条例》（Trade Marks Ordinance）和2004年《商标规则》（Trade Mark Rules）。注册商标的所有人可以就其注册商标的侵权行为向知识产权法庭提起诉讼，在《保护工业产权巴黎公约》条款中属于"驰名"商标的商标所有人也有权通过禁令限制在巴基斯坦使用与该驰名商标相同或相似的商标。巴基斯坦对商标申请及相应惩罚措施等作出了具体规定。申请该国国内商标的流程主要包括提交申请、受理、审查、公告、核准以及发放证书。在提交申请阶段，应向巴基斯坦知识产权组织商标注册处提交申请书、商标图样等资料并缴纳申请费用。申请材料递交后，主管部门会对申请要求、分类信息等进行形式审查以作出是否受理的决定。在主管部门受理申请后，则会对商标是否具有显著性、是否违反禁止性条款以及是否与在先商标权利相冲突等进行实质审查。经审查未通过申请的，则会将驳回通知书交至申请人处，由其在规定期限内作出答复；若通过申请则需发布相关公告以便相关权利人在规定的期限内[1]提出异议。在公告期内无人提出异议或者提出的异议仍不成立的[2]，则应下发商标注册证书。在商标注册的过程中，如果申请材料系伪造还继续申请商标注册的，可

---

[1] 异议期通常为自公告之日起两个月，异议期可延期两次，每次一个月。
[2] 异议是否成立主要考虑商标是否具有显著性、是否与在先权利相冲突（如在先已获得注册商标）、是否系恶意注册等方面。

单处或并处3个月以上2年以下的有期徒刑、5万卢比以上的罚款；在商标注册后非法使用该注册商标的，惩罚措施与前者相同，但若两次非法使用的，则可单处或并处半年以上3年以下有期徒刑、10万卢比以上的罚款；行为人用非注册商标冒充注册商标的，可单处或并处1个月以上半年以下的有期徒刑、2万卢比的罚款。

在版权方面，自1947年独立以来，巴基斯坦一直采用的是1911年《英国版权法》（British Copyright Act），此后，巴基斯坦颁布了1962年《版权条例》、1967年《版权规则》（The Copyright Rules）并启动了版权登记注册工作，后于1968年颁发《国际版权命令》（International Copyright Order）等。版权是一种具有法律意义的文书，它为艺术作品、文学作品，或其他传递信息或思想的作品的创作者，提供了控制他人如何使用该作品的权力；通过给予作品作者经济上的激励来创作新作品，从而促进知识的进步。版权的保护可以通过向知识产权法庭提起诉讼的方式在巴基斯坦强制执行。在涉及侵犯巴基斯坦版权的诉讼中，法庭可以就任何权利的侵犯给予损害赔偿、禁令等救济。就设计与版权而言，巴基斯坦也对相应的侵权行为规定了处罚措施。例如，在申请注册的过程中提交伪造材料的或非法使用已经注册的设计的，可单处或并处2年以下有期徒刑、2万卢比以下的罚款。未经著作权人许可而对作品进行改编、翻译，或制作、出售盗版音像产品的，可单处或并处3年以下有期徒刑、10万卢比的罚款。①

2020年巴基斯坦通过了《地理标志（注册和保护）法》［Geographical Indications (Registration and Protection) Act］以及《商品地理标志（注册和保护）条例》［Geographical Indications of Goods (Registration and Protection) Rules］，填补了巴基斯坦在地理标志保护方面的立

---

① 中华人民共和国商务部．对外投资合作国别（地区）指南：巴基斯坦，（2022）［EB/OL］．中华人民共和国商务部，2023-03-29．

法空白。此外，巴基斯坦还加入了《建立世界知识产权组织公约》《伯尔尼保护文学和艺术作品公约》《保护工业产权巴黎公约》《与贸易有关的知识产权协定》等国际条约。2021年2月24日，巴基斯坦加入了《马德里议定书》，从2021年5月24日起，巴基斯坦的品牌所有者可通过马德里体系在巴基斯坦和全球注册和保护商标；同时，使196个不同成员国的企业，特别是出口商的商标得到保护，在巴基斯坦经商或计划进入该市场的外国公司只需提交一份国际申请便可使其商标在巴基斯坦得到保护，极大降低了知识产权保护成本。

在组织构架上，根据2005年巴基斯坦《知识产权组织条例》，巴基斯坦成立了新的巴基斯坦知识产权组织，该组织作为一个自治机构，在内阁部门的行政控制下，负责在该国整合和高效管理巴基斯坦知识产权，促进知识产权得到更有效的保护；2016年，该组织的行政控制权由内阁部门转移至商务部门，同时巴基斯坦商标注册处、版权局和专利与设计局成为该组织的一部分统一管理。巴基斯坦知识产权组织的主要职责包括：管理和协调政府保护和加强知识产权的各项制度、管理全国知识产权办公室、构建与提升知识产权意识、就知识产权政策向联邦政府提供建议、通过指定的知识产权执法机构（警察、联邦调查局和海关）确保知识产权的有效执法。根据2012年《知识产权组织法》（IPO Act, 2012）规定，2001年《商标条例》、1962年《版权条例》、2000年《专利条例》、2000年《注册外观设计条例》《2000年集成电路设计条例》（The Registered Layout-Designs of Integrated Circuits Ordinance）以及1860年《巴基斯坦刑法》（Pakistan Penal Code）第478~489条规定的任何违法行为将由专门法庭审理。根据这些规定，巴基斯坦在卡拉奇、拉合尔和伊斯兰堡设立了三个知识产权法庭，专门审理在巴基斯坦违反知识产权法律的案件，包括侵权案件。在知识产权方面，授予知识产权法庭行使此前由地区法院或高等法院行使的所有权力。

整体来看，巴基斯坦的知识产权法符合国际标准，但法律不能有效执行仍是知识产权保护的严重障碍，① 包括缺乏对知识产权的意识和认识、授予知识产权流程拖沓、司法程序漫长、知识产权工作人员培训不足以及知识产权法规定的对侵犯知识产权的处罚力度较低等。首先，在巴基斯坦实施知识产权法的主要障碍之一是公众缺乏对知识产权和相关法律的认识，知识产权教育和教学事业落后。其次，巴基斯坦尚未形成完备的知识产权立法体系，尤其是缺乏对传统知识和民间知识、遗传资源的保护立法（2020年增加了对地理标志的保护）。再次，巴基斯坦并未建立起与之相匹配的知识产权法庭，当前仅在卡拉奇、拉合尔和伊斯兰堡建立了知识产权法庭，且没有完全发挥作用。知识产权案件审理周期长；同时所任命的法官缺乏专业的知识产权知识训练，没有足够的专业能力处理知识产权案件。最后，在巴基斯坦，知识产权相关立法并没有提供足够的惩罚机制，现有的惩罚措施对知识产权侵权者过于宽容，缺乏威慑力；法律赋予执法和司法机关宽泛的自由裁量权，而执法和司法人员又较为被动，往往利用其自由裁量权采取较轻的惩罚措施。② 此外，强大的知识产权保护法律体系不仅是跨国公司的要求，也是所有商业实体和消费者关注的焦点，巴基斯坦还有待提升其知识产权（版权、专利和商标）登记注册过程的数字化水平和效率，以便利所有知识产权所有者。通过加强特别法庭/法院的知识产权能力和知识共享来快速解决知识产权纠纷，为国家树立积极形象。③

---

① MURTIZA G, ABAD Q. Does Pakistan's Intellectual Property Law Conform to International Intellectual Property Law? An Overview [J]. Journal of Arts and Social Sciences 2020, 7 (2): 245–255.
② MURTIZA G, MUHAMMAD G. The Implementation of Intellectual Property Laws in Pakistan-Impediments and Suggestions for Solutions [J]. Pakistan Vision 2019, 20 (1): 1–4.
③ Dawn. IPR Protection Must for Attracting Foreign Investment: OICCI [EB/OL]. Dawn, 2021-04-27.

近年来，巴基斯坦政府也在密切关注知识产权侵权现象，为知识产权所有者提供多个保护平台：一是海关备案，为了防止假冒商品进入当地和国际市场，品牌所有者可以向巴基斯坦海关提起书面申诉，并提供知识产权注册证明，从而行使其权利。专利持有人可以选择向海关登记其商标和版权（前提是在巴基斯坦专利商标局注册），以便海关官员在巴基斯坦全境监控知识产权事项，通过海关渠道保护知识产权的主要补救措施包括罚款、没收和销毁假冒商品。巴基斯坦海关是重要的执法部门，根据1969年的《海关法》（Customs Act）和2001年的《海关规则》（Customs Rules）设立的海关知识产权执法局（IPRE Directorate），专门致力于监督和遏制假冒商品进口到巴基斯坦。二是民事诉讼，根据2012年《知识产权组织法》，巴基斯坦成立了知识产权法庭，品牌所有者可以根据2001年《商标条例》向知识产权法庭提起民事诉讼，向侵权人寻求救济。法庭可以发布永久或临时禁令，禁止侵权人继续使用该商标，并根据原告申请，裁定损害赔偿或其他认为合适的救济。三是刑事起诉，在发现侵犯知识产权的行为后，品牌所有者可以通过当地警方或巴基斯坦联邦调查局提起刑事诉讼，最终法院将根据知识产权保护法律或者巴基斯坦《刑法》确定侵权者的刑事责任。[1]

第三节　孟加拉国

孟加拉国知识产权相关法律法规主要有：1911年《专利和外观设计法》（Patents and Design Act）、1933年《专利和外观设计条例》（Patents and Design Rules）、1963年《商标法》（Trade Marks Act）。此外，

---

[1] Dennemeyer. Pakistan: How To Protect Your Intellectual Property Rights In Pakistan [EB/OL]. Mondaq, 2019-04-12.

孟加拉国还是世界知识产权组织成员国，签署加入了《保护工业产权巴黎公约》以及《与贸易有关的知识产权协定》等。孟加拉国与知识产权有关的管理部门主要是专利、设计和商标局与版权局。其中，前者隶属于孟加拉国工业部，主要负责专利、设计、商标以及地理标志的注册与授予。后者隶属于孟加拉国文化部，主要负责版权管理。

就专利而言，根据《专利和外观设计法》第3条第1款与第4款内容可知，孟加拉国并未在国籍以及申请方式等方面限制专利的申请主体。具体而言，申请专利的主体可为任何人且不要求其一定具有本国国籍。申请的方式既包括单独申请也包括共同申请。但需要注意的是，若采取共同申请的方式，多个申请人中需要包括真实的第一发明人。若无，则申请人应证明其为第一发明人的法定代理人或指定人，并且在申请文件中载明第一发明人的详细身份信息。申请专利需要准备的材料包括申请人基本信息（姓名、国籍、住址等），专利图纸，说明书，授权函以及在第三国获得的专利证书复印件等。① 其中说明书有临时说明书与完整说明书之分，二者的区别在于临时说明书必须描述发明实质，而完整说明书还需确定实施发明的方式及专利所请求的保护范围。申请材料需要递交至相应主管部门审查，若专利申请被登记官驳回或要求申请人补证说明书等材料，申请人可提出申诉；若专利申请被批准则自公布之日起有4个月的异议期，在异议期内任何人可以在付费后向专利、设计和商标局提出异议。② 异议提出后，登记官应将相关情况通知申请人，登记官应在听取双方意见后4个月内作出决定，若当事人不服决定可提出申诉。在获得专利后，每项专利的有效期原则上为自申请之日起

---

① 中华人民共和国商务部．对外投资合作国别（地区）指南：孟加拉国（2022）[EB/OL]．中华人民共和国商务部，2023-03-29．
② 《专利和外观设计法》第9条（a）项至（e）项规定了提出异议的依据。例如，该项发明系申请人获自异议者，或异议者担任法定代表人的机构，或异议者系该项发明的受让人；该项发明已记载于任何已在孟加拉国提出的专利说明书中等。

16 年，同时可在期满 6 个月前提交专利延长的申请。

就商标而言，2009 年《商标法》第 73~91 条是孟加拉国商标侵权刑事诉讼的相关规定，如果任何人实施第 73 条（a）至（g）项所述的违法行为，初犯应支付 20 万塔卡的罚款，并处 2 年徒刑，再犯应支付 30 万塔卡的罚款，并处 3 年徒刑。1860 年《孟加拉国刑法》（Bangladesh Penal Code）有许多章节处理商标侵权和其他侵权行为，主要规定在第 78~489 条。申请注册商标的主体为任何宣称对商标拥有所有权、正在或准备使用该商标的企业或个人。申请材料包括申请书（企业负责人需签章）、企业类型、申请人个人信息（如姓名、国籍与地址）、商标使用范围等。① 材料准备完毕后，需将其交至专利、设计及商标局审核批准。商标注册部门通常会对申请材料进行实质审查。例如，翻查商标记录从而确定在相同或类似的商品或服务上，是否存在他人已注册或已申请注册的相同或类似的商标；商标是否符合法定的注册规定等。通常情况下，有关部门将在 3 个月内作出相应的决定。如果有关部门准予商标注册，则相应的申请材料将予以公告，以便第三方提出异议。若公告期届满尚未收到异议或异议不成立，则签发证书。商标注册后其有效期限为自申请之日起 7 年。

孟加拉国现行知识产权相关法律的内容具有局限性，例如，对计算机软件等方面保护的规定仍不够详细与明确；新的专利法草案尚在审议过程中且进展缓慢。孟加拉国专利、设计和商标局位于达卡，仅在港口城市吉大港设有一个地区办事处。专利、设计和商标局的员工在知识产权问题上没有足够的技术和法律知识，也没有与任何地区一级的组织或部门有任何机构安排，代表他们提供区域服务；办公空间不足、条件落后，没有一个单独的机构来保存记录，这些记录是在办公室内手动保存

---

① 中华人民共和国商务部. 对外投资合作国别（地区）指南：孟加拉国（2022）[EB/OL]. 中华人民共和国商务部，2023-03-29.

的，可能出现记录凭证丢失和错误；缺乏足够的经济资源和人力，技术和管理人员很少有机会获得有关知识产权问题的培训，并获得知识产权方面的专业知识。在外国项目支持下，专利、设计和商标局仅实现了一个非常基础的自动化水平，覆盖了该组织总活动的5%左右。[1] 孟加拉国知识产权执法机构主要包括流动法院（Mobile Courts）、快速行动营（Rapid Action Battalion）和当地警察，这些机构在不同领域、不同团队下工作，其法律行动取决于违法行为的性质。在孟加拉国侵犯知识产权的行为将被处以监禁及罚款。整体上孟加拉国知识产权保护的障碍主要包括：知识产权执法薄弱，执法机构的知识和技能有限，不同执法机构之间的协调和整合不佳或不一致，以及法律框架不足；执法机构和监管机构对知识产权问题缺乏认识；孟加拉国警察局、快速行动营、海关情报局和增值税情报局等执法机构有法律义务执行与知识产权或直接侵犯知识产权有关的各种规定，但是，他们执法能力较弱，没有适当的资源来给予适当的关注或优先处理知识产权权利人提出的投诉。因此，诸如突袭和扣押之类的执法行动变得非常昂贵、耗时，而且往往是无效率的。审理知识产权案件的法官与审理竞争案件的法官没有具体区别，在地区法官的认知中，没有专门处理知识产权问题的法院。缺乏集体管理组织，不同的知识产权局位于不同的地方。孟加拉国没有所有知识产权组织的集体管理制度。[2] 因此在孟加拉国，知识产权侵权现象较为严重。例如，在孟加拉国用于教育目的的书籍和教科书经常被复制，一部分以零售商推荐价格出售。又如，在制止假冒、仿冒和平行进口产品如品牌洗发水、洗涤液等行为的执法工作非常薄弱。

---

[1] JAHAN E, SHAKIL R H. The Enforcement of Intellectual Property Rights in Bangladesh [J]. Social Change, 2018, 8 (1): 80-82.

[2] U.S. International Trade Administration. Protecting Intellectual Property [EB/OL]. U.S. International Trade Administration, 2021-09-17.

第四节　斯里兰卡

斯里兰卡的知识产权法律制度早期由英国殖民者引入，第一个关于知识产权的法规是适用于斯里兰卡的《英国发明人条例》（British Inventor's Ordinance），1860年根据该法规授予了第一个专利。1907年，斯里兰卡参照英国专利法制定了《专利条例》，该条例一直在斯里兰卡适用，直到1979年第52号《知识产权法典》（Code of Intellectual Property Act）颁布。该法参照的是世界知识产权组织示范法，废除了此前所有的知识产权法律规定。斯里兰卡2003年《知识产权法》（Intellectual Property Act）废除了1979年立法，[1] 该法符合《与贸易有关的知识产权协定》的相关要求，涵盖专利、商标和服务标志、贸易名称、集成电路版图设计、版权、工业设计、地理标志、不正当竞争和未披露的信息（如商业秘密）等方面的注册登记和保护，对促进创新、保护创新成果具有一定的积极意义，[2] 但斯里兰卡尚没有关于版权和商业秘密登记的法律规定。2003年《知识产权法》及2006年《知识产权条例》（Intellectual Property Regulations）是当前斯里兰卡关于知识产权的基本法律制度。此外，斯里兰卡是世界贸易组织成员，是《保护工业产权巴黎公约》《保护文学和艺术作品伯尔尼公约》《专利合作条约》《商标法条约》以及《马拉喀什条约》等条约的缔约方。

根据2003年《知识产权法》成立的斯里兰卡国家知识产权办公室

---

[1] WANIGASEKERA A. Sri Lanka – Patent Law in the Asia Pacific Region [EB/OL]. Asia Business Law Journal, 2017-09-18.

[2] 中华人民共和国商务部. 对外投资合作国别（地区）指南：斯里兰卡（2022）[EB/OL]. 中华人民共和国商务部, 2023-03-29.

(National Intellectual Property Office) 负责管理斯里兰卡的知识产权制度,其职能包括以下八个方面:第一,管理斯里兰卡的知识产权制度;① 第二,收集和传播知识产权信息;第三,增强公众知识产权意识;第四,提出有关知识产权的政策;第五,知识产权的争议解决及执行;第六,在经济发展过程中促进知识产权的使用;第七,知识产权代理人的注册与管理;第八,履行斯里兰卡在知识产权方面的国际义务,促进知识产权方面的国际和区域合作。斯里兰卡国家知识产权办公室最初是根据1979年第52号《知识产权法》的规定于1982年1月1日成立的。斯里兰卡政府已经尝试改革国家知识产权办公室,通过升级和现代化其基础设施,并招募新的商标和专利审查人员,来缓解商标和专利审查的积压。成立于1870年的斯里兰卡警方刑事调查科(Criminal Investigation Division,CID)是斯里兰卡的主要调查机构。2010年,警方刑事调查科下设立了一个打击盗版和假冒商品的特别部门,专门处理知识产权问题。斯里兰卡海关的监管守则提供了在边境查获疑似假冒货物的当然权力。但是,警察和海关当局通常不会主动对侵犯知识产权者采取行动,除非受害者提请当局注意并与他们合作采取执法行动。斯里兰卡海关部门也正在努力建立一个商标数据库,以推进知识产权保护和执法,但该数据库尚未实施。斯里兰卡的整体知识产权生态系统近年来有所改善,但由于缺乏有效的战略政策、执法机构之间的不协调,假冒产品在斯里兰卡到处可见。②

《知识产权法》对知识产权的执行问题有全面的规定,其执行机制有四个方面:民事司法程序、刑事程序和处罚、海关管制和通过知识产权总干事解决争端。知识产权的所有者有权对那些侵犯或可能侵犯其知

---

① 包括商标,专利,工业品外观设计的注册以及集体管理组织的注册和管理等。
② U. S. International Trade Administration. Sri Lanka-Protecting Intellectual Property [EB/OL]. U. S. International Trade Administration,2021-09-28.

识产权的人提起民事诉讼。这类权利人可向法院寻求三种补救措施，即禁令、损害赔偿和法院认为公正公平的其他救济。此外，法院有权作出各种命令，处理执行知识产权的各个方面，如在商业渠道外处置侵权货物或销毁这些货物。《知识产权法》规定，对于故意侵犯知识产权的，可处以罚款、监禁或两者并处。犯罪是针对国家的行为，可以由有关知识产权的所有者或警察部门提起诉讼。刑事起诉是一种较为有效的执行知识产权的机制，因为刑事审判可以吸引公众的注意，发挥制裁的威慑作用；刑事诉讼也往往比民事诉讼更迅速，而败诉的检察官也不会直接承担诉讼成本，降低了知识产权保护成本。斯里兰卡在刑事调查部门内成立了一个名为"打击盗版和假冒部"的特别单位，以处理与盗版和假冒有关的罪行。《知识产权法》对《海关条例》第235章进行了修订，禁止进口和出口违反商标法保护的商品。这种被禁止的货物可以在商业渠道之外进行处置，如果这种处置损害了受该法保护的任何知识产权所有者的利益，这些商品也可能被销毁。该法还对《海关条例》进行了修订，特别涉及暂停进口被海关当局认定为侵犯知识产权的货物。此外，《知识产权法》还引入了一种执行知识产权的新方法，如果版权或相关权利的所有者受到损害或权利遭到侵犯，可以通过知识产权总干事寻求救济。总干事有权就任何版权或有关权利拥有人所提出的申请作出决定。

就专利而言，斯里兰卡明确界定了专利的可申请性与可授予性。例如可申请专利的发明需要同时满足创新（现有知识不可知）、在工业上适用（具有功能性和可操作性）以及涉及创造性的步骤这三个要件。同时，发现、科学理论和数学方法，进行纯粹的精神行为或玩游戏的计划、规则与方法，诊疗方法，违反公共秩序等发明不能申请或被授予专利。虽然对现有有效专利发明进行改进的可以申请并被授予专利权，但最好与现有专利持有人协商以避免侵权风险。在斯里兰卡，申请专利的方式包括在本国提交专利申请或根据世界知识产权组织管理的专利合作条约申请。在本国提交申请的，既可以向国家知识产权保护办公室申请，也可以委托国家知识产权保护办公室许可的相关代理机构申请。在此阶段需缴纳相应的费用并按规定格式向国家知识产权保护办公室提交申请表①、权利要求书、检索报告②等材料。国家知识产权保护办公室首先审查材料的形式、要件是否规范、完整，其次再审查发明的新颖性等实质要件。若符合专利的可申请性与可授予性，主管部门应授予专利并在政府公报上予以公布。专利授予后发明人即具有垄断权，即自申请之日起 20 年内有权出售或许可他人使用专利技术，亦有权禁止他人制造、使用和出售专利发明。

就商标而言，商标注册事宜也由国家知识产权保护办公室负责，具体程序和做法与专利申请相同。③ 其中需要注意，《知识产权法》第 103 条和第 104 条规定了不允许注册商标的条件。例如，商标不能将货物或服务与他人的货物或服务区别开来，不能与其他注册商标或驰名商标具有相似性，易使消费者混淆等。其次在审查阶段，如果国家知识产权保护办公室拒绝商标注册的申请，则申请人可以针对该决定提交意见书，也可以在被拒绝之日起 1 个月内申请举行听证会，如果仍被拒绝则可以向法院提出异议。若主管机构批准了商标注册的申请，则应将相应情况刊登在宪报上，并给予为期 3 个月的异议期。若在异议期内收到异议，则国家知识产权保护办公室会向申请人发送一份副本，申请人需要针对反对理由陈述意见。在必要情况下主管部门可以在双方的参与下对异议进行调查，从而决定商标是否可以进行注册。如果当局批准注册，

---

① 申请表的内容需要清楚、完整地描述本发明。
② 即由国际检索单位（ISA）编写的检索报告，或者可以向国家知识产权保护办公室提出请求，将申请转交给当地专利审查员以提供检索报告。
③ 中华人民共和国商务部．对外投资合作国别（地区）指南：斯里兰卡（2022）[EB/OL]．中华人民共和国商务部，2023-03-29.

则注册商标的有效期为自申请之日起10年并可在支付相关费用后续期10年。在商标的有效期内，所有者具有专有的使用、转让和许可商标的权利，既有权限制他人使用其商标或使用具有欺骗性外观的商标，也有权针对商标侵权行为要求相应的赔偿。

就设计而言，斯里兰卡首先要求设计具有新颖性且符合公序良俗。所谓新颖性是指在申请注册之日前尚未在世界任何地方向公众公开；符合公序良俗是指外观设计不与公共秩序或公共利益、道德背道而驰。其次外观设计需在知识产权保护办公室注册后才受到保护，具体的注册程序与专利、商标类似。不同的是，注册的外观设计的有效期为5年，并且可再续期两届，每一届期限为5年。就版权①的确认而言，权利人无须注册或办理其他手续；斯里兰卡的版权保护期限通常为作者终身及其去世后70年。

尽管斯里兰卡设定了强有力的知识产权执行机制，但其实际运作似乎效果不佳。根据《知识产权法》，侵犯知识产权是违法犯罪行为，将受到刑事和民事处罚。救济方式包括禁止令，扣押和销毁侵权货物、牌照或用于制作侵权复制品的器具，禁止进出口等。初犯的处罚包括6个月以下的监禁或高达50万斯里兰卡卢比罚款，但较轻的处罚是常态。由此导致斯里兰卡侵犯知识产权的现象普遍，严重损害了许多外国公司的利益。

在斯里兰卡执行知识产权保护法律制度的主要障碍在于，社会各阶层对知识产权及相关事项的认识不足，执法机构的官员缺乏培训，执法机构提供的设施不足，诉讼费用高，知识产权所有者不愿参与诉讼，知

---

① 版权是指法律赋予创作者文学和艺术作品的权利。权利有两种形式：（a）经济权利和（b）精神权利。经济权利包括复制权，出售权，出租权，分发权，与公众交流的权利和翻译权等，而精神权利则包括主张作者权的权利和反对对作品进行扭曲或残害的权利。

识产权所有者和消费者组织混乱等方面。此外，在知识产权的概念方面，知识产权是指无形资产的所有权，特别是思想、信息和知识。传统的观点证明授予私人有形资源的产权，通常是基于这些资源的稀缺和不可能共享，这种观点是不适用知识产权的，因为思想、信息和知识可以复制，且没有任何直接损害的原始拥有者的权利。甚至有形资产私有所有权的概念在斯里兰卡也是一种相对较新的现象，这是由于经济压力和政治变化造成的。在殖民前的斯里兰卡，几乎没有任何证据表明存在私人的思想、信息和知识的所有权；斯里兰卡文化主要受到佛教思想的影响和指导，佛教天生对财产概念持怀疑态度，导致斯里兰卡缺乏所有权概念，佛教徒对财产的态度也可能影响一般人对知识产权的态度。知识产权是一个西方概念，符合一种特定的社会形式——市场经济，因此知识产权概念对许多东方社会来说较为陌生，其中包括斯里兰卡。西方的知识产权制度引入斯里兰卡，这是完全不同的产权法律制度。在很大程度上，斯里兰卡公众将知识产权视为西方观念，认为这是西方发达国家的保护主义做法，与斯里兰卡文化和根深蒂固的法律制度格格不入。因此，即使在《知识产权法》颁布近十年后，斯里兰卡仍未能充分执行其规定。[1] 知识产权法中存在的私人利益与公共利益冲突是一个长期法律哲学的问题，民众对知识产权的普遍意愿和接受度在平衡这两种利益时起着至关重要的作用，斯里兰卡决策者的首要任务是确保目前的知识产权法律制度反映了民众的一般意志，进而被整个社会接受。因此，虽然试图严格执行该法的规定，特别是与软件有关的规定，但由于民众的接受度低，斯里兰卡曾执行效果仍不理想。

---

[1] TALAGALA C. Enforcement of Intellectual Property Rights in Sri Lanka: Some Issues [EB/OL]. SSRN, 2012-08-23.

<<< 第五章 南亚国家知识产权法律制度及风险防范

第五节 尼泊尔

尼泊尔社会经济发展水平较低，知识产权保护和执法能力相对滞后，尼泊尔目前没有保护知识产权的专门立法，知识产权法律框架欠缺。2017年尼泊尔政府制定了第一个国家知识产权政策（Nepal's First National Intellectual Property Policy），这是尼泊尔建立平衡知识产权体系结构的积极尝试，这一政策承认尼泊尔缺乏有效的知识产权法律制度、执行机制，未能根据国际实践修订现行法律，同时，此政策还将滥用知识产权和公众缺乏对知识产权保护认知作为尼泊尔知识产权保护的问题和挑战。为此，新政策维护知识产权所有者权利，以创造有利于商业发展的环境，鼓励外商直接投资；将知识产权作为国家优先事项，强调知识产权在全球社会经济发展中发挥的重要作用，并表示有意将该政策作为新的知识产权立法基础，有助于加强现有的打击盗版和假冒商品的法律制度。2017年《国家知识产权政策》是尼泊尔《知识产权法草案》（draft law on IPR）的基础，该立法草案是对现有知识产权法律法规的重大改进，并努力对所有工业产权法律规则进行汇编。一旦颁布将使尼泊尔的国家法律与国际知识产权标准接轨。尼泊尔签署了1994年世界贸易组织《与贸易有关的知识产权协定》，但尼泊尔《专利、外观设计和商标法》（Patent, Design, and Trademark Act）是一项综合立法，对包括专利、外观设计和商标在内的工业产权提供保护，商标必须在尼泊尔注册才能得到保护，商标一旦注册，其保护期限为7年。外国商标和外观设计不能获得自动保护，尼泊尔也不自动承认其他国家授予的专利。2002年的《版权法》（Copyright Act）涵盖了大多数形式的作者，并规定了与国际惯例一致的足够的保护期限。尼泊尔《专利、设计和商标法》就专利权的申请、调查与获得，设计的申请和注册，商标的申请、注册、处罚以及指定代理等方面进行了规定。《著作权法》主要规定了著作权的取得与保护、限制、转让、侵权与处罚措施等方面。《外国投资及技术转让法》主要涉及外国投资中的知识产权相关内容，包括技术转让及知识产权使用等方面。

就专利而言，根据尼泊尔法律规定，任何人都必须依法注册申请专利，其过程主要包括申请、审查、授予注册证书、公开注册专利等。在申请阶段，需提交申请书、权利要求书、专利说明书、摘要和必要附图等材料，而后将申请材料提交至工业局予以审查。在审查阶段，主管部门会考虑该专利是否已被注册、该专利是否系申请人本人发明、专利申请人是否从发明人处获得相应权利、该专利是否违法等，并可在必要情况下征询相关领域专家的意见。若经审查决定授予专利，则主管部门应当向申请人发放专利证书，申请人需要依法支付相应的注册费用。专利注册后，原则上应予以公开（涉及国家利益的除外），从而为愿意付费查看或获取专利信息副本的人提供渠道。自看到该专利或取得该专利文件的副本之日起 35 天内，任何人可向工业局投诉。获得专利后，专利的有效期为 7 年（自登记之日起算），在该有效期内未经专利权人的书面许可不得复制和使用注册专利，并且专利所有权人可将该注册专利作为动产转让给其他人。

就商标而言，尼泊尔规定，申请人应以规定的格式向工业部提出申请。申请材料包括公司注册证明和企业成立证明，商标使用文字或符号复印件，商标代表的产品或服务的名字，商标创意声明等。如果外国商标申请在尼泊尔注册，还需要本国商标注册证明、申请书、委托书以及四份商标说明书。[①] 申请材料提交后，主管部门会对商标合法性、在先

[①] 中华人民共和国商务部. 对外投资合作国别（地区）指南：尼泊尔（2022）[EB/OL]. 中华人民共和国商务部，2023-03-29.

注册、对他人人格及国家利益的影响等进行审查。符合条件的，主管部门应批准商标注册并发放相关证明，申请人应按规定缴纳相应的商标注册费用。商标注册后，商标持有人对该商标的权利期限为 7 年（自注册之日起计算），在有效期限内未经商标注册人书面同意，任何人不得使用或复制商标。虽然商标持有人有权转让商标权，但受到一定限制，即需事先取得工业部的许可。同时需要注意，如果在商标注册后 1 年内未使用商标，则主管部门有权予以撤销。为了保障第三方知情权，主管部门可以将商标的注册情况、续展情况、注销情况等予以公告，公告后有异议的有权自公告之日起 35 天内进行投诉。

就设计而言，尼泊尔规定愿意就其所制造或将要制造的商品外观设计进行注册的，应向工业部提出外观设计申请。在申请阶段，需要提交外观设计说明、图纸、草图及其模型的四份副本并依法缴纳相应的申请费用。申请材料提交后，主管部门会审查该外观设计的可注册性，例如该设计是否对任何个人的人格以及国家利益等方面产生不利影响，是否在先注册，是否具有原创性以及设计时间等。经审查满足可注册性的条件则予以注册，外观设计权人从注册之日起 5 年内享有相应权利。在权利有效期内，任何人不得使用或复制该外观设计用于商品制造。

2004 年 4 月 23 日，尼泊尔成为第一个加入世界贸易组织（WTO）的最不发达国家，成为其第 147 个成员国。在加入谈判时，给予尼泊尔 10 年的过渡期，以逐步将其知识产权保护体系提高到能够执行《与贸易有关的知识产权协定》规定的最低标准水平，此后，这一过渡期被延长到 2033 年 1 月 1 日（给予最不发达国家的特权）。尽管尼泊尔于 2004 年成为世界贸易组织（WTO）成员，并随后接受了与贸易有关的知识产权的义务，但尼泊尔的法律和政策框架仍然令人困惑。《临时宪法》第 35 条第（11）款规定："国家实行以发展科学技术为重点，使国家繁荣的政策，同时实行照顾地方技术的发展政策。"根据这项规定，国家有责任对保护和促进知识产权作出必要的安排。此外，知识产权也属于临时宪法保障的言论和表达自由的范围。然而，在目前的知识产权法律制度下，尼泊尔只有两项主要立法：1965年《专利、设计和商标法》和2002年《版权法》。除此之外，还有3条与知识产权相关的辅助法规，对于知识产权的保护和促进，这些知识产权法律制度是不充分的。此外，尼泊尔于1997年成为世界知识产权组织的成员国，加入了《马拉喀什条约》《保护文学和艺术作品的伯尔尼公约》《保护工业产权巴黎公约》等国际公约，[①] 却尚未签署《世界知识产权组织版权条约》《世界知识产权组织表演和录音制品条约》。

尼泊尔工业部（Department of Industry）在保护工业财产以及解决争端和其他行政程序方面充当半司法机构的角色，是负责专利、设计和商标问题的管理机构。该部门下设工业局作为专利、设计和商标的执法机构，负责专利申请及商标注册等事务。著作权注册办公室隶属于尼泊尔文化、旅游和民航部，负责处理与版权有关的问题。此外，尼泊尔还通过民事措施与刑事措施保护知识产权。例如，尼泊尔法律规定，针对知识产权侵权行为，有关部门可以采取发布禁令、[②] 赔偿损失、没收侵权产品及材料等民事措施。情节严重者，有关部门可采取搜查、罚款、监禁等刑事措施。以罚款与监禁措施为例，专利、商标以及设计侵权的，最高可处10万卢比的罚款。著作权侵权的，可处1万至10万元卢比的罚款或6个月以下的监禁（两者可并罚）；再犯的，可处2万至20万元卢比的罚款或1年以下的监禁（两者可并罚）。[③]

整体来看，尼泊尔对知识产权的保护标准较低，相关立法存在过

[①] 罗铭君，桂磊."一带一路"国家知识产权概况——尼泊尔篇［DB/OL］.北大法宝网，2016-08-24.

[②] 禁令包括临时禁令与永久禁令，目的在于禁止他人使用被侵权的商标或专利。

[③] 中华人民共和国商务部.对外投资合作国别（地区）指南：尼泊尔（2022）［EB/OL］.中华人民共和国商务部，2023-03-29.

时、无效等问题,且难以达到知识产权保护的国际标准。由于缺乏知识产权意识和现代知识产权法,执法人员没有接受足够的培训,法律的执行也面临严重挑战①,导致针对知识产权侵权的维权行动是有限的。对于尼泊尔国家而言,需要制定知识产权保护框架,以最大限度发挥地理标志和生物多样性以及本土和传统知识。对于尼泊尔商业发展来说,在工业部和上诉法院的商业法庭上越来越多的知识产权纠纷表明,知识产权已成为商业关系的一个重要方面,需要一项全面的知识产权政策来鼓励企业的发展。②

第六节 马尔代夫

马尔代夫长期缺乏关于知识产权的立法,只对版权和相关权利范围内的知识产权保护进行立法,且这些法规不具有强制执行力。也因此,在马尔代夫审查外国直接投资时,知识产权并不是一个考虑因素,马尔代夫主要的知识产权管理部门是经济发展部(Ministry of Economic Development),主要负责版权、商标、标识、商业名称的注册及管理等事项。③ 2007 年马尔代夫成立了一个知识产权部门,以对群众进行有关知识产权各个方面的教育。马尔代夫《版权及相关权法》(Copyright and Related Rights Act)于 2010 年 10 月通过,并于 2011 年 4 月生效。权利所有人不需要登记其版权便可获得版权相关法律的保护。然而,该法允

---

① U. S. International Trade Administration. Nepal-Protecting Intellectual Property [DB/OL]. U. S. International Trade Administration, 2021-09-18.
② UPRETI P N. Nepal's First National IP Policy, 2017: Never Too Late [J]. Journal of Intellectual Property Law & Practice, 2017, 12 (7): 550-552.
③ 中华人民共和国商务部. 对外投资合作国别(地区)指南:马尔代夫(2021)[EB/OL]. 中华人民共和国商务部, 2022-03-29.

许那些希望注册这些作品的当事人在分配的政府当局注册。如果获得批准,就会颁发正式的版权登记证。同时也允许权利所有人亲自向经济发展部提出申请,如果获得批准,就会获得正式的版权登记证书。一般而言,标准的版权保护期为作者终生及其死亡后五十年,具体的版权保护期限因作品类型而异。

在商标保护上,马尔代夫经济发展部处理所有与商标有关的事务,没有关于商标注册机制的成文商标法。在实践中,居民企业、马尔代夫国民和外国申请人主要通过警告通知(通过在市场上广为流传的报纸和期刊上发布警告通知),以获得公众认可的方式达到对商标的保护,同时发生的任何知识产权法律纠纷均通过普通法解决。关于商标的通知是为了警告已经或可能使用此类商标的第三方停止继续使用商标,否则可能导致侵权。缅甸、沙特阿拉伯等许多国家都承认警告通知是告知第三方特定实体对其商标的权利的一种方式。警告通知将说明商标、版权、设计或专利、所有者的详细信息和知识产权的描述,警告通知可以针对单个类别或多个类别发布,并且根据本通知获得此类保护所涉及的时间通常需要3~4周。发布通知的费用可能会因警告通知的长度有所不同。[①] 马尔代夫的居民企业和国民可以亲自向经济发展部提交商标申请(为其提议的商标)以获得商标保护。但是,在进行商标注册之前,居民企业和国民必须获得商业名称注册。而外国申请人必须在当地报纸上以英语和当地语言(迪维希语)发布警告通知,从而警告公众和贸易商注意商标的所有权。

在马尔代夫,没有关于专利和工业设计保护的相应立法,也没有关于数据保护/隐私的立法。除了警告通知外,马尔代夫经济发展部正在努力制定有关马尔代夫商标法、地理标志和工业产权的立法。马尔代夫

---

① SELVAM R. Intellectual Property Protection in Maldives [DB/OL]. Selvams, 2018-02-19.

还受益于世界贸易组织,该组织根据《与贸易有关的知识产权协定》对知识产权提供保护。马尔代夫政府也在寻求世界知识产权组织的帮助,以制定此类知识产权法律法规。由于版权作品注册量的高增长,且对版权保护的需求很高。商标和服务商标是马尔代夫最受欢迎的知识产权。工业产权也很重要,旨在保护小发明,即不包括可专利性的发明。此外,还需要根据知识产权保护商业秘密,尤其是在各种企业和商业实体之间。虽然马尔代夫于2004年加入了世界知识产权组织,但其国内对知识产权的保护起步较晚,直至2011年马尔代夫议会才通过了第一部真正意义上保护知识产权的法律——《版权与相关权利法》,依据该法,"版权"一词涵盖的范围较大,包括文字作品,电影、电视、录像作品,工程设计、产品设计图纸及其说明,计算机软件等。[①]但尚未出台专门的"专利法""商标法""地理标志保护法"等知识产权保护立法。不过,马尔代夫是相关国际条约的成员国,如《巴黎公约》《马德里协定》《国际商标注册议定书》《保护原产地名称及其国际注册的里斯本协定》《文学和艺术作品伯尔尼公约》《工业品外观设计国际注册海牙协定》等,可以提供相应的知识产权保护法律制度。

马尔代夫知识产权保护立法不完善和执法薄弱,导致对专利、商标、外观设计及版权等的保护力度较弱。就商标而言,马尔代夫没有专门的《商标法》,也没有对商标注册的法律流程予以明确规定,除了通过注册申请的方式保护商标,更为常见的是刊登警示性公告,即商标权利人需要定期[②]在市场流通量较高的报纸与杂志上公开说明,以警示第三方不得擅自使用或停止使用该商标。

就版权而言,马尔代夫对版权的保护并非自动化,而是需要经当事

---

① 中华人民共和国商务部. 对外投资合作国别(地区)指南:马尔代夫(2021)[EB/OL]. 中华人民共和国商务部,2022-03-29.
② 马尔代夫定期刊登警示性公告的间隔为五年。

人申请。首先需要准备版权注册申请书、版权软拷贝等申请材料。而后需要将申请材料提交至经济发展部，如果该部认为申请材料不全需要补正的，申请人应予以配合，及时提供需要的信息。如果申请材料完备，主管部门会对申请材料进行审查并做出相应的决定。若获得批准，申请人应凭发票单进行付款并获得由政府部门签章的版权注册证书；若被拒绝，则申请人将收到正式的拒绝决定书。此外，《版权与相关权利法》还对知识产权侵权作出了处罚规定，如发布禁令、查扣侵权物品、罚金及监禁等。具体而言，针对侵犯他人知识产权的企业或个人，法院有权发布禁令，要求其停止侵权行为并赔偿权利所有人相应损失。情节严重的，法院有权查封扣押侵权物品，并可对侵权人处 1 万以上 3 万以下拉菲亚罚金；情节特别严重的，可处 5 万以上 30 万以下拉菲亚罚金，并可处 5 年以下的监禁。[①]

本章小结

一、充分了解知识产权法律制度

1. 在了解法律制度基础上，随时跟踪制度变化

南亚投资企业要了解南亚国家当前的知识产权法律制度，提高自身的知识产权保护意识。中国在南亚投资的企业不仅可以通过专业服务机构、行业协会等渠道了解相关的法律规定，还应积极进行专利申请与商标注册等以避免不必要的纠纷或侵权事件。同时还应主动遵守该国相应

---

① 中华人民共和国商务部．对外投资合作国别（地区）指南：马尔代夫（2021）[EB/OL]．中华人民共和国商务部，2022-03-29．

法律规定，尊重他人的知识产权，避免高额罚款、监禁、没收等法律风险，维护企业良好形象。

例如，尽管自2005年巴基斯坦知识产权组织成立以来，巴基斯坦有关知识产权的立法相继出台并不断完善，也加强了对知识产权侵权行为的打击力度，但由于该组织效率十分低下，巴基斯坦对知识产权保护的力度仍显不足。① 巴基斯坦社会缺乏保护知识产权的道德价值观，甚至变相鼓励盗版和假冒等犯罪，因而中国企业在巴基斯坦进行投资时应树立风险意识。一方面积极申请巴基斯坦国内的专利、注册商标等，以纳入知识产权相关法律的保护范畴、防止商标被抢注。注重对本企业专利、商标、版权、设计等方面的保护，其中对核心技术的保护需尤为重视。若知识产权遭受侵犯，应及时收集相应的侵权证据，与其协商沟通以尽快解决纠纷。必要时可提起诉讼，积极运用巴基斯坦相关法律法规及国际条约维护合法权益。另一方面，也应尊重其他企业的知识产权，避免高额罚款、有期徒刑以及被起诉等法律风险。

同时要随时关注法律制度变化。如在印度，知识产权法律法规的内容经常被修订、变化频繁。在提倡"创意印度、创新印度"的背景下，印度于2016年5月通过了《国家知识产权政策》，且对多个法律法规内容进行了修订（该政策将软件排除于专利授权的范围之外），政策内容主要涉及知识产权意识的提升、知识产权数量的增加、知识产权法律和立法框架的完善、知识产权执法和裁判水平的提升等方面，体现出印度愈发重视对知识产权的保护。中国企业赴印投资首先需要提升知识产权保护的意识，避免罚款、罚金、有期徒刑、停售、被起诉等法律风险。而在斯里兰卡知识产权侵权现象较为严重，我国企业在斯里兰卡进行投资需要对相关知识产权规则有详细的了解，提高知识产权保护的意识，

---

① 杨翠柏，张雪娇. 巴基斯坦特殊经济区法律制度与风险防范 [EB/OL]. 经济日报-中国经济，2018-01-09.

积极申请专利、注册商标①等以防他人侵权。在申请相关知识产权时，可以考虑委托更为专业的知识产权代理人。同时，也要自觉遵守斯里兰卡知识产权保护的有关规定，不侵犯他人的合法权益。

2. 充分利用法律制度

中国企业应在现有法律框架内，主动积极地申请专利、注册商标等，从而避免抢注与被他人侵权的风险。灵活运用南亚各国知识产权法律制度和政策，以在申请过程中获得合法优势。例如，印度对初创企业专利申请方面有相应的扶持政策。根据其《国家知识产权政策》的规定，"初创企业是指在印度注册成立不超过5年，每个财年交易额不超过2.5亿卢比的，引领创新，由知识产权驱动的开发新技术、新产品、新流程、新服务的商业化实体。"因而我国中小型的高科技企业可以研究印度对初创企业的定义，尽量达到初创企业的认定标准，利用5年的时间依靠相应的扶持政策进行专利、商标等的布局。②同时，我国企业在印度应该对核心技术以及外围技术积极申请专利，从印度知识产权局发布的《2015年—2016年印度知识产权年度报告》可知，华为以648件专利申请跻身于印度十大外国专利申请人名单，但小米、VIVO等其他企业并未进入该名单，我国企业赴印投资应提高对专利申请的重视程度。此外，印度对生物医药专利的低保护力及强制许可条款的内容促使印度仿制药企业的迅猛发展。因而我国制药企业在印度生产、销售具有自主专利药品时应谨慎考虑，尽量降低或避免专利被强制许可的风险。同时，需积极履行印度《专利法》规定的专利报告义务，定期向印度知识产权局提交专利的实施情况，主动将其置于有关部门的监督之下，

---

① 虽然无须注册也可以使用商标，并可依据不正当竞争法或者普通法予以保护，但保护力度不及经注册登记的知识产权。

② 徐英祺，杨志萍. 中国在印度经济活动知识产权风险识别与防控研究 [J]. 南亚研究季刊，2018（2）：78-83.

以证明专利在印度境内的有效实施状况,从而降低专利被强制许可的风险。而对于在马尔代夫的风险,鉴于马尔代夫知识产权立法尚不完善,因而我国企业在马尔代夫进行投资,除了积极主动申请商标注册及版权注册外,还应有效利用定期刊登警示性公告的方式来维护自身合法的知识产权权益,减少他人侵犯知识产权的风险。

3. 加强双边或多边知识产权保护合作

随着"一带一路"项目的推进,中国与沿线国家间的知识产权合作机制也持续深化。目前,中国国家知识产权局已经与"一带一路"沿线40余个国家建立了正式合作关系,与海湾阿拉伯国家合作委员会专利局、东盟、欧亚专利局、维谢格拉德集团等地区和组织开展了深入合作,并与世界知识产权组织签署了《关于加强"一带一路"知识产权合作政府间协议》指导性文件,有力促进了"一带一路"沿线国家的经贸合作和科技文化交流。这既能为中国企业和品牌"走出去"保驾护航,也惠及了"一带一路"沿线国家的知识产权建设。[1] 因此,在中国与南亚国家间的知识产权保护合作方面,各方可以和在投资和贸易协定中完善知识产权规定,或签订专门的知识产权保护协议,通过各种论坛进行交流对话,共同努力支持发展更强大的知识产权生态系统。提升公民对知识产权的保护意识,加强知识产权技术、教育合作;加强知识产权执法合作与协作,通过合作提升知识产权部门的数字化水平、执法能力,促进政府、海关、警察、大学和司法官员以及行业组织之间的互动,讨论如何加强南亚国家的知识产权执法生态系统。如尼泊尔近年来不断重视对知识产权的保护,2016年3月尼泊尔政府工业部与我国国家市场监督管理总局签订了《商标注册与保护合作谅解备忘录》以促进两国在知识产权领域的合作,加强两国的投资贸易联系。

---

[1] 朱雪忠. 加强"一带一路"沿线知识产权国际合作的建议 [DB/OL]. 国家知识产权局,2016-09-29.

二、充分利用知识产权纠纷解决机制

我国应充分利用南亚各国知识产权争端法律制度解决争议。如在孟加拉国,民事救济措施——民事诉讼提供了对版权侵权和利润损失要求赔偿的救济。版权所有人可以提起民事诉讼,以寻求诸如禁令和损害赔偿等救济。涉及侵犯版权的诉讼或其他民事诉讼,应向有管辖权的地区法院提起。刑事补救措施——刑事补救措施可导致对被告单处或并处监禁、罚款、扣押侵权物品等。通常个人可根据孟加拉国刑法提出索赔的事项为刑事侵占(criminal misappropriation),但是,作为特别法,个人可以采取刑事诉讼程序,要求违反著作权法的侵权人承担刑事责任。行政补救措施——如果侵权行为是通过进口侵权复制品的方式进行的,并将没收的侵权复制品交付给版权所有人,版权所有人可以向版权登记官申请禁止向孟加拉国进口侵权复制品。如就专利而言,根据1911年的《专利和设计法》(Patents and Designs Act),救济的形式是禁令、放弃侵权的专利产品以及对利润的损害赔偿。此外,某些侵权行为可由刑事法庭判决的罪行予以惩罚,该法还对侵犯注册设计的版权提供了民事救济。在印度,若中国企业在印度涉诉,除了应妥善保管与涉案产品相关的产品手册、电子文档以及内部邮件等材料,还应积极同对方进行沟通与协调,从而尽快解决相关纠纷,避免缠诉。以专利纠纷为例,其诉讼周期一般为4~6年,如此冗长的诉讼对于争议双方而言都意味着巨大的人力与财力投入。若中国企业的知识产权在印度受到侵犯,应及时收集侵权证据,必要时可申请证据保全。另外,可以通过申请临时禁令以及与对方协商、调解或提起诉讼等方式维护自身的合法权益。如果选择起诉来解决争议则要特别注意印度的诉讼时效。根据印度诉讼法的规定,自侵权之日起3年内受害方有权提起诉讼。而诉讼时效的起算点为侵权行为发生之日而非权利人知道或应当知道侵权行为之日。如果权利人在侵权行为发生之日起 3 年内没有察觉或者不起诉，则将丧失起诉权。

此外，如果知识产权作为"投资"，我国可试图利用国际投资争端解决机制。当前与知识产权相关的国际投资仲裁案件典型案例为普利司通诉巴拿马共和国案（Bridgestone Licensing v. Republic of Panama）一案，该案是根据《美国-巴拿马贸易促进协定》（TPA）引起的争端。该案中，普利司通公司（BSJ）拥有"BRIDGESTONE""FIRESTONE"商标，其本身并不使用和销售其商标，但允许其子公司根据许可或次级许可协议使用该商标，普利司通许可服务公司（BSLS）和普利司通美国公司（BSAM）是在美国注册的普利司通集团的子公司，后该商标被授权在巴拿马使用（用于轮胎）。在此期间，Muresa Intertrade S. A. 在巴拿马申请"RIVERSTONE"商标主要用于轮胎生产，根据普利司通集团的政策，任何带有"stone"后缀的商标申请都应该在所在辖区被反对和提出异议，因此 BSJ 和 BSLS 对"RIVERSTONE"商标提出了反对，此案后到巴拿马最高法院。巴拿马最高法院推翻了下级法院的决定，认为商标异议程序是在恶意的情况下进行的，并对普利司通公司处以 500 万美元的损害赔偿，并要求其承担 43.1 万美元的律师费（大约相当于普利司通在巴拿马年销售额的 65%）。BSJ 的子公司 BSAM 发起了仲裁程序，理由是巴拿马最高法院的裁决稀释了商标的效力，"实际上是一种保护主义手段，允许可能混淆的类似商标"，并给商标的执行造成了困难。BSAM 认为巴拿马最高法院的判决是不公正和武断的，违反了巴拿马在 TPA 下的义务，没收了其投资，并违反了对 BSLS 和 BSAM 投资公平对待的要求。此番仲裁的焦点是，具有收入共享模式的知识产权许可协议是否符合投资的资格？基于 TPA，巴拿马质疑 BSAM 交易的性质，认为许可协议及其收益分享模式，是形式上的投资，而不构成投资的实质，这种形式的投资不构成 TPA 的"投资"，而是有限的、非排他性的巴拿马商标使用权。即使它被认为是一项资产，也既不属于 BSAM 拥有也不受其控制。BSAM 则声称其核心投资是其普利司通和费尔斯通商标许可，这允许 BSAM 使用、制造、销售和分销。根据 TPA 和 ICSID 公约第 25 条第 1 款，这是一项投资。使用相关商标的许可证是否符合 TPA 和 ICSID 公约下的投资定义？为了回答这个问题，法庭试图确定一个商标何时属于投资的资格，仲裁庭认为，如果被许可人以与商标相同的方式利用该许可证，这将足以将其视为一项投资，其有权保护其商标和相关权益；不过仲裁庭考虑专家意见，即根据巴拿马法律，被许可人可以加入许可人的商标反对程序，法庭认为巴拿马最高法院的裁决会产生"寒蝉效应"，使商标的执行成本更高，吸引力和价值降低，导致商誉下降。因此，法庭的结论是，争端源于投资，但最高法院的裁决与巴拿马以外投资的影响之间不存在"直接因果关系"（BSAM 对其在其他地区的投资也造成了不利影响）。[1] 该案是知识产权许可协议受仲裁法庭管辖的一审案件，自该案和礼来公司（Eli Lilly）案件以来，有关知识产权相关交易的投资仲裁纠纷引发了广泛的关注，考虑知识产权制度的领土性质，与投资相关的知识产权问题必须被置于东道国的法律"语境"之下研究。

---

[1] UPRETI P N. IP Licence as an Investment：Insights from Bridgestone v. Panama [J]. Stockholm Intellectual Property Law Review. 2018，1（1）：16-26.

第六章

南亚国家争端解决制度及风险防范

第一节　印度

一、印度法律体系与司法制度中的投资风险

印度法律体系的基本特点是，基于英国模式的普通法制度（法律是由法官通过的决定、命令和判决制定的）。司法机构是任何国家中最重要的机构之一，一国司法质量主要建立在强大、独立和公正的司法基础上。通过确保司法公正，司法在一个国家的发展进程中发挥着关键作用。印度宪法的制定者确立了一个独立的司法制度，自独立以来，司法机构的地位和影响力都在增长。① 印度司法系统由印度最高院、高等法院、地区法院和下级法院组成，并设立了专门的商事法庭、劳工法庭、家庭法庭等来裁决不同专业领域的案件，中央调查局特别法庭负责处理贪污贿赂案件。印度司法系统在村一级建立了 Lok Adalats 和 Gram Panchayats，这些机构适用传统或习惯法，主要致力于使用替代性争议解决

---

① ROBINSON N. Structure Matters: The Impact of Court Structure on the Indian and U. S. Supreme Courts [J]. American Journal of Comparative Law, 2012, 61 (101): 104 – 105.

机制来解决当地争议。自 1959 年以来，印度废除了陪审团制度。

印度的司法系统是一个单一的综合系统，印度宪法将印度司法机构分为上级司法机构（最高法院和高等法院）和下级司法机构（高等法院控制下的下级法院）。印度最高法院于 1950 年 1 月成立，设首席大法官和大法官。2019 年《最高法院（法官人数）法案》［Supreme Court (Number of Judges) Bill］生效后，司法人员人数增加到 34 人。印度最高法院是最高上诉法院，具有初审管辖权，以解决涉及各邦之间争端、公民基本权利等问题，同时印度最高法院享有"咨询管辖权"。印度最高法院的司法裁决对印度所有法院、司法当局和法庭具有约束力（作为判例法）。同样，高等法院的裁决对印度的所有下级法院、司法当局和法庭具有约束力，除非另一个高等法院有相反的裁决；如果其他高等法院有相反的决定，通常以法官席位较大的法院的决定为准。地区法院的裁决对任何其他法院均不具有约束力。①

印度司法体系面临的主要问题包括，大量的未决案件导致司法公正、效率、合法性的缺失，如在孟买，法院无法对长期存在的土地争议作出决断，成为该市现代化改造的障碍；存在腐败问题且缺乏对司法人员的问责安排；缺乏透明度，法庭开放不足；人民与法院之间缺乏互动和信息交流；法院和法庭的数字化、现代化不足等。② 塔塔信托（Tata Trusts）发布的《2020 年印度司法报告》（India Justice Report）详尽研究了印度法律体系的客观条件，包括其瓶颈、新技术的使用及其主要缺陷。就司法服务而言，马哈拉施特拉邦是印度表现最好的邦，司法服务最差的是卡纳塔克邦、中央邦、西孟加拉邦等。同时，印度法院在技术

---

① BHAN A, ROHATGI M. Legal Systems in India: Overview [DB/OL]. Thomson Reuters Practical Law, 2021-03-01.
② TRIPATHI S. Defects of Judicial System in India [DB/OL]. Legalserviceindia, 2022-06-08.

设备设施方面配备较差，且在没有严格监督、监测和评估的情况下使用某些技术，引发了关于公平审判的质疑。①

二、替代性争端解决机制

1. 印度国内仲裁法律制度

印度是1958年《承认及执行外国仲裁裁决公约》（以下简称《纽约公约》）的签署国。商事争议主要通过印度国内民事诉讼法律和补充适用以联合国国际贸易法委员会模式为基础的《仲裁和调解法》加以解决。印度法院系统大致分为地方法院、高等法院和最高法院三级，此外还有处理税务等问题的专门法院。印度法律未明确规定审判期限，因此诉讼程序拖延十分常见，加之案件数量庞大，形成了大量未决诉讼。鉴于法院无法承受整个司法系统的负担，一些争议则通过仲裁、调解和谈判等其他替代性纠纷解决机制解决，该机制是对印度传统司法制度的一种可行的、公平的补充方案，是一种分配正义的快速通道系统。它不仅减少了解决争端的费用和时间，也引入了一种新的非对抗性争端解决方式，为各种争端提供了一个融洽的、非正式的和简便的平台，有助于各方以更具成本效益和更有效的方式处理争端，因此受到了印度官方和民间的重视。印度替代性纠纷解决机制的法律规定主要是1996年《仲裁和调解法》，该法第一部分规定了仲裁程序，第三部分规定了调解程序。其中调解不需要任何事先协议的存在。印度调解制度的基本原则主要有以下几项：（1）非对抗性，即当事人为友好解决纠纷可作某种程度的妥协，不必遵循法定的权利和义务；（2）自愿性，即任何一方可以随时启动或终止调解程序；（3）灵活性，即调解员可以基于效

---

① MENON R. India Justice Report Shows Legal System Needs Urgent Attention [DB/OL]. Theleaflet, 2021-01-28.

率的考虑灵活选择程序；（4）协议的非强制性，即当事人协商解决纠纷，而非代之以有约束力的决定。①

就仲裁而言，印度独立以前便存在仲裁相关立法。在早期仲裁法律制度中，② 1937 年《仲裁（协定和公约）法》[The Arbitration (Protocol and Convention) Act]③ 对 1923 年《日内瓦仲裁条款议定书》（Geneva Protocol on Arbitration Clauses）和 1927 年《日内瓦执行外国仲裁裁决公约》（Convention on the Execution of Foreign Arbitral Awards，二者简称《日内瓦公约》）的执行作了明确规定。1940 年印度通过的《仲裁法》（The Arbitration Act）对印度国内仲裁事项进行了较为系统的规定，④ 成为 1940 年至 1996 年本国仲裁的主要法律依据。1958 年，在《纽约公约》取代了《日内瓦公约》并逐渐被国际社会广泛采纳后，⑤ 作为《纽约公约》的缔约国，印度随之于 1961 年通过了《外国仲裁裁决（承认和执行）法》[The Foreign Awards (Recognition and Enforcement) Act]，确认了《纽约公约》在印度的效力，自此印度在执行外国仲裁裁决方面有了新的法律依据。不过，印度依据《纽约公约》第 1 条第 3 款"任何国家得于签署、批准或加入本公约时，或于本公约第 10 条通知推广适用时，本交互原则声明该国适用本公约，以承认及执行在另一缔约国领土内作成之仲裁裁决为限"之规定作出互惠保留，仅认可在

---

① 王从光. 发展中的印度调解制度 [N]. 人民法院报，2018-09-14（8）.
② 对此有不同观点，有学者将印度仲裁立法追溯至 1913 年，其后立法包括 1772 年、1780 年、1859 年、1899 年等相关立法，笔者认为，印度仲裁裁决执行立法较为成熟阶段为 1937 年引入日内瓦公约后，因此从该时期始作简要介绍。参见 RAUTRAY D. Master Guide to Arbitration in India [M]. New Delhi: Wolters Kluwer (India) Pvt Ltd, 2008: 1-9.
③ 主要为第 1 条、第 6 条、第 10 条相关规定。
④ 如第 15 条、第 16 条等规定了法院对仲裁裁决的干涉权力；第 32 条、第 33 条规定了仲裁裁决的效力的认定等问题。
⑤ Khindria T. Enforcement of Arbitration Award in India [J]. International Business Lawyer, 1995, 23 (1): 256.

与印度存在互惠关系的《纽约公约》缔约国领土内作成之仲裁裁决在印度具有直接执行力。① 因此长期以来,印度仲裁法律制度的主要依据为1937年《仲裁(协定和公约)法》、1940年《仲裁法》以及1961年《外国仲裁裁决(承认和执行)法》。

为使印度争端解决机制更符合世界主流趋势,以间接助推其经济发展,印度于1996年通过了《仲裁和调解法》(Arbitration and Conciliation Act)。在该法立法过程中,印度国内认为,《联合国国际商事仲裁示范法》(以下简称《仲裁示范法》)和《联合国国际贸易法委员会仲裁规则》(UNCITRAL Arbitration Rules,以下简称《仲裁规则》)统一了"仲裁"的概念,协调了世界上不同的法律体系,包含了全球通用的条款设计,② 具有普遍适用性,因此被广泛纳入1996年《仲裁和调解法》之中。1996年《仲裁和调解法》"前言"即宣称其内容参考了《仲裁示范法》及《仲裁规则》相关规定。同时,为尽可能保证仲裁法律制度内部的一致性,第2条第1款完全采用《仲裁示范法》对"仲裁"和"仲裁裁决"概念的宽泛定义③;在仲裁裁决执行制度框架内较为核心的法院撤销或不予执行仲裁裁决事由问题上,尽管《仲裁示范法》④明确其适用范围为国际商事仲裁和外国仲裁裁决,不涉及法院撤销国内

---

① 《外国仲裁裁决(承认和执行)法》第44条规定能直接向印度法院申请执行的外国裁决须是在公约缔约国且与印度有仲裁裁决执行互惠协定国家之领土内作成的裁决。与印度存在互惠关系具体指《印度政府公报》(Official Gazette of India)上明确公布的国家。根据《印度政府公报》公布,中国(包括大陆地区、香港特别行政区和澳门特别行政区,暂未对台湾地区作出安排)与印度相互承认和执行自2012年3月19日及以后在对方领土范围内作出的仲裁裁决;其最近公布的建立互惠关系的国家为毛里求斯共和国,双方互相承认自1961年10月11日起在对方领土内作出的全部仲裁裁决。
② KRISHAN R. An Overview of Arbitration and Conciliation Act 1996 [J]. Journal of Arbitration, 2004, 21 (3): 265.
③ 对"仲裁"的定义为"无论是否由常设仲裁机构管辖的任何仲裁"(全部仲裁裁决),并明确"仲裁裁决"包括"临时仲裁裁决"。
④ 《纽约公约》与《仲裁示范法》规定的拒绝执行仲裁裁决事由一致。

仲裁裁决事项，但1996年《仲裁和调解法》中有关撤销国内仲裁裁决事由亦沿袭了《仲裁示范法》第36条的规定。因此，从某种程度来看，1996年《仲裁和调解法》可被视为印度充分借鉴国际主流仲裁制度的反映。

1996年《仲裁和调解法》出台前，印度法院对仲裁程序以及仲裁裁决享有广泛的干预权，且在实践中印度法院亦充分行使了该司法权力。1996年《仲裁和调解法》的颁布便是为了解决印度仲裁法律规定不统一、法官对仲裁及仲裁裁决干预权限过大等问题。该法开宗明义即指出，其立法目的在于协调和修订涉及国内仲裁、国际商事仲裁和执行外国仲裁裁决的法律制度，以及规范和协调与所涉问题有关的附带事项。该法整合并取代了前述印度1940年、1937年以及1961年的仲裁立法，① 成为印度仲裁新的成文法渊源。在具体制度设计方面，印度《仲裁和调解法》第一部分"仲裁"（第1~43条）适用于内国仲裁裁决，但除非当事人另有约定，第一部分第9条、第27条以及第2条（1）（a）以及第37条（3）亦适用于仲裁地在印度以外的国际商事仲裁和根据第二部分对此类仲裁裁决的执行；② 第二部分"外国仲裁裁决的执行"（第44~60条）适用于《纽约公约》及《日内瓦公约》范围内外国仲裁裁决的执行；第三部分规定了"调解"（第61~81条）；第四部分"补充规定"对规则制定权利、法律的废止和保留等作了规定。最后，附件部分主要列出了公约的具体内容、仲裁费用的确定标准、仲裁员是否存在不正当利益关系的认定标准等。

---

① 《仲裁和调解法》第85条规定，因1996年仲裁法的颁布，前三部法律均被取代；但除非当事人另有约定，1996年仲裁法生效之前有关仲裁程序应适用当时的法律（新法原则上不溯及既往）。

② 为Arbitration and Conciliation（Amendment）Bill, 2015. 新增内容，该条实际上确定了1996年《仲裁和调解法》第一部分的严格适用界限，以解决印度判例中将第一部分规定任意适用于对外国仲裁裁决执行的现象。

此外，印度《仲裁和调解法》以仲裁地①作为仲裁分类依据，区分仲裁地在印度的仲裁裁决（内国仲裁裁决）与仲裁地在印度以外国家的仲裁裁决（外国仲裁裁决），其中内国仲裁裁决包括仲裁地在印度的国内商事的仲裁裁决以及仲裁地在印度的国际商事仲裁裁决。② 仲裁类型的不同，决定了法律适用以及法院管辖权等事项的不同。其中，国内商事仲裁与国际商事仲裁的界定以商事纠纷主体特征为标准，法律明确规定国际商事仲裁为"涉及法律关系争议的仲裁，无论是否依据合同，被印度现行法律认为是商事的，且至少一方当事人满足下列条件之一：国籍或惯常居所地在印度以外国家的个人，在印度以外国家成立的法人团体，管理和控制中心在印度以外国家的组织或个人组织③，外国政府"。即以当事人的国籍、惯常居所地等实质性连接因素的涉外特征④作为确定"国际"商事仲裁裁决的标准。而《仲裁和调解法》所指的外国仲裁裁决包括《纽约公约》和《日内瓦公约》范围内的仲裁裁决。根据第44条规定，《纽约公约》框架下"除特定情况外，印度外国仲裁裁决指主体间的争议起于法律关系，不论其为契约性质与否，而依印度之国内法认为系属商事关系的仲裁裁决"。印度最高法院在Centrotrade Minerals and Metal. Inc. vs Hindustan Copper Limited⑤案中对该条中的"特定情况"的适用条件作出了解释：假定在仲裁程序开始

---

① 1996年《仲裁和调解法》第20条对"仲裁地"作了明确界定，即当事人约定或无约定时仲裁庭指定的地点，与仲裁程序的实际发生地点不完全一致。本书采用的在"缔约国领土内作成之仲裁裁决"等传统表述，不能认为本书将仲裁程序发生地完全等同于仲裁地。
② 主要依据为1996年《仲裁和调解法》第2条第2款，内容为"这部分适用于仲裁地在印度的裁决"，本书将仲裁地在印度的裁决统称为内国仲裁裁决（domestic arbitral awards），仲裁地在印度的仲裁裁决，除国际商事仲裁裁决外即为本书所指的国内仲裁裁决。
③ 2015年《仲裁和调解修正案》将"公司"修改为"组织"。
④ 韩德培. 国际私法 [M]. 北京：高等教育出版社，北京大学出版社，2007：531.
⑤ (2006) 11 S. C. C. 245 [A/OL]. Supreme Court of India, 2020-06-02.

前，尽管当事方一致同意实际裁决地在英国，但为仲裁目的之实现，印度应被视为仲裁地且仲裁程序应按照印度法实施。符合此种"实质仲裁地"在印度的仲裁裁决，则被认为满足了该条规定的"特定情况"，而视为印度内国仲裁裁决。根据第43条，《日内瓦公约》框架下的外国仲裁裁决应为"1924年7月28日后作出的主体间的争议起于法律关系且依印度之国内法认为系属商事关系的仲裁裁决"。因此，《纽约公约》和《日内瓦公约》在印度的适用有明确时间界限，《纽约公约》在印度生效前形成的外国仲裁裁决适用《日内瓦公约》条款，此后形成的外国仲裁裁决则适用《纽约公约》条款，当然，如该"外国"为《日内瓦公约》缔约国而未加入《纽约公约》的，仍适用1996年《仲裁和调解法》对《日内瓦公约》执行的相关规定。

只有在争议出现之前，当事人之间存在有效的仲裁协议，仲裁程序才能启动。根据《仲裁和调解法》第7条，这样的协议必须是书面的。存在争议的合同，必须有仲裁条款或者有当事人单独签署的包含仲裁协议的文件。仲裁协议的存在也可以通过提供仲裁协议记录的信函、电传或电报等书面函件来推断。一方当事人对仲裁协议的存在表示异议而另一方当事人没有否认的，交换请求和答辩书也被视为有效的书面仲裁协议。1996年的《仲裁和调解法》所带来的变化之大，导致印度在过去56年里建立起来的整个关于仲裁的判例法都变得多余了。

但是，印度仲裁体系在解决商事争议方面也存在诸多局限性，在印投资企业仍倾向于通过司法途径解决纠纷。一是相比司法途径，仲裁花费更多，企业争议解决的耗费更大；二是某种程度上，仲裁并没有体现效率，也没有缩短争议解决的时间，反而成为各方利益博弈的又一"局"。仲裁员和当事人的律师还可能将仲裁视为在处理法庭事务之后的"额外时间"或加班工作。其结果是，仲裁庭审时间较短，且由于正式仲裁庭的缺乏，无法在正常工作时间内不间断地进行仲裁程序，导致案件处理时间延长。当然，印度也在试图逐步改善这一问题，如鼓励"速裁程序"的使用。该程序是一种有时限的仲裁，有更严格的程序规则，不允许无故延长仲裁时间，通过缩短仲裁平均时间以使争议解决更具时间成本效益。1996年《仲裁和调解法》第11条第2款和第13条第2款规定，各方可自由商定任命仲裁员的程序，并可选择对仲裁裁决提出异议的最快方式。整体来看，争议解决机制的选择可能会产生重大的商业、金融和法律后果，投资者无论选择何种争议解决机制，都应考虑每种解决模式的优缺点和争议本身的特点。

2. 投资者国家仲裁机制

印度签署的国家投资条约和印度相关投资条约、投资仲裁政策，奠定了印度对外国投资者基本权益的保护和救济框架，也是印度投资法律制度的重要内容。印度是国际投资领域的重要参与者，尽管其兼具资本输入国和资本输出国双重身份，但印度似乎更介意国际投资协定对其公共政策空间的约束，以及由国际投资协定所带来的挑战和仲裁败诉的成本与风险。在强烈的国家利益保护理念下，印度总体上更为强调东道国的绝对主权和管制权，放弃了当前以投资者保护为重点的双边投资协定主流范式。[1] 尤其是2004年以来，印度政府不断在国际投资仲裁中受挫，并面临大额经济赔偿，这直接导致印度重新反思国际投资条约在国家与投资者利益保护方面的平衡问题，并试图采取对国家利益更为有利的投资争端解决机制。

在印度投资条约与投资仲裁领域转型的推动因素中，最具影响力的案件当属 White Industries Australia Ltd v The Republic of India[2] 一案。本

---

[1] 王彦志，王菲. 印度2015年双边投资条约范本草案评析——White Industries v. India 案裁决阴影下的重大立场变迁［J］. 国际经济法学刊，2015（2）：168.
[2] UNCITRAL. White Industries Australia Limited v. The Republic of India ［EB/OL］. Italaw，2023-12-15.

案中，因印度法院一直拖延执行 ICC 裁决，澳大利亚怀特工业公司（简称怀特公司）遂提起了一项特殊的国际仲裁，其主张仲裁裁决在印度法院被搁置 9 年时间属于不正当的、无法接受的拖延，违反了投资条约保证的提供"主张索赔有效的手段"（effective means to assert claims）的义务并导致其遭受损失。[1] 仲裁庭支持了该主张，裁定印度违反了其双边投资条约下为投资者提供"主张和执行权利的有效手段"的义务，被要求履行此前裁决义务并支付相关利息和法律费用。继怀特公司一案后，2011 年至 2015 年期间，外国投资者又针对印度政府提起了数起国际投资仲裁案件，如沃达丰（Vodafone）[2]、德国电信（Deutsche Telekom）[3] 和日产汽车（Nissan Motor Co）[4] 等公司就由追溯效力的税收索赔和违约纠纷等提起国际仲裁。

国际投资仲裁的压力直接迫使印度政府迅速采取行动，尤其是 2014 年莫迪政府上台后着手推行的投资条约和投资仲裁改革计划。其中，以印度 2016 年《印度双边投资协定示范文本》（Model Text for the Indian Bilateral Investment Treaty，简称为《2016 年投资范本》）为标志，印度在国际投资条约和投资仲裁方面的态度发生了根本转变。除推出《2016 年投资范本》外，印度政府还采取了更为激进的投资条约框架改革措施，大规模终止和废除印度签订的双边投资协定。自 2016 年起，印度计划对所有到期的双边投资协定进行重新谈判，以代替到期协定，随后印度开启了大规模终止双边投资协定的行动，并主张投资伙伴

---

[1] SATHYAPALAN H K. Indian judiciary and international arbitration: a BIT of a control [J]. Arbitration International, 2016 (0): 9-10.

[2] PCA Case No. 2016-35. Vodafone International Holdings BV v. Government of India [EB/OL]. Italaw, 2018-05-07.

[3] PCA Case No. 2014-10. Deutsche Telekom v. India [EB/OL]. Italaw, 2023-05-08.

[4] PCA Case No. 2017-37. Nissan Motor Co., Ltd. v. Republic of India [EB/OL]. Italaw, 2019-04-29.

国在《2016年投资范本》基础上与印度重新进行双边投资协定。同时，印度向多国提议通过联合解释声明（Joint Interpretative Statement）的形式，参照《2016年投资范本》对双方现行有效的投资协定进行澄清、补充和修改。①

在投资争端解决机制上，印度通过阻止或拖延投资者提起国家投资仲裁来维护其国家利益。《2016年投资范本》第14.3条规定了"用尽当地救济措施"的原则，根据该规定，投资争端发生后，投资者在知道或者应当知道起一年内，向东道国的有关国内法院或行政机构提出索赔，以寻求东道国国内救济措施，只有在用尽东道国国内司法和行政救济措施而仍未达成令投资者满意的方法后，或者投资者努力寻求国内补救措施后确定继续寻求国内补救措施将是无效时，投资者才能寻求投资者—国家争端解决程序的救济。值得一提的是，印度与巴西于2021年1月签署的双边投资协定将国家利益保护推向了新的层级，该双边投资协定抛弃了主流双边和多边投资协定中广泛适用的投资者—国家仲裁机制，将投资争议推回到最传统的争端解决模式，即通过国家间仲裁机制、双方建立的索赔委员会或者外交途径解决。② 尽管该投资协定不完全代表印度双边投资协定改革初衷和方向，但此次印巴双边投资协定的签署也反映出印度充分维护东道国管制权和国家利益、反对国际投资仲裁的基本政策走向。

印度的国家利益倾向不仅体现在对前述"投资者—国家争端解决"机制的限制或否定上，还表现在投资仲裁裁决的执行中。由于印度并未

---

① 如2017年印度与孟加拉国签署了一份联合解释声明（Joint Interpretive Notes on the Agreement between the Government of the Republic of India and the Government of the People's Republic of Bangladesh for the Promotion and Protection of Investment），双方在保留2009年双边投资协定的前提下，对该协定的内容加以调整和澄清。
② RANJAN P. India-Brazil Bilateral Investment Treaty – A New Template for India [EB/OL]. Kluwerarbitration, 2020-3-19.

加入《关于解决国家与他国国民间投资争端公约》（简称《华盛顿公约》），公约第53条第1款关于国际投资仲裁裁决执行的规定尚不适用于印度。同时，德里高等法院在 Union of India v Vodafone Group PLC United Kingdom & Anor（2017）[1] 与 Union of India v Khaitan Holdings (Mauritius) Ltd & Ors（2019）[2] 两个案件的判决中指出，尽管印度签署了1958年《承认及执行外国仲裁裁决公约》（简称《纽约公约》），但印度作出了"商事保留"，德里高等法院认为投资仲裁是非商事性质的，因此法院没有义务适用《纽约公约》的规定强制执行国际投资仲裁裁决；另外，在国内法层面，投资仲裁既不属于国际商事仲裁，也不是国内仲裁，印度《仲裁和调解法》中的仲裁裁决执行机制也不能适用。[3] 因此，在司法实践中，国际投资仲裁裁决难以在印度得到强制执行。这既是制度缺陷，也可以说是印度在有意阻止外国投资者提起投资仲裁，引导投资者与政府进行协商解决争端。[4]

  印度投资条约理念和制度上的变化也将对中国投资者在印投资产生普遍性的不利影响。一是受到印度终止双边投资协定浪潮的影响，2006年中印间签署的《中华人民共和国政府和印度共和国政府关于促进和保护投资的协定》（简称《中印投资协定》）[5] 于2018年10月3日被印度单方面终止，且由于印度未能加入RCEP，中印间在投资者保护上

---

[1] RFA (OS) 38/2018 & RFA (OS) 45/2018 [A/OL]. Delhi High Court, 2020-12-08.

[2] CS (OS) 46/2019, I. As. 1235/2019 & 1238/2019 [A/OL]. Delhi High Court, 2019-1-28.

[3] 印度《仲裁和调解法》第一部分"仲裁"规定了国内仲裁裁决的执行，第二部分"外国仲裁裁决的执行"规定了国际商事仲裁和外国商事仲裁裁决的执行。参见：杨翠柏，张雪娇.印度商事仲裁裁决执行制度.南亚研究季刊，2017（2）：77.

[4] WEBER S. What Happened to Investment Arbitration In India [EB/OL]. Kluwerarbitration，2021-3-27.

[5] 根据《中印投资协定》第16条第1款，协议有效期为10年，期满后除非一方通知另一方终止本协议，协议有效期自动延长10年，并以此顺延。

缺乏基本的国际投资保护法律框架，中国投资者在印投资也陷入投资条约保护缺失的窘境；如果印度政府制定对中国投资者不利的法律制度或采取的歧视性、专断性行为，将难以直接在国际法层面加以评判。二是印度对国际投资仲裁的排斥，将导致中国投资者在面临投资争端时难以得到有效、公平的解决。印度对用尽当地救济和东道国国内解决的重视，中国投资者将国际投资争端提交国际仲裁解决时将可能面临更多的来自印度政府法律制度和司法判决的制约。其中具有代表性的是印度"禁仲裁令"（anti-arbitration injunction）[①]制度，印度政府利用该制度，向印度国内法院提起诉讼，拖延或阻止投资者将投资争端诉诸国际投资仲裁解决；同时，由于国际投资仲裁裁决难以在印度国内得到强制执行，因此即便中国投资者取得有利的仲裁裁决，该裁决也难以得到强制执行。

第二节　巴基斯坦

一、巴基斯坦法律体系和司法制度中的投资风险

巴基斯坦是一个普通法司法管辖区，尽管其法律在很大程度上被编成法典。有关公司、合同和财产的法律是以英国普通法原则为基础的。刑法的某些规定是以伊斯兰教法的原则为基础的。诸如婚姻和财产继承等问题属于个人法问题，因此适用的法律将取决于有关个人的宗教信

[①] "禁仲裁令"（anti-arbitration injunction）是指由一国国内法院向当事人甚至仲裁庭或仲裁员颁布的终止或暂停仲裁程序的命令。参见：[法] 盖拉德. 国际仲裁的法理思考和实践指导 [M]. 黄洁，译. 北京：北京大学出版社，2010：63. 印度政府在 McDonald's India Pvt. Ltd. v. Vikram Bakshi & Ors. 以及 Union of India v. Vodafone Group PLC United Kingdom & ANR CS（OS）等国际投资争端中多次试图使用"禁仲裁令"制度禁止外国投资者寻求国际投资仲裁。

仰。巴基斯坦有独立的司法系统，包括各级法院。法院遵循对抗制，判例具有约束力。下级法院的判决可向上级法院上诉。巴基斯坦没有陪审团制度，因此所有的事实和法律问题都是由法官决定的。一般来说，负责民事事务的民事法官法庭和负责刑事事务的治安法官法庭属于第一审法院。由地区法官组成的法院一般行使上诉管辖权，但是地区法院也充当某些类型案件的初审法庭，例如诽谤案件和在伊斯兰堡涉及价值5000万卢比以上的民事索赔案件（但在卡拉奇地区，价值超过1500万卢比的民事索赔案件的初审法院是信德省高等法院）。除了普通民事法院外，巴基斯坦还设立了各种专门法院或法庭，对某些类型的民事纠纷行使管辖权，如银行法庭、租金法庭、消费者法庭和知识产权法庭。此外，也可能在法院的不同审判席之间对案件进行行政划分。信德省、旁遮普省、俾路支省和开伯尔-普赫图赫瓦省四个省以及伊斯兰堡首都地区都设有一个高等法院，虽然高等法院一般行使上诉管辖权，但某些事项，包括公司和银行案件，高等法院被授予民事初审管辖权。上述所有法院，包括所有普通法院和专门法院、法庭，都属于巴基斯坦五个高等法院的监督管辖范围。此外，巴基斯坦高等法院还行使宪法管辖权，根据宪法，它们可以裁决对政府当局行为合法性的质疑。任何一方受到政府当局行动的损害，可向高等法院申请签发令状性质的救济。企业经常援引高等法院的宪法管辖权，对监管当局、政府部门、国有企业和税务机关行动的合法性提出疑问。巴基斯坦最高法院是最高上诉法院，其判决对所有其他法院具有约束力，最高法院对涉及执行宪法保障的基本权利的重大公共事务也有初审管辖权。①

---

① GILLETTE R B. Pakistan：Law and Practice［EB/OL］. Chambers and partners，2021-07-13.

二、替代性争端解决机制

巴基斯坦 1940 年《仲裁法》(the Arbitration Act) 提供了解决商事争议的仲裁机制。尽管 1940 年《仲裁法》立法时间较早，但至今仍然有效，且内容较为清晰、完善，有连贯的司法判例链支撑法律条款的解释，并与其他国际司法管辖区保持一致，特别是在贸易和商业事务方面。该法规定了有法院干预和没有法院干预的仲裁，两者的主要区别在于争议双方是否愿意诉诸仲裁。如果双方都愿意诉诸仲裁而不寻求法院指定仲裁员，则可以进行不受法院干预的仲裁；法院介入仲裁发生在一方愿意而另一方不愿意的情况下，从而使愿意的一方能够确保不愿意的一方遵守预先商定的仲裁。① 2011 年《仲裁（国际投资争端）法》[Arbitration (International Investment Disputes) Act] 和 2011 年《承认和执行（仲裁协议和外国仲裁裁决）法》[Recognition and Enforcement (Arbitration Agreements and Foreign Arbitral Awards) Act, 2011] 主要是为了回应对 1958 年《纽约公约》的批准，将执行裁决的程序纳入巴基斯坦国家法律框架，根据法律规定，ICSID 仲裁庭裁决下的金钱义务可以像巴基斯坦高等法院的判决一样执行，并由巴基斯坦高等法院负责强制执行，以保证外国投资者的投资利益。②

巴基斯坦于 1965 年 7 月签署了 1958 年《纽约公约》，并于 1966 年 9 月正式批准该公约（1966 年 10 月生效）。由于国际仲裁经验缺乏等原因，巴基斯坦在国际投资仲裁中往往处于被动地位。2017 年接连输掉了两起国际仲裁案件，涉及向当地和跨国企业支付 9 亿多美元的赔偿。

---

① KALANAURI Z. Law Of Arbitration In Pakistan [EB/OL]. Courtingthelaw, 2017-01-16.
② KHAN A N, REHMAN H A. Legal Framework of Foreign Investment in Pakistan: An Appraisal of Protectionist Approach [J]. Pakistan Social Sciences Review, 2020, 4 (4): 178-179.

在其中一起电力租赁案中，仲裁庭认为，巴基斯坦"征收"了土耳其Karkey Karadeniz Elektrik Uretim 公司的资产，裁定巴基斯坦政府向该公司支付约8亿美元赔偿金。另一起是伦敦国际仲裁院在其最终仲裁裁决中要求巴基斯坦支付约140亿卢比赔偿金（合1.35亿美元）。[①] 而在2019年7月的 Tethyan Saga v. the Government of Pakistan 一案中，ICSID仲裁庭更是要求巴基斯坦政府向Tethyan 公司支付58亿美元的巨额赔偿金。Tethyan 公司和巴基斯坦政府之间的法律大战始于2011年，Tethyan公司据称投资了2.2亿多美元，在巴基斯坦俾路支省的Reko Diq 镇发现了铜和黄金储备，但随后巴基斯坦政府拒绝与Tethyan 签订一份采矿租约。ICSID 仲裁裁决作出后，巴基斯坦宣布将尝试与Tethyan 公司达成和解。但此后Tethya 公司要求美国法院执行裁决，巴基斯坦政府因此根据ICSID 的投资仲裁程序寻求重新审查仲裁庭的决定。尽管政府已经花费了数百万美元来支付法律费用，但这场法律战仍在继续。[②] 巴基斯坦政府想要试图阻止外国投资者将争端提交国际仲裁，可采取类似于印度政府的激进做法，终止现有的作为外国投资者进行国际仲裁法律依据的约50项BIT。但是，这种激进措施可能会对外国投资者的投资信心产生不利影响。巴基斯坦法院过去曾多次干预巴基斯坦政府与外国投资者的交易，但从未就这些案件直接作出判决，法院的干预大多是因政府官员被指有不当行为。在这种情况下，根据现有BIT，投资仲裁是留给外国投资者的唯一中立和有效的补救办法。巴基斯坦更希望通过多边体系解决国际投资争端，并称在世界贸易组织体系下解决国际争端是更

[①] KIANI K. Reasons why Pakistan Loses International Arbitration [EB/OL]. Nawn, 2017-11-13.

[②] GHOURI A. Pakistan's Woes with Foreign Investors - Ways to Prevent the Tethyan Saga [EB/OL]. Kluwerarbitration, 2019-11-18.

好的选择。①

就中巴投资关系而言,其核心问题是"中巴经济走廊"所涉的争端解决机制。当前我国与70多个国家签署的《关于"一带一路"项目的谅解备忘录》规定主要通过磋商来解决争端。2017年,拉合尔国际投资与商业仲裁中心和法律与政策学院在拉合尔联合举办的一次会议上讨论的基本主题即是关于"中巴经济走廊"的争端解决机制问题,与会人员包括来自巴基斯坦以及新加坡和英国的律师、工程师、经济学家、政策制定者、政府官员以及中国和巴基斯坦商界的代表等,讨论集中在中巴经济走廊框架的经济、法律、监管和技术层面的问题,并着重于争端的解决。在本框架的潜在经济效益方面,各方没有根本分歧,但与会者承认,如果不能有效解决争端,就有可能颠覆这一评估。这种担忧在一定程度上源于这样一种可能性,即在某些情况下,争议可以通过政府官员的干预来解决。一般情况下,未经争议双方同意的第三方介入(尤其是两国政府官员的直接干预)会有一定的不公平,因为解决争议的方法与双方在合同中约定的不一致。因此,这种干预会破坏双方的相互信任。会议也提出了一些可能的争端解决机制。② 一是由我国最高人民法院推动设立的国际商事法庭提供诉讼、仲裁和调解服务,解决涉"中巴经济走廊"纠纷甚至解决所有"一带一路"争端。但利用一国法院或仲裁机构处理国际投资争端,其独立性、公正性难以得到另一国的认可和同意。二是考虑采用中国和巴基斯坦仲裁机构联盟的形式。当前,总部位于拉合尔的国际投资与商业仲裁中心与杭州仲裁委员会签署了一份谅解备忘录,形成了一个联盟。三是建立联合仲裁中心机制,最典型的例子是中非联合仲裁中心。中非联合仲裁中心成立于2015年,

---

① Dawn. Multilateral System to Resolve Investment Disputes Proposed [EB/OL]. Dawn,2016-12-16.
② AHMAD R S. CPEC: ABCs of Commercial Investment Dispute Resolution [EB/OL]. Tribune,2017-11-18.

旨在解决中非公民、法人和政府机构之间的贸易和投资争端，其中设立中非联合仲裁中心的动机之一即是避开地方法院、地方仲裁机构，甚至一些主要的国际仲裁机构。该中心在中国和南非均有设立，中国在非洲的商业活动和投资引起的争端由约翰内斯堡分中心解决，非洲在中国的商业活动和投资引起的争端由上海分中心解决。[①] 当前，"中巴经济走廊"争端解决机制并非国内关注的重点，相关机制的不明确也给投资争端解决带来了很大的不确定性。

第三节　孟加拉国

一、孟加拉国法律体系与司法制度中的投资风险

1971年孟加拉国独立，基本延续了英国殖民时期和巴基斯坦时期的法律和司法体系。1972年孟加拉国通过了《1972年孟加拉国人民共和国宪法》（Constitution of the People's Republic of Bangladesh），宪法规定了法治的基本原则，法律面前人人平等，不得基于宗教、种族、性别等方面进行歧视。宪法第六部分规定了孟加拉国的司法体系，其中规定了孟加拉国最高法院（Supreme Court of Bangladesh）的结构和职能。孟加拉国最高法院包括上诉部门（Appellate Division）和高等法院部门（High Court Division）两个部门，上诉部门的管辖权包括初审管辖权、对诉讼程序的发布和执行的管辖权（实现完全正义的权力）、关于审查的司法管辖权以及咨询管辖权；高等法院的管辖权包括普通或一般管辖权（管辖权主要来源于民事和刑事诉讼法等规定的初审、上诉、修正

[①] AHMAD R S. BRI and CPEC: Dispute Resolution Mechanisms [EB/OL]. Tribune, 2018-3-15.

和咨询管辖权）与宪法管辖权（管辖权来源于宪法）。孟加拉国的司法机构由孟加拉国最高法院、下级法院（subordinate courts）和法庭（tribunals）组成。孟加拉国的下级法院可分为两大类，即民事法院和刑事法院，其基本法律依据是《1887年民事法院法》（Civil Courts Act）和2007年修订的《1898年刑事诉讼法》（Code of Criminal Procedure），其他法院和法庭均从属于最高法院。除此之外，孟加拉国还有其他一些特别法律，它们为一些特别法庭提供了基础，如劳工法庭、少年法庭、行政法庭等。虽然孟加拉国的法律建立在英国普通法基础之上，但孟加拉国的法律大多是由议会制定并由最高法院解释的成文法。

尽管孟加拉国司法体系组织完善，但仍存在诸多问题。孟加拉国现行纠纷解决程序体系，尤其是《民事诉讼法》，具有对抗性过强的特点，法官没有积极参与。孟加拉国的民事诉讼在初审法院提起，且没有规定双方或法官必须遵守的法定诉讼时限。法官可以自由裁量，准许在任何诉讼阶段进行多次休庭，甚至案件长达一年后才进入审判。现行制度还允许当事人提出临时申请和上诉，无论其证据和理由是否充分。额外的诉讼程序和时间延迟导致孟加拉国司法系统对外国投资者来说效率低下。此外，孟加拉国没有审理商业纠纷的速裁法庭，现行法律制度也没有审前强制调解程序。根据孟加拉国法律，除非双方合同约定，当事人没有义务选择对争议进行仲裁。如存在仲裁条款，孟加拉国的法院将在正式程序中受理争议，并裁定是否将争议交付仲裁，但这一程序经常被违约方滥用，使受损一方无法在合理的时间内获得有效救济。[1] 孟加拉国缺乏有效的法律执行机制，使法院系统面临着大量积压案件。[2]

孟加拉国在司法体系上的具体问题有以下几点：一是政府的行政部

---

[1] FAISAL D, HABIB M H. Chinese Outbound Investment Guide 2018: Bangladesh [EB/OL]. IFLR, 2018-4-26.

[2] Foreign & Commonwealth Office. Overseas Business Risk – Bangladesh [EB/OL]. GOV.UK, 2017-6-20.

门对司法，特别是下级刑事司法具有较大的控制权，行使司法职能的治安法官是从担任行政职务的公务员中任命的，这些治安法官本质上兼具行政与司法职能，即执行政府的政策又进行司法裁判。地方法官容易与负责其职位、晋升和前途的政治行政人员保持密切联系，因此，在判决刑事案件时很容易受到政治行政人员的支配或影响。司法独立性和司法权与行政权的分立仍是近年来孟加拉国司法改革的重点。二是司法效率低下和案件处理的拖延，形成大量未决案件。由于缺乏明确的审理期限规定，提交法院审理的案件的期限充满了不确定性。三是司法腐败问题，司法政治化和司法系统人员的腐败行为严重破坏了孟加拉国司法形象。① 有研究认为，由于孟加拉国司法系统中存在着较多的腐败、裙带关系、过度拖延等严重问题，导致司法机构未能为一般公民提供最终的正义，如在孟加拉国，大多数律师、法官和法院工作人员自发地收受贿赂使案件管辖权不正当转移。② 四是孟加拉国的司法独立问题，孟加拉国现行司法制度基本上是英国统治者引入的制度的复制品，早期英国和巴基斯坦的统治者总是试图通过不同的行政机制控制司法，包括法官的任命、任期和纪律。因此从英国殖民时期开始，司法机构一直没有脱离行政部门的干涉，司法机构不够强大，无法控制和让政府官员对孟加拉国的法律制度负责。因而尽管法律和组织上规定了司法独立，但行政干预司法的现象仍在孟加拉国普遍存在。③

---

① PANDAY P K, MOLLAH A H. The Judicial System of Bangladesh: An Overview from Historical Viewpoint [J]. International Journal of Law and Management, 2011, 53 (1): 6-31.

② ABDUL A. Corruption in Civil Litigation System: An Approach to Judicial Reform in Bangladesh [J]. Asian Journal of Law and Economics, 2018, 9 (2): 1-2.

③ MOLLAH A H. Independence of Judiciary in Bangladesh: An Overview [J]. International Journal of Law and Management, 2012, 54 (1): 61-77.

二、替代性争端解决机制

在争议案件中,根据孟加拉国 2001 年《仲裁法》(Arbitration Act),多数争端可以通过替代性争端解决方案解决,并且依据法律规定,在孟加拉国执行国际仲裁裁决没有太多障碍。孟加拉国是 1958 年《纽约公约》的签字国,并且是《华盛顿公约》成员国。孟加拉国的外国投资法没有具体规定外国投资争端解决方法,其 2005 年《国家投资政策》在第 14 章隐晦地提到了"解决冲突的国际准则和制度"。但因缺乏国际统一标准,这些准则、制度的性质和范围各不相同,因此,孟加拉国国际投资争端的解决依赖于相关 BIT 条款。1990 年,意大利 Saipem 公司和 Petrobangla 公司签订了管道建设合同,合同中的仲裁条款约定,争端将根据 ICC 仲裁规则在达卡解决。此后,双方对工程延期完工的赔偿问题发生了争议,Saipem 援引仲裁条款向 ICC 申请仲裁。1999 年,孟加拉国最高法院的高等分院颁布了一项临时禁令,阻止 Saipem 公司就程序违规问题向 ICC 提起仲裁,但 ICC 无视达卡法院的命令,继续进行仲裁。ICC 认为孟加拉国法院缺乏管辖权,其命令违反了国际仲裁义务。2003 年 ICC 的裁决支持了 Saipem 公司。裁决认为,Petrobangla 公司对于违反合同义务的行为应当承担责任,应向 Saipem 公司支付包括应计利息在内的赔偿。Petrobangla 公司向高等分院申请撤销 ICC 裁决,该院认为裁决无效。由于未能在孟加拉国执行 ICC 的裁决,Saipem 公司又援引了 1990 年孟加拉国—意大利 BIT,其第 9 条第 2 款允许 Saipem 公司将其争议"自行"提交给仲裁庭,其中明确提到了 ICSID。[①]

美国雪佛龙公司根据与孟加拉国 Petrobangla 石油公司的产品分成合同,勘探和生产来自 Jalalabad 油田的天然气,并通过孟加拉国石油

---

① Saipem S. p. A. v. The People's Republic of Bangladesh, ICSID Case No. ARB/05/07 [EB/OL]. Italaw, 2009-06-30.

公司的管道输送至国家天然气网络。孟加拉国石油公司对其管道的使用收取4%的费用，并从向雪佛龙购买 Jalalabad 油田天然气的款项中扣除。雪佛龙声称这一扣除剥夺了雪佛龙的全部投资利益，于2006年3月向 ICSID 提出仲裁请求，Petrobangla 认为，根据合同，它的扣除是公平合法的。孟加拉国反对 ICSID 的管辖权，认为该争端不属于国际投资争端，因为出售天然气所得收益不构成《华盛顿公约》规定的投资。但是，孟加拉国主张的这一狭隘定义与其缔约实践自相矛盾。其1986年与美国的投资协定将投资定义为"直接或间接拥有或控制的每一种投资"，包括"对金钱的索赔或对具有经济价值的业绩的索赔"（第1条）。"每一种资产"，包括"对货币或具有财务价值的合同项下任何业绩的索赔"，都是一种投资（第1条）。根据前述的投资协议，争议应通过 ICSID 仲裁解决（第18条），其争端解决程序不要求用尽国内救济措施作为诉诸外部补救办法的必要条件，这使原告方得以避开孟加拉国法院的管辖。[①]

第四节　斯里兰卡

一、斯里兰卡法律体系与司法制度中的投资风险

斯里兰卡的司法系统包括最高法院、上诉法院、高等法院、地区法院、治安法院和初级法院。斯里兰卡拥有一个现代化的法律体系，其主要受到罗马—荷兰和英国法律传统的影响，罗马—荷兰法在很大程度上局限于财产法和家庭法，而义务法则是以英国法律为基础。斯里兰卡的

[①] ISLAM M R. BITs of Bangladesh: Are They National Interest Friendly [EB/OL]. Bilaterals, 2018-12-4.

普通法，或称为剩余法（Residual Law）深受英国普通法的影响，且即便是立法管辖领域，如对英国法规（如商品销售）的复制和对普通法（如刑法或信托法）的编纂，英国法一直是最有影响力的。① 2013年1月，斯里兰卡首席大法官希拉尼·班达拉纳亚克（Shirani Bandaranayake）被时任总统拉贾帕克萨（Rajapaksa）弹劾并被免职。这一弹劾事件使斯里兰卡司法独立遭到严重损害。② 尽管斯里兰卡的司法系统在1948年获得了一些结构上的独立，但由于宪法修正案和政治干预，司法独立被逐渐削弱，最终导致最近首席大法官被弹劾。在过去的半个世纪里，斯里兰卡三权分立受到侵蚀、司法机制被削弱。③

斯里兰卡是《华盛顿公约》的成员国，也是1958年《纽约公约》的签署国（无保留条款）。在世界银行的"营商环境指标"（World Bank's Doing Business Indicators）中，由于斯里兰卡在合同执行方面的排名很低，许多投资者倾向于国际仲裁而不是诉讼。斯里兰卡有一个社区调解系统（community mediation system），主要处理非商业调解和争议金额低于3333美元的商事纠纷，超过这一门槛的商事纠纷没有调解制度。此外，斯里兰卡商业法律与实践发展研究所（Institute for the Development of Commercial Law and Practice）和斯里兰卡国家仲裁中心（Sri Lanka National Arbitration Centre）也可以仲裁解决私人商业纠纷。

二、替代性争端解决机制

斯里兰卡是《华盛顿公约》和《纽约公约》的缔约方。根据1996

---

① COORAY A. Access to Non-Judicial Justice Through Islamic Courts in Sri Lanka: Palm Tree Justice or Accessible Justice [J]. Asia Pacific Law Review, 2012, 20 (1): 114.
② HENSMAN R. Independent Judiciary and Rule of Law Demolished in Sri Lanka [J]. Economic and Political, 2013, 48 (9): 16.
③ ABEYRATNE R. Rethinking Judicial Independence in India and Sri Lanka [J]. Asian Journal of Comparative Law, 2015, 10 (1): 132 – 135.

年《各省高等法院（特别规定）法》，大型商事争议主要提交给省高等法院审理。高等法院商事庭对价值超过 500 万斯里兰卡卢比的商业交易引起的争议具有管辖权。该庭对以下案件有专属管辖权：根据 2007 年《公司法》提出的申请（第 529 条）、根据 1983 年《海事管辖权法》提出的申请（第 2.1 条）以及根据 2003 年《知识产权法》提出的申请。诉讼程序主要采取对抗式，证据标准建立在可能性的平衡上。提起和继续民商事诉讼的程序受《民事诉讼法》调整。但截至 2018 年，全国只有西部省份设有一个高等法院商事庭。因此，这些在其他省份发生的商业纠纷仍被提交到相关的地区法院。斯里兰卡是《华盛顿公约》的成员国，受到该公约的约束。

根据《投资管理法》第 26 条，除非另有约定，斯里兰卡投资局与投资者因根据该法达成的有关协议而产生争议或纠纷的，均应依据协议约定向 ICSID 提起国际仲裁，仲裁裁决为终局裁决，对双方均具有约束力，除《华盛顿公约》所规定的裁决外，不得寻求任何上诉或任何其他补救措施。仲裁裁决可在斯里兰卡科伦坡地方法院申请执行。从争议解决角度看，由管理外国投资的政府权力机构与外国投资者签订相关协议，对投资者与东道国之间的投资争议直接确定依据 ICSID 采用国际仲裁方式解决投资争议，对投资者来说是很好的一种国际法保障，尤其在投资者避免国家征收、政策变化等政治性风险方面。

在斯里兰卡，大多数商业协议都包含仲裁条款。仲裁受 1995 年第 11 号《仲裁法》规定调整。各方也可以根据商事法律和实践发展研究所（以下简称 ICLP）的规则将争议提交仲裁。仲裁程序在《仲裁法》和《ICLP 规则》（如适用）中有明确规定。仲裁程序采取纠问式，强调争议各方在仲裁员指导下进行事实调查和解决争端。虽然当事人也可以根据《调解委员会法》选择将争议提交调解，但调解通常不适用于大型商业纠纷。价值低于 50 万斯里兰卡卢比的争端必须在法庭诉讼开始之前进行调解。① 各类案件的诉讼时效由《时效条例》规定。诉讼时效根据诉讼的性质而有所不同，例如，与土地和不动产有关的诉讼，从索赔人获得对争议财产的占有权之日起10年（第3条）；与合同、协议、本票和汇票有关的诉讼，自本协议违约之日或票据或最后一次利息支付到期之日起6年（第6条）；与已销售/交付的货物、已完成的工作或劳动以及票据或账面债务有关的行为，自债务到期之日起一年（第8条）。综上，法院诉讼是传统的纠纷解决方法，但由于诉讼的某些缺点（例如结案程序的延迟）导致了非诉讼争端解决机制（ADR）在斯里兰卡的发展。仲裁是斯里兰卡在大型商业纠纷中最常用的非诉讼争端解决方法，尤其是在建筑业。斯里兰卡是第一个外国投资者根据BIT的争端解决条款提起国际仲裁的国家（1987年AAPL v. Sri Lanka一案），并且在国际投资仲裁中的涉诉率较高，截至2022年年底，已有五起由斯里兰卡作为被申请人的国际投资仲裁案件。②

第五节　尼泊尔

一、尼泊尔法律体系与司法制度中的投资风险

尼泊尔的法律传统在很多方面都是法律混合体，20世纪中叶之前，印度法律传统（Hindu Legal Tradition）一直主导着尼泊尔的所有法律领域。但自20世纪50年代以来，印度普通法（Indian Common Law）对尼泊尔法律制度的影响很大。因此，在比较法律分类上，往往将尼泊尔的

---

① SARAM D F. Litigation and Enforcement in Sri Lanka: Overview [EB/OL]. Thomson Reuters Practical Law, 2018-10-01.
② UNCTAD. Investment Dispute Settlement Navigator: Sri Lanka [EB/OL]. UNCTAD, 2022-12-31.

法律制度视为普通法和习惯法的混合体。同时，尼泊尔的法律传统也混合了其他法律，如法国的法律被19世纪的统治者所采纳，这种影响仍然可以在尼泊尔当前的正式法律中得到印证。此外，尼泊尔社会的多元化使得有必要为不同的习惯制度和正式的印度教法律共存提供空间。[1]

尼泊尔法律体系结合了普通法、大陆法和本土法律规范、原则和价值观，其主要特征包括法律缺乏编纂、法律体系正在现代化进程中、商业/公司法受到英—印法律的影响、司法独立、三层法院（初审法院、上诉法院和最高法院）负责司法以及司法人员独立。[2] 尼泊尔的法律体系是传统法律实践和西方法律实践的结合体。从历史上看，尼泊尔的法律体系深受印度教和英国普通法的影响。现代尼泊尔宪法规定了其是一个世俗的议会制共和国，承认司法机构的独立。从君主制到民主统治的政治过渡以及随之而来的宪法改革，致使多年来印度教宗教和文化对尼泊尔法律和法律实践的影响大幅下降。因此，尽管坚持印度教传统和使用非正式司法仍然是尼泊尔法律和法律实践的重要组成部分，但尼泊尔社会对司法，尤其是法院强制执行判决的依赖一直在增加。尼泊尔法院系统为三级结构，其核心由75个地方法院、16个上诉法院和最高法院组成，三级司法体系形成于1990年，是尼泊尔从君主专制过渡到君主立宪制时期，近年来尼泊尔还设立了其他专门法庭，如财政法庭、债务恢复法庭、行政法庭和劳动法庭等。尼泊尔地区法院位于尼泊尔75个行政区域内，是具有一般管辖权的初审法院，审理不属于专门法庭管辖的民事纠纷案件（如违约、侵权、财产和家庭纠纷、种族歧视等）和所有刑事案件。除了程序上的细微差别外，地方法院的民事法官和刑事法官之间没有区别，且尼泊尔不使用陪审团制度，由独任法官（而不

---

[1] URSCHELER L H. Innovation in a Hybrid System: The Example of Nepal [J]. Potchefstroom Electronic Law Journal, 2012, 15 (3): 98-119.

[2] PAUDEL M. Legal Framework of Foreign Investment in Nepal [EB/OL]. Nepalembassy, 2018-06.

是一个法官小组）审理整个案件。[①] 尼泊尔司法资源匮乏，尼泊尔采用的法官轮换制，法院之间的法官轮换和转移不仅是为了保障司法公正和允许职业晋升，也主要作为一种符合宪法的机制，以解决法院系统长期人员短缺和工作量失衡的问题，在尼泊尔将法官从人员相对较多的法院转到人员相对不足的法院，减轻了法院的人员配备不合理和案件处理的担忧，被视为促进司法正义的一种手段，并作为一种提高法院产出的方法得到了肯定。[②]

历史上，尼泊尔规则制定和监管权力几乎完全属于位于加德满都的中央政府。尼泊尔2015年宪法规定了三层联邦制模式，经过2017年选举，尼泊尔成立了7个省级政府和753个地方政府单位。但在短期内，外国企业仍须继续与中央政府一级的官员打交道，因为国家法规对外国企业来说仍然是最重要的。然而，随着省级政府的建立，这种情况可能会随着时间的推移而改变。尼泊尔法律规定了司法独立，但法院仍容易受到政治压力、贿赂和恐吓的不当干预。因此整体上，尼泊尔社会经济发展落后，政府廉洁度较低，执法效率也不乐观，司法判决并不公正，容易受政治和党派因素影响。

尼泊尔接受了《联合国国际贸易法委员会国际商事仲裁示范法》（UNCITRAL Model Law）的规则，并且批准了1958年《纽约公约》（Convention on the Recognition and Enforcement of Foreign Arbitral Awards-the New York Convention, 1958）。在尼泊尔，规定通过仲裁解决争议的具有约束力的法律制度包括1962年《尼泊尔航空法》（Nepal Airlines Act）、1974年《尼泊尔商业法》（Commercial Act）等，1981年尼泊尔《仲裁法》（Arbitration Act）使仲裁制度在尼泊尔获得了立法者的明确

[①] GRAJZL P, SILWAL S. The Functioning of Courts in a Developing Economy: Evidence from Nepal [J]. European Journal of Law and Economics, 2020 (49): 104.

[②] PETER G, SHIKHA S. Multi-court Judging and Judicial Productivity in a Career Judiciary: Evidence from Nepal [J]. International Review of Law and Economics, 2020 (61): 2.

和正式承认，1999年尼泊尔制定的新《仲裁法》（Arbitration Act）取代了1981年《仲裁法》，1999年《仲裁法》的主要目的是更新尼泊尔与仲裁有关的现行法律规定。该法借用了《贸易法委员会示范法》的诸多规定，通过对仲裁法律内容的适当界定与陈述，在理论方法和实际方法之间达成了妥协，有助于仲裁程序更形式化、更具成本效益、更快捷简单，以借助保护隐私、有效且有约束力的裁决形式解决商事纠纷。但其缺点也是明显的，1999年《仲裁法》未充分考虑当前电子商务背景下争端的解决；其没有明确仲裁的定义、有权提出仲裁请求的主体、什么类型的事项应提交仲裁、仲裁员的职责和责任。此外，1999年的《尼泊尔仲裁法》撤销裁决的理由过于宽泛，也未规定裁决未确定利息的情况的处理。

二、替代性争端解决机制

尼泊尔法律受到英国普通法的影响，法院系统以普通法为基础，没有统一的商事法典（但有成文的《合同法》）。在纠纷发生后，各方应在尼泊尔工业部调解下解决，如调解不成，可通过司法程序解决，但案件纠纷通常会持续多年。尼泊尔是《华盛顿公约》和《纽约公约》的缔约方。尼泊尔在加入《纽约公约》后，已更新其争端解决立法，使其法律符合公约的要求。1999年《仲裁法》允许执行外国仲裁裁决，并限制了提出外国仲裁裁决异议的条件。[1] 总体来看，尼泊尔签署的双边投资协定属于第一代投资协定，即西欧国家所倡导的BIT范本。换句话说，到目前为止，尼泊尔签署的BIT条款广泛而模糊，为外国投资者提供诸多权利，较少考虑东道国的监管权。《仲裁法》允许外国投资者

---

[1] Www Ibpus Com. Nepal: Doing Business and Investing in Nepal Guide Volume 1 Strategic, Practical Information, Regulations, Contacts (2nd) [M]. Columbus: Istalled Building Products. 2019: 204.

向国际仲裁庭提出对东道国的索赔。例如，尼泊尔—德国 BIT 第 10 条第 2 款规定，外国投资者与东道国之间的任何争端，如果在外国投资者发出书面通知后 3 个月内仍未得到友好解决，应提交 ICSID 仲裁。随着尼泊尔外国直接投资水平不断上升，该国与全球经济的联系更加紧密，也增加了投资者针对尼泊尔提出国际投资争端索赔的机会。在 2019 年 Axiata 及其子公司 Ncell 诉 Nepal 一案中，尼泊尔政府对 Axiata 从 Telia Sonera 收购 Reynolds 控股有限公司（Reynolds Holding limited）征收资本利得税，Axiata 及其子公司 Ncell 根据尼泊尔—英国 BIT 提起国际投资仲裁。该案尚未终结，但案件的审理结果可能会影响未来尼泊尔对外投资协定的内容。[1]

第六节 马尔代夫

一、马尔代夫法律体系与司法制度中的投资风险

马尔代夫法律是伊斯兰教法和英国普通法的复杂混合，马尔代夫的伊斯兰宗教法律体系受到英国普通法的影响，尤其是与贸易有关的立法（商法方面）深受英国和其他西方司法管辖区类似法规以及普通法原则的影响。司法部门还采纳了来自英国、美国和澳大利亚等不同司法管辖区的外国判例法，作为解释当地贸易相关法规的指南，来自西方司法管辖区的普通法原则也得到认可，并在马尔代夫法院审理的若干商业案件中得到应用。同时，合同法允许缔约双方就管辖其协议的法律达成一致。马尔代夫最高法院是该国的最高司法权威，由六名大法官和一名首席大法官组成，马尔代夫最高法院的法官由总统与司法事务委员会协商

---

[1] RANJAN P. Nepal's Bilateral Investment Treaties [EB/OL]. ISDS, 2020-03-01.

任命（因此法院并不完全独立），审理的所有案件均应由开庭时共同出席的法官过半数作出裁决。马尔代夫法院系统为三级结构，第一等级为马尔代夫最高法院，第二等级为高等法院，第三等级为下级法院，高等法院包括民事法院、刑事法院、家事法院、少年法院和毒品法院。马尔代夫有204个初审法院，包括200个有人居住岛屿的岛屿法院和位于马累的四个专门法院。对于所有初审法院的判决，当事人均有权向位于马累的高等法院提起上诉。

与许多英国殖民地不同，马尔代夫没有大范围继承英国的法律制度。2008年马尔代夫通过了新《宪法》，建立了一个完全选举产生的议会，并规定了法律的来源。马尔代夫新《宪法》还建立了新的体制和法律框架，以恢复司法机构的独立性，并首次设立了一个最高法院，取代总统，成为执行司法的最高权力机构。新宪法确立了明确区分国家三个部门（行政、立法和司法）的原则，并引入司法服务委员会作为一个独立的宪法机构，负责有关司法部门的重要决定。这些决定包括就法官的任免提出建议，有权调查对法官的投诉，并对法官采取纪律行动（如建议解雇法官），并由议会最终决定。新宪法在马尔代夫建立了三级法院体系。每个法院都受其上一级法院裁决的约束。最高法院和高等法院是高级法院，在高等法院以下的法院是下级法院。马尔代夫2008年《宪法》和2010年《司法法》（第22/2010号法律）对法院的管辖权进行了界定。马尔代夫的法律渊源包括宪法、伊斯兰教法、法规、总统法令、国际法和英国习惯法，后者在商业事务中更有影响力。[①] 马尔代夫设立了独立的司法服务委员会（Judicial Service Commission），一个独立和公正的机构，其职责包括调查有关司法机构的投诉，并对他们进行纪律处分；还被授权就与司法或司法行政有关的任何事项向总统和人

---

① Inc. IBP. Maldives Business Law Handbook Volume 1 Strategic Information and Basic Laws [M]. Columbus：Instoul Building Products. 2012：174.

民议会提供咨询意见。①

马尔代夫在2008年通过现行宪法后实行了三权分立的总统制。马尔代夫的法律体系是一个普通法体系，法院在解释和适用法律方面有很大的余地。马尔代夫的法院系统是对抗性的，包括三级法院。在商业案件中，最低一级是民事法庭（马累市，审理高价值商业索赔）和地方法院（岛屿），上诉由高等法院审理，高等法院在马累市以及国家的北部和南部都设有分支机构，最终由最高法院裁决。2019年以来，马尔代夫将改革司法部门作为优先事项，以提高透明度和问责制、对公民的回应和获得司法的途径，并与外国机构合作推动司法改革和法治建设。②

二、替代性争端解决机制

诉讼是马尔代夫使用最广泛的纠纷解决方式，但因其复杂和拖延的诉讼程序，马尔代夫的商事主体不愿将其纠纷提交法院，而是选择国际仲裁。2013年《马尔代夫仲裁法》（Arbitration Act of Maldives）颁布之前，马尔代夫并无立法确认仲裁作为一种独立的争端解决方式，也未设立商事仲裁机构。尽管马尔代夫法院承认仲裁协议，但承认仲裁协议的依据是"协议必须遵守"（pacta sunt servanda）原则而不是具体的法律规范。随着马尔代夫2013年《仲裁法》的发布，仲裁成为解决争端的一种法定方式。2020年，马尔代夫设立了马尔代夫国际仲裁中心（Maldives International Arbitration Centre），因受到新冠肺炎疫情等因素的影响，该仲裁中心于2021年11月才开始运作，马尔代夫国际仲裁中心是马尔代夫唯一的国内和国际商事仲裁机构，由来自世界各地的50

---

① S&A Lawyers LLP. Maldives: Law and Practice [EB/OL]. Chambers and partners, 2022-01-20.
② ABA. Maldives-Rule of Law Program [EB/OL]. Americanbar, 2022-6-14.

多位专业人士担任仲裁员。① 但仲裁的运作受到传统习惯等因素的挑战，马尔代夫的争端各方仍倾向于将争议提交到距离马尔代夫最近的区域仲裁中心——新加坡国际仲裁中心。《马尔代夫仲裁法》规定马尔代夫高等法院是对仲裁相关事项具有管辖权的法院。此外，虽然长期以来，马尔代夫不是《纽约公约》的缔约国，但根据《马尔代夫仲裁法》第72条规定，在马尔代夫申请执行裁决应向"相关法院"提出，外国仲裁裁决可以在马尔代夫得到强制执行。在希尔顿国际管理（马尔代夫）私人有限公司诉阳光旅游私人有限公司［Hilton International Manage（Maldives）Pvt Ltd v Sun Travel and Tours Private Limited（High Court Case No 2017/HC-A/91）］一案中，高等法院确认承认和执行仲裁裁决的"相关法院"为马尔代夫民事法院。② 2019年9月17日，马尔代夫正式加入《纽约公约》，成为《纽约公约》的第161个缔约国，该公约于2019年12月16日对马尔代夫生效。马尔代夫没有就《纽约公约》的适用作出任何声明、通知或保留。③

本章小结

一、熟悉南亚各国司法体系和诉讼程序

南亚国家司法体系及其运作虽然存在诸多问题，但其仍然是投资者

---

① AVAS. First Arbitration Center in the Maldives Officially Inaugurated［EB/OL］. AVAS, 2021-11-09.
② S&A Lawyers LLP. International Arbitration 2021［EB/OL］. Chambers and partners, 2022-03-24.
③ The Maldives Accedes to the UN Convention on the Recognition and Enforcement of Foreign Arbitral Awards［EB/OL］. United Nations Information Service Vienna, 2019-9-18.

经常利用、最容易获得的争端解决机制。中国投资企业应充分了解各国关于法院管辖权、诉讼时效、起诉和上诉等方面的规定，选择有利的投资地点和管辖法院。南亚国家法律制度和司法系统受殖民者影响较大，因此历史与现状同样重要，对法律文化、法律发展过程的了解，有助于更好地应对和解决纠纷。同时，我国应从国家立法层面加强对中国投资者的保护。例如，印度对"投资者—国家争端解决"机制的排斥、中印双边投资条约的缺位，以及印度投资法律制度和司法机关的国家保护主义，导致中国投资者难以通过投资仲裁或者诉讼手段有效维护自身合法权益。在此情况下，应考虑传统对境外投资者的保护模式，在必要时通过外交协商、谈判等传统途径维护中国投资者合法权益。同时，如印度对中国投资者"朝令夕改"、援引《敌产法》没收投资者财产等对我国投资者造成重大损失时，我国应保留对印度采取反制措施的权利。

二、积极采用替代性争端解决机制

当下，由于"投资者—国家争端解决"机制被广泛认可和适用，国际投资中投资者母国的外交保护作用已然极为弱化，中国在印投资者必须脱离国家"父爱主义"的思维模式，妥善管控投资法律风险，积极应对国际投资争端。中国投资者应在协议中提前安排好替代性争端解决机制，尤其是面临南亚国家司法不公、诉讼程序拖延等问题。要充分利用中国与南亚国家之间签订的投资条约，在投资条约没有规定或无法适用的情况下，选择国际仲裁等争端解决机制。如面对印度采取禁用中国应用软件等歧视性、专断性措施，中国投资者仍可考虑利用现行有效的争端解决机制与投资保护制度解决投资争端，维护自身合法权益。当前，尽管2006年《中印投资协定》已经终止，但根据协定第16条第2款"本协定终止之日前作出或取得的投资，本协定应自本协定终止之日起继续适用15年"之规定，中国投资者在2018年10月3日协定终止前完成的投资仍然受到2006年《中印投资协定》的保护,如印度政府的任何行动影响到中国投资者在上述日期之前的投资,投资者仍有权利用《中印投资协定》的相关条款提起投资仲裁。即便不能援引《中印投资协定》维护合法权益,也要及时与相关部门沟通、谈判,并向有管辖权的司法机关提起诉讼,多途径并用以维护自身合法权益。

不过,中国企业境外投资中"投资者—国家争端解决"机制的普遍困境是,中国与南亚国家间或缺乏有效的投资保护协定,或投资保护协定中未对"投资者—国家争端解决"机制给予应有的重视。如《中斯投资保护协定》以支持国家为导向,对投资者的保护有限,这就产生了一个悖论,即在中国已成为斯里兰卡最大投资者的背景下,斯里兰卡对中国的投资活动仍缺乏国际法律保护框架。对此,有斯里兰卡学者认为,中国投资者显然主要通过商业外交(作为以权利为基础的投资保护的替代方案)来应对这一悖论,这可能标志着在解决投资争端时,中国政府将回归以权力为基础的路径,这在"一带一路"建设中尤为突出:在中国与"一带一路"沿线国家权力格局不对称的情况下,商业外交在其中发挥主导作用,尽管合作共赢是中国投资政策的既定原则,但互利成果能否持续,仍有待观察。① 对此,我国仍应重视将投资争端纳入国际法的轨道内予以解决,并鼓励投资者自主、有效地化解纠纷。

---

① PATHIRANA, D. The Paradox of Chinese Investments in Sri Lanka: Between Investment Treaty Protection and Commercial Diplomacy [J]. Asian Journal of International Law, 2020, 10 (2): 375-408.

总　结

境外投资是以追逐经济利益为主要目的的行为，但投资活动必须以保障国家主权和安全，符合国家外交政策，维护国家和民族正面形象，符合党和国家政策以及"一带一路"倡议的精神与要求为前提。中国在南亚国家的投资是"可持续"的，要主动遵守南亚各国的环境和资源法律规定，通过技术和资金，努力降低投资项目对环境的不利影响和损害，维护投资东道国国民的环境权益，促进同步实现投资利益与环境保护目标。中国在南亚国家的投资是"高标准"的，中国的投资绝不是"转移落后产能"，而是发挥中国在制造业、基础设施建设、信息技术产业等方面的优势，我国加快对外投资结构从资源获取型向技术引领型转变，有利于东道国新兴产业发展和产业结构优化升级，推动东道国绿色化、现代化工业体系建设。对此，我国企业在境外投资中不仅要遵守南亚国家的知识产权法律制度，更应主动加强对知识产权和核心技术的保护，积极运用南亚国家知识产权法律制度和争端解决机制。中国在南亚国家的投资更是"惠民生"的，中国企业须充分了解南亚各国的劳工法律制度，自觉遵守劳工待遇、福利、配额等规定，注重本土化建设，并加强企业的社会责任机制，积极履行企业社会责任。

当然，中国企业在南亚各国的投资所涉及的绝不仅仅是投资和经济问题，更与政治、文化等议题紧密联系。因此，本书既承认也强调国家间政治外交关系、社会秩序和安全等对中国企业在南亚国家投资的显著乃至主导性作用，同时指出其他方面风险，特别是法律风险的重要性往往容易被忽视。因此，本书的出发点即无论中国与南亚国家间的政治关系如何发展、经贸投资本身的机遇如何，积极防控法律风险对于保护企业境外投资、在投资目的国合法合规经营、避免因违法行为造成严重的法律或社会后果、有效化解投资相关争端等具有重要意义。